Dedico este livro a meu pai, meu exemplo maior de virtude. Foi maravilhoso, ao longo de todo este trabalho, compartilhar com ele os conhecimentos, as impressões e os sentimentos despertados em cada entrevista, em cada leitura e releitura. Sou muito privilegiada e feliz por isso.

Também dedico este livro a meu irmão, outra importante referência na minha vida. Existindo e sendo como é, ele torna o mundo melhor.

AGRADECIMENTOS

Antes de tudo, eu gostaria de agradecer à minha mãe, avó incondicional, que em tantos momentos da elaboração deste livro abraçou meus filhos, possibilitando que eu trabalhasse com muita tranquilidade. Teria sido difícil levar adiante este projeto sem sua valiosíssima ajuda. Muito obrigada. Agradeço também ao Luiz, meu marido, pelo importante apoio e incentivo diante das minhas investidas profissionais.

No que se refere à elaboração do livro, eu gostaria de agradecer à Biblioteca da ESPM (Escola Superior de Propaganda e Marketing), que me recebeu com muito acolhimento na fase de pesquisa, à Endeavor, que muito me ajudou por disponibilizar um importante conteúdo sobre empreendedorismo, e à jornalista Luciane Crippa, pelas boas conversas e contribuições ocorridas especialmente na fase inicial deste projeto.

Finalmente, gostaria de agradecer aos entrevistados deste livro, pessoas que se dispuseram a abrir janelas em suas comprometidas agendas, a contar suas histórias em detalhes e a viabilizar a concretização desta obra. Admiro vocês, sou muito grata a todos e espero que seus exemplos inspirem tantas outras belas histórias Brasil afora.

Por fim, tomo emprestadas as palavras de Lirio Parisotto para reverenciar todos os empreendedores aqui presentes e também os tantos que não foram citados nesta obra:

Neste Brasil, tenho uma admiração muito grande por quem consegue, com toda a complexidade, com todos os planos econômicos, com todas as inflações, levar um negócio adiante. A quem conseguiu montar um negócio e se manter, a todas essas pessoas, a minha reverência.

Para ser grande, sê inteiro: nada
Teu exagera ou exclui.

Sê todo em cada coisa. Põe quanto és
No mínimo que fazes.

Assim em cada lago a lua toda
Brilha, porque alta vive.

Fernando Pessoa, no heterônimo Ricardo Reis

SUMÁRIO

PREFÁCIO

Mais um livro sobre empreendedores?

Depois de tantos lançamentos literários sobre o tema nos últimos anos, nada mais natural do que se perguntar o que este livro pode adicionar aos inúmeros relatos sobre trajetórias empreendedoras.

Pois se prepare para uma grata surpresa. Marina Vidigal inova por adotar aqui uma linha bastante intimista, revelando, sobretudo, a essência de cada um dos protagonistas, seus sentimentos e anseios desde a infância até os momentos de maior desenvolvimento como líderes. A evolução das empresas dos entrevistados é relatada pontuando seus maiores desafios, não sob a ótica de tendências ou teorias de administração, mas sob o ponto de vista dos próprios. Ao revelar a força, as reflexões e as inseguranças destes renomados protagonistas, *Para ser grande* oferece uma abordagem mais humanizada para o fenômeno de empreender, uma forma de aprendizado bastante peculiar e emocionante.

Como consequência, o livro desmistifica o processo de criação de empresas, tornando-o mais próximo de cada um de nós, e mostra que antes de mais nada empreender é uma atitude perante a vida, uma motivação que se manifesta de forma muito pessoal e diversa em cada um dos casos analisados. Sem enaltecer o empresário como um super-herói, mas valorizando-o como ser humano e profissional, *Para ser grande* aponta o empreendedorismo como uma opção de carreira desejável e possível para aqueles que estiverem dispostos a enfrentar sacrifícios para construir grandes empresas.

Tudo isso faz com que este livro ofereça uma valiosa contribuição para leitores como você e para um país como o nosso, que precisa estimular a atividade empreendedora, a força motriz por trás das mais fortes economias e sociedades contemporâneas. Quando se trata de educar futuras gerações, nada mais nobre do que o poder do exemplo, principalmente dos bons exemplos. E são eles que você poderá conhecer em profundidade nas páginas a seguir.

Marília Rocca

Marília Rocca foi quem implantou, no ano 2000, o Instituto Empreender Endeavor no Brasil. Depois de ficar cinco anos à sua frente, ela hoje atua como conselheira do instituto e é sócia da empresa de capital de risco Solocorp.

INTRODUÇÃO

Na contramão dos noticiários, este livro nasceu para falar de virtudes, de valores que nortearam importantes conquistas empresariais. Sua elaboração custou centenas de e-mails trocados, uns tantos telefonemas, aproximadamente noventa horas dedicadas às entrevistas e às transcrições e mais algumas centenas de horas voltadas à pesquisa e à redação. Dois anos de trabalho.

Conforme as entrevistas aconteciam, os personagens, já tão estudados, ainda revelavam suas surpresas. E eu me divertia construindo paralelos entre eles. Quantas vezes suas histórias se esbarravam! Teria sido maravilhoso colocá-los frente a frente, fazer um sarau empresarial com esses protagonistas. Mas como esse ideal me pareceu um tanto utópico, terminei por me realizar contando individualmente as histórias dessas vinte importantes figuras do contexto empresarial brasileiro.

Além de mostrar as realizações e virtudes que os conduziram em suas empreitadas, procurei vasculhar, na história de cada um, a origem de suas qualidades e valores. Quais foram as escolas, os princípios familiares, brincadeiras e sonhos de infância que ajudaram a construí-los como são. Pois, sim, acredito ser essa a base de tudo.

E agora que este livro enfim chegou às suas mãos, espero que você se encante. Como diria Alex Periscinoto, sugiro que você leia além do que está escrito – e então se inspire, aproveite, tire lições para sua vida. Meu desejo é que você invista seu tempo nestas páginas e que elas te transformem assim como me transformaram. Boa leitura.

Marina Vidigal

CAMILO COLA

Nascido no interior do Espírito Santo, em 26 de julho de 1923, fundou, aos trinta anos de idade, a Viação Itapemirim. Sob seu comando, ela viria a se tornar a maior companhia de ônibus da América do Sul, sendo o carro-chefe de um complexo de empresas que atua em mais de dez setores. Em 2007, aos 83 anos de idade, foi eleito deputado federal pelo PMDB e passou a dedicar-se à política.

EXTREMAMENTE DISCIPLINADO

No recipiente de lata onde havia recebido seu alimento pela manhã, o soldado colocava gasolina e ateava fogo. O calor que dali emanava derretia a neve contida no capacete de aço e ele assim obtinha água para poder se barbear. Aos 21 anos, Camilo Cola era um exemplo de disciplina no *front*. Em meio a companheiros que deixavam a aparência tornar-se grotesca no ambiente bélico, ele fazia questão de seguir à risca as condutas de higiene pessoal conforme se havia sugerido na caserna. Nem os 60 centímetros de neve que se depositavam nas imediações dos montes Apeninos, na Itália, impediam-no de cumprir o ritual. A Segunda Guerra se desenrolava no rigoroso inverno de 1944 e, junto aos companheiros da Força Expedicionária Brasileira (FEB), Camilo Cola investia contra os alemães, na tentativa de avançar com os Aliados em direção ao norte da Itália.

A conduta lhe rendia frutos. Em certa ocasião, ainda na guerra, o chamado capitão João Costa ficaria uma semana com um grupo em Florença, como prêmio pela vitória em Monte Castello. Precisava de alguém que os conduzisse até lá e, para realizar a tarefa, procurou um motorista que se confundisse com um oficial, já que a boa apresentação das tropas era uma preocupação dos militares. Graças a seus rigores, Cola foi o escolhido – este que, segundo descreve, saía para os combates vestindo calças com vinco, à maneira das que veste ainda hoje. Nada fazia por excesso de zelo, mas por hábito, como algo natural.

Também no que se refere à economia de recursos ou seriedade diante de tarefas a cumprir, a disciplina sempre foi a marca de Cola, fosse na infância, nos tempos de guerra ou na jornada empreendedora que assumiria na vida adulta.

“Muito cedo aprendi a não deixar absolutamente nada para depois. Tudo tem de ser feito agora, nada deve ficar para o dia

seguinte. Digo que prefiro fazer tudo hoje para ver se amanhã tenho uma folga. E, quando o assunto é dinheiro, meu lema é outro: eu nunca gasto, apenas invisto. Se algum dinheiro passa por mim é porque estou investindo e lá na frente ele renderá algo mais. ”

Não havia proibições. Da extração predatória da madeira nativa, os imigrantes italianos sobreviviam. As caças, brincadeiras de crianças e adultos, eram permitidas e recorrentes. Na paisagem rural de Pindobas, fazenda situada no interior do Espírito Santo, nasceu e foi criado o menino Camilo Cola, no início do século XX.

As terras ainda são dele e, quando vai ao Espírito Santo, Cola procura pernoitar na fazenda. O garoto que foi criado em meio à extração predatória pratica hoje a preservação e tem, entre suas empresas, um horto conservacionista, no qual protege espécies da flora e da fauna da Mata Atlântica.

Na tradicional casa interiorana, reinavam os rígidos e conservadores princípios de seu pai, Pedro Cola, descendente de italianos. Católico fervoroso, teve uma história familiar um tanto atribulada. Sua primeira esposa, com a qual teve seis filhos, morreu tragicamente assassinada por um irmão de criação. Anos mais tarde, Pedro Cola casou-se com a mulher que gerou Camilo Cola e outras duas crianças, vindo a falecer no terceiro parto. Mais um casamento, seguido de outros cinco filhos e uma terceira esposa falecida. Até que se casou com sua quarta e última mulher, com a qual não teve filhos. O garotinho Camilo, que tinha pouco mais de um ano por ocasião do falecimento da mãe, não guardou recordações dela. Felizmente, porém, a ausência da mãe biológica lhe foi suprida pela dedicada madrasta Virgínia Sossai. Ela o criou desde cedo, e ele a reconhece como uma mãe, alguém que, em suas palavras, foi uma santa, pessoa de muita luz e ternura.

Para criar os tantos filhos em meio a essas intempéries, Pedro Cola atuava com muito rigor dentro de casa, impondo severa disciplina aos mais de dez filhos – disciplina essa que foi plenamente assimilada pelo filho Camilo. Nos negócios, por sua vez, Pedro Cola mostrava-se dinâmico a ponto de garantir que na Pindobas do início do século XX já houvesse telefone e luz elétrica, esta gerada por uma roda hidráulica. Aos seis anos de Camilo, em 1929, a fazenda contava até com um caminhão, que fazia idas e vindas por uma picada aberta pelos trabalhadores rurais (mais tarde, essa picada viria a se transformar na Rodovia Pedro Cola).

Dedicado que era, Camilo se destacava em meio aos irmãos, tendo conquistado desde cedo a preferência do pai. Ainda nos anos de escola primária, acordava de madrugada para ajudar nos afazeres domésticos e rurais antes de ir às aulas. Aos dez anos de idade, já tocava gado, plantava, colhia e cuidava dos animais. "Como a natureza desconhece feriados e dias santos", argumentava, sua atarefada rotina se estendia também aos sábados e domingos – hábito que preservou na vida adulta.

Assim correu a infância do garoto que, aos 17 anos, teria sua primeira experiência de cidade grande. Era o sonho de Cachoeiro do Itapemirim, a metrópole capixaba tão cantada e comentada por um irmão mais velho que lá estudava. A hospedagem aconteceria na casa de Antônio Ferreira dos Santos, o Toninho, velho amigo de Pedro Cola. Por meses, Camilo Cola, sem jamais reclamar, dormiria no chão de um quarto e trabalharia para Átila Vilácqua, um tio de Toninho que tinha uma série de negócios na cidade.

Ainda em jejum, com toda determinação que desde a juventude já lhe era peculiar, Camilo Cola ia para o trabalho. Começou como lavador de caminhões e, em poucos dias, Vilácqua convidou-o para trabalhar em sua oficina mecânica. De ajudante de mecânico e recepcionista, Cola chegou a subchefe da oficina. De carteira assinada e com salário melhor, pôde sair da casa de Toninho. Instalou-se primeiramente no porão de uma pensão que ficava à frente da oficina, para, mais tarde, alugar lá mesmo um quarto em companhia de outro mecânico.

Em paralelo às atividades profissionais que vinha exercendo, Cola acompanhava, nos destaques dos jornais e em radinhos de pilha, o desenrolar da Segunda Guerra Mundial. Ao contrário do pai, italiano simpático ao fascismo, Camilo indignava-se com notícias do ataque japonês à base americana de Pearl Harbor ou dos navios mercantes brasileiros afundados em nossa costa por submarinos alemães (ato ocorrido em resposta ao rompimento de Getúlio Vargas com a Alemanha, a Itália e o Japão). A contragosto do pai, mas certo de estar sendo fiel aos próprios ideais, Camilo Cola alistou-se e, em fins de 1943, foi convocado para integrar a FEB em apoio aos Aliados e aos ideais democratas.

EM SOLO ITALIANO

Era o dia 22 de setembro de 1944 e, a bordo do navio norte-americano *General Meigs*, Camilo Cola partia para a Itália. No porto, o presidente Getúlio Vargas se despedia das tropas. Expressava o desejo de que todos voltassem, enquanto ressaltava que, se alguém perdesse a vida pela pátria, seria sempre homenageado por ter cumprido seu dever cívico. Daquela manhã em diante, a história de Camilo Cola seria engrandecida. Ele voltaria da empreitada com muita vida pela frente, com o dever cívico cumprido e no papel de um sobrevivente, como um veterano de guerra. De quebra, características que já lhe eram tão marcantes, como a disciplina e a determinação, ficariam ainda mais ressaltadas.

O primeiro destino da tropa de Camilo foi San Rossore, nas proximidades de Pisa. Ele lembra que, por ocasião da chegada no destino italiano, um acampamento para 12 mil homens já estava impecavelmente armado. Os americanos proviam as tropas brasileiras com tudo o que necessitassem. Comida, abrigo, nada lhes faltava.

“*Antes de sairmos do Brasil, quando Getúlio Vargas se despedia da tropa no navio, disse-nos que todas as providências haviam sido tomadas, que nada nos faltaria nos dias que se seguiriam. Suas palavras se fizeram cumprir e os grandes responsáveis por isso foram os americanos. Trago um sentimento de muita gratidão em relação a eles. Durante a guerra, assistia a sua organização, logística e eficiência beneficiando a todos, não só a eles próprios. Conhecíamos as dificuldades brasileiras e pude ver com toda clareza o quanto fomos assistidos por eles no* front. *Era chegarmos ao local determinado e lá estava tudo do que dependêssemos, como alimentos, itens de higiene pessoal, munição, vestimentas e até cigarros. Eles foram fantásticos conosco e isso me marcou demais. A mim restou um sentimento de respeito e admiração.*”

Após um período de treinamento, iniciaram-se as participações de Cola, juntamente com seu escalão, nas missões que lhes foram confiadas. Ao lado do V Exército americano e de outras forças que lhes eram aliadas, objetivavam vencer a resistência alemã e demarcar o avanço dos Aliados rumo ao Norte da Itália.

Até a rendição do Exército alemão na Itália, em 2 de maio de 1945, passaram-se meses de intensos combates e investidas. Entre as duras experiências pelas quais Cola passou, destaca-se o rígido inverno de Monte Castello, um tanto árduo para brasileiros que, em pleno campo de batalha, descobririam as baixas temperaturas, o significado de lutar em meio à neve, de fazer uso do branco para se camuflar, de estar em um vale à vista permanente do inimigo (situado então em terrenos mais altos) e de se assombrar frequentemente com o ríspido silvo das granadas. No decorrer dos dias, os corpos dos tantos colegas atingidos eram soterrados pela neve. Para sobreviver, não bastava não pisar em chão marcado, não se erguer em momentos fatídicos ou não correr para o lugar errado: era preciso ter mais que cautela, era preciso ter sorte. Só assim era possível se tornar, como Camilo Cola, um veterano de guerra; um título que, quando ele o pronuncia, não esconde o nó na garganta.

UM PRACINHA COM DIVISAS – E MUITA VISÃO

“*Foram muitas as ocasiões em que a FEB não apenas permitia, mas até estimulava momentos de descontração das tropas. Com o caminhão que dirigia, levei muitos soldados para a estação de águas termais de Porretta Terme, bastante frequentada também por civis. Logo me dei conta de que era grande a demanda desses últimos por mantimentos e cigarros. Como eu não fumava, guardava os maços que recebia diariamente e vendia-os na estação. Com o dinheiro, comprava outros de soldados não fumantes e também os revendia. A prática, comum no* front *e permitida pelos militares, fez com que eu regressasse ao Brasil com muitas economias.*”

“O pracinha Cola”, como ficou conhecido na região, foi recebido como um herói no retorno a Castelo, cidade mais próxima da fazenda de Pindobas. Estava com 22 anos, com dinheiro no bolso e com a independência financeira que desde a adolescência almejava. Com parcimônia, analisou uma maneira comedida de investir aquele dinheiro, de modo que as reservas se multiplicassem dali para a frente. Apesar da pouca idade, o dinheiro que pela primeira vez tinha em mãos não despertou em Camilo o menor deslumbramento. Ao contrário, apurou-lhe ainda mais o senso de disciplina, o rigor e o desejo de fazer valer cada centavo que havia conquistado em tão penosa experiência.

No regresso à pátria, os ex-combatentes brasileiros tinham direito a uma série de facilidades, para que, passada a guerra, pudessem retomar suas atividades profissionais. Camilo Cola, particularmente, optou por fazer uso de uma licença que conseguiu para importação de um caminhão Ford, ano 1946, planejando atuar como carreteiro, transportador de cargas.

Tão logo obteve seu primeiro caminhão, Cola se deu conta de que no Brasil seria possível vendê-lo pelo triplo do que havia pago: e, com os olhos sempre voltados para os negócios, identificou nessa transação uma fonte de multiplicação de renda. Estava dado o alarme para Cola arregaçar as mangas. Ele rapidamente contatou outros ex-combatentes, explicou-lhes a oportunidade, propôs parcerias e, em pouco tempo, reuniu 14 interessados no negócio. Sabendo dos altos valores pagos por fretes de mercadorias para o Sul do país, Cola retirava os caminhões recebidos em São Paulo ou no Rio de Janeiro, conseguia interessados em enviar cargas para o Sul, recebia pela viagem inaugural dos veículos e, por fim, vendia-os no destino alcançado. Entre estradas precárias e atoleiros, levava quase uma semana para chegar de São Paulo a Porto Alegre, dormindo quase sempre no próprio caminhão. Para ele, esse trabalho se mostrava extremamente prazeroso. A aventura, somada ao bom retorno obtido com as transações de caminhões, fazia valer cada minuto da viagem.

Três anos depois do retorno ao Brasil, em resposta aos tantos esforços que já havia realizado, Cola viu-se diante da possibilidade de ingressar no transporte coletivo de passageiros. Visionário, estava certo de que a decadência do transporte ferroviário do país se acentuaria e, abraçando a oportunidade, entrou como sócio de uma única linha de ônibus então aberta a negociações. Sua modesta estreia rodoviária acontecia com uma linha que ligava duas cidades do Espírito Santo: Castelo e Cachoeiro do Itapemirim.

Havia sido dada a largada. Daí em diante, seguiram-se sucessivas aquisições por parte de Camilo Cola, por meio da empresa ETA – Empresas de Transportes Autos Ltda., que só passaria a se chamar Itapemirim a partir de 1953. Sem perder qualquer oportunidade que se apresentasse diante dele (ou que ele conseguisse criar), Cola adquiriu todas as linhas de ônibus do Espírito Santo, depois começou a atuar em linhas interestaduais e, com o passar do tempo, passou a dar preferência a rotas que ligavam capitais do país, além de alguns destinos internacionais. Com muita determinação e disciplina, o empresário foi erguendo, tijolo por tijolo, seu respeitável império rodoviário.

“*Apesar de parecerem universos tão distantes, não foram raras as ocasiões em que a cultura da guerra apareceu em meu dia a dia na empresa. Lembro da ocasião em que o asfalto chegou a Campos, no norte do Rio de Janeiro. Com o advento, nosso trajeto do Rio de Janeiro a Vitória cumpria uma etapa em estrada pavimentada (até Campos) e daí em diante seguia um bom trecho em estrada de chão. Para cada etapa, havia um tipo de ônibus mais adequado e, por isso, resolvemos criar uma baldeação em Campos. Para alojar alguns motoristas que ficariam morando em Campos, comprei um terreno e coloquei barracas. Até uma oficina montei em barracas e o fiz como algo natural, tão inserida estava essa cultura em mim, por conta da experiência da guerra. Até que um motorista, desgostoso com as instalações em que estava, disse-me achar que eu estava dando um aviso prévio para ir embora e enfim questionou o porquê das barracas. Ao que respondi: ‘Estamos nos desenvolvendo e o desenvolvimento é como uma guerra. Para que ele aconteça, é preciso tomar todas as providências necessárias, sem medir esforços. Assim como a guerra, o desenvolvimento requer sacrifícios’.*”

De fato, à custa de muitos sacrifícios, Cola se desenvolveu. Na medida em que ampliava sua atuação no transporte coletivo, ele passava a montar outras empresas relacionadas ao setor. O resultado é que no transporte rodoviário de passageiros, seu negócio principal, a Itapemirim tornou-se a maior companhia de ônibus da América do Sul, cobrindo mais de 85% do território brasileiro. Além disso, o grupo constituiu gráfica e editora próprias (Itabira), uma rede de restaurantes, lanchonetes, postos de gasolina e hotéis em pontos estratégicos de rodovias (Rede Flecha), uma empresa de transporte de cargas (Itapemirim Cargas), concessionárias (Fiat, Toyota e Mercedes-Benz), distribuidora de pneus, peças e acessórios automotivos (Cola Comercial e Distribuidora) e uma corretora de seguros responsável pelos contratos do grupo (Itabira Corretora). Sem medo de ousar, de experimentar e de abraçar novos desafios profissionais, o grupo liderado por Cola passou a atuar ainda na extração e no beneficiamento de madeira de fazenda própria, na produção de queijos, em genética de gado pardo-suíço e nelore e em extração e processamento de mármore e granito (mineradora Marbrasa).

“Muitos dos meus negócios nasceram para apoiar a Viação Itapemirim ou outras empresas do grupo. Jamais esperava ter, por exemplo, uma mineradora. No entanto, para apoiar nossa frota de ônibus, eu tinha uma representação da Mercedes-Benz. E vi que atuando na mineração eu teria cargas para serem transportadas, de modo que aumentaria a venda de caminhões. A empresa deu certo, possui jazidas próprias, extrai e processa mármores e granitos de alta qualidade e parte da produção é atualmente exportada para Estados Unidos, Canadá, Itália, México, Arábia Saudita e Hong Kong.”

Nos Estados Unidos, o grupo ainda possui a MC Massad Cola, uma empresa criada em 1994 como extensão comercial, atuando como escritório de compras e relações públicas para operações internacionais. Além dessas tantas investidas, Cola já chegou até a atuar, na década de 1990, no transporte aéreo de cargas. A Itapemirim Transportes Aéreos, entretanto, teve de ser descontinuada após cerca de uma década de atuação.

“No mercado aéreo só tivemos prejuízos. O governo pediu que adotássemos uma atividade cargueira e nos concedeu licença para

tanto. Ficamos seis anos atuando entre Manaus e São Paulo. Analisando hoje, vejo que não agi com prudência, pois não acordei um prazo de exclusividade para nos consolidarmos no mercado. Quando abrimos, estávamos sós e, em dez anos, eram dez as empresas concorrentes. Algumas dessas, ainda por cima, sonegavam impostos e praticavam uma concorrência desleal, já que conseguiam ter muito mais poder de negociação do que nós, que fazíamos tudo corretamente. Percebemos a dificuldade de trabalhar com transporte aéreo e resolvemos deixar de lado essa atividade. Outro erro cometido na época foi termos comprado nossa frota. Mais tarde me dei conta de que teria sido melhor se tivéssemos feito leasing. ❞

Tantas frentes de atuação não se desenvolveram à toa, já que a capacidade de Cola de vislumbrar negócios, assim como a disciplina para levá-los adiante, vem de longa data. Aos dez anos, o garoto plantava amendoim, cebola e alho para vender no pátio da igreja da fazenda em dias de festa, junto com pães feitos pela "mãe de coração". E, com apenas 12 anos, ele já havia reunido economias por meio de uma negociação feita com proprietários de uma fazenda vizinha.

❝ *Havia uma pedreira na nossa fazenda em Pindobas e eu pensava: 'Se eu tivesse um telescópio, poderia ver o que há do lado de lá dessa pedreira'. Mas eu não tinha um apetrecho desses nem imaginava que dali a alguns anos usaria um em um cenário tão ríspido quanto o da guerra. Menino, eu pensava que seria capaz de ir além dos outros se fizesse o que ninguém fazia. Queria muito saber o que havia do outro lado da montanha. Quando, enfim, a atravessei, qual não foi minha satisfação ao me deparar com exemplares de cedro, madeira muito cobiçada que, na região, já tinha sido praticamente toda extraída. A família que detinha a propriedade nem imaginava que um garoto fosse procurá-los para propor negócio com aqueles cedros. Negociamos os topos, parte mais dura e valorizada dos cedros. Contratei quem fizesse as pranchas da madeira, fiz contato com compradores e consegui assim meu primeiro pé-de-meia.* ”

POLÍTICA

“ *Vivi muitas coisas, mas acho que o maior desafio que tive de enfrentar foi quando fui convidado a ser candidato a senador pela primeira vez, em 1982. Foi de uma hora para outra, fui pego no susto. E disse: 'Se minha mulher concordar em ir comigo na campanha, vou disputar'. Embora não sonhasse em me ver na política, minha esposa Ignez aceitou o desafio. Fizemos a campanha juntos, eu e ela. Saímos em dois ônibus: um deles utilizávamos para dormir e o outro ficava para a parte executiva. Nós nos alimentávamos no ônibus e até recebíamos convidados para almoçar conosco. Vivemos assim por quatro meses: eu, minha esposa e a equipe. Foi um dos grandes desafios da minha vida. E embora tenha sido o senador mais votado do estado, não fui eleito por conta de questões relacionadas à legislação eleitoral então vigente.* ”

A suposta derrota não manteve Cola afastado da política. Ao contrário disso, nos anos de 1983 e 1984 o então presidente João Figueiredo fez questão de conferir a Cola responsabilidades relacionadas a seu estado. Nas eleições de 1986, ele voltou a concorrer ao Senado e, dessa vez, uma pequena margem o deixou como terceiro candidato mais votado, o suficiente para ser apenas o primeiro suplente. Apesar da frustração de Cola, a esposa e companheira (que viria a falecer em março de 2008) não escondia certo alívio ao ver o marido ligeiramente afastado da política, daquele ambiente que considerava inadequado em diversos aspectos. Sua posição, de todo modo, não a impediu de apoiá-lo em ambas as campanhas e, companheira incondicional que era, ela chegou até a discursar em alguns comícios.

Na vida de Camilo Cola, outras eleições aconteceriam apenas em 2006, dessa vez para deputado federal. A vitória enfim se efetivou e, aos 83 anos, o empresário afastou-se do dia a dia de suas empresas para ocupar seu gabinete na Câmara dos Deputados. Foi sua entrada oficial na política, embora ao longo da vida tenha tido vários momentos de intenso envolvimento com o assunto.

“Estou agora cumprindo um mandato, mas político eu sempre fui. Certa vez, minha esposa disse ao nosso contador que não me deixasse entrar na política. Ao que ele rebateu: ‘Ele já é político. Um verdadeiro político dentro da empresa’.”

Na política, assim como na vida de empresário, Camilo Cola fez questão de preservar seus princípios e valores. Segundo revela Alberto Gomes Moreira, seu assessor de comunicação, Cola faz questão de atender a todas as ligações que recebe, independentemente de quem seja. Ele parte do princípio de que quem liga precisa falar – e por isso merece ser ouvido. Se porventura assume um compromisso com alguém, faz questão de dar retorno o mais rápido possível, nem que seja o aviso de que será necessário aguardar um pouco mais, caso a resposta dependa da decisão de terceiros. A pontualidade também é uma marca sua. No primeiro trimestre de 2008, para se ter uma ideia, o deputado foi capaz de agendar visitas a 75 municípios do Espírito Santo e, em todas as ocasiões, cumpriu rigorosamente os horários previamente marcados. Alguns dos envolvidos tomavam a pontualidade como conduta tão rara, que houve casos de cidades onde não havia sequer uma pessoa para receber o deputado no horário estipulado.

NUNCA FUI CAPAZ DE FAZER NADA SOZINHO

O homem que passou a vida à frente de tantas empresas não fez um curso superior. Entre juventude, guerra e trabalho, recebeu a instrução formal de maneira fragmentada, estudando o que lhe era possível. Contabilidade foi um de seus cursos. Por ocasião da entrevista, Cola se lembrou de um velho mestre, professor Pinheiro, um negro de Cachoeiro do Itapemirim que, aos 16 anos de Cola, dedicou colossal paciência a fim de prepará-lo para a Escola do Comércio.

Com sólida base familiar, Cola exibe em sua trajetória virtudes a perder de vista. Ao lado da disciplina, o caráter, a ética e a honestidade são levados muito a sério por ele, assim como o respeito e a sobriedade. Ele, que dorme cedo e acorda cedo, trabalha diariamente incluindo sábados e domingos. Diz ser o trabalho seu vício e considera isso muito gratificante. Seu sucesso, enfim, ele atribui a uma grande capacidade de renúncia e à facilidade que tem de permitir-se ser ajudado.

“*Se você tem facilidade em permitir que as pessoas colaborem com você, as dificuldades se reduzem muito. E essa virtude Deus me deu. Nunca fui capaz de fazer nada sozinho. Pelo contrário. Procuro não fazer nada, sempre coloco os outros para fazer as coisas para mim. No início, eu não tinha equipe nenhuma, me virei, cheguei onde estou e, quando foi preciso, sempre soube ser ajudado. Outra coisa decisiva em meu caminho é uma extrema capacidade de fazer esforços em prol de conquistas. Nunca encontrei uma dificuldade que para mim não fosse fácil superar. Para crescer, sempre tentei atingir o impossível, tentei chegar ao absurdo. Sempre fui muito determinado e, enquanto Deus me der vida, serei assim.*”

Em ocasião de entrevista que tivemos para a elaboração deste livro, Cola repentinamente interrompeu seus relatos – seu relógio já havia acusado: era meio-dia e ele teria de almoçar. “Quando estou em atividade, não deixo de me alimentar. É muito difícil eu tratar de negócios no tempo que tenho para almoçar. Se precisar, levo minha comida”, detalhou. Seus dizeres só certificaram minhas impressões. Cada gesto do distinto senhor evidencia sua disciplina. Em suas viagens, Camilo Cola leva seu cozinheiro, braço direito que lhe garante um cardápio diário saudável e equilibrado. Esteja onde estiver e com quem estiver, o fiel escudeiro lhe traz diariamente, no mesmo horário, seu prato já pronto com refeições balanceadas e cuidadosamente preparadas. Não obstante as idas e vindas do Distrito Federal ao Espírito Santo ou a São Paulo, este Cola que prima pela disciplina faz questão de dormir cedo, acordar cedo, praticar esportes e fazer suas devoções diárias. Católico, leva o rosário no bolso. E crê no trabalho.

ALEKSANDAR MANDIC

Nascido em São Paulo, em 12 de agosto de 1954, Mandic foi, no início dos anos 1990, pioneiro na implantação do BBS no Brasil. Em 2000, participou da criação do portal IG (Internet Group do Brasil) e dois anos depois criou a Mandic:mail, uma empresa que ele mesmo preside e que fornece serviços diferenciados de e-mail. Por sua atuação diante da chegada da internet ao Brasil, tornou-se *case* em Harvard.

SONHADOR POR EXCELÊNCIA

Era o ano de 1989 e havia 17 anos que Mandic trabalhava na multinacional alemã Siemens. No universo da informática, os primeiros modems do mundo já eram utilizados e, na Siemens, já estava implementado o *teleservice*, uma tecnologia que possibilitava o acesso remoto ao computador, utilizando-se um modem e uma linha telefônica. Ao ver operar o *teleservice*, Mandic, que sempre foi muito ligado, visualizou uma oportunidade. Para realizar tarefas profissionais corriqueiras, era comum ele e outros funcionários viajarem, especialmente entre São Paulo e Belo Horizonte, a fim de resolver problemas técnicos. Estando fora, havia ocasiões em que tinha de voltar a São Paulo só para pegar um programa de computador que se mostrava necessário.

Com o advento do modem, Mandic percebeu que questões desse tipo poderiam ser resolvidas por acesso remoto, o que facilitaria demais o andamento dos trabalhos. Na Siemens, ele sugeriu a implementação da ferramenta em seu departamento. Seu chefe achou ótima a ideia, afirmou que o projeto estava aprovado, mas não havia dinheiro, mesa, computador nem telefone disponíveis para esse fim. Diante dessa reação, Mandic não hesitou. Lembrou-se de uma passagem em que Ferdinand Porsche, engenheiro austríaco fundador da fábrica que leva seu sobrenome, dizia: "Não achei o carro dos meus sonhos, então resolvi montar o meu". Mandic, da mesma maneira, resolveu "montar seu carro", levar adiante seu próprio sonho. E implementou em sua casa a engenhoca que havia sugerido.

"Tínhamos uma linha telefônica sobrando. Era da minha mulher e na época valia de três a quatro mil dólares. Ela não queria me deixar usar a tal linha, pois aquele era o investimento dela; aquela linha era sagrada para ela. Eu a convenci de que o uso não prejudicaria a linha telefônica e, conectando-a a um computador 286, pude colocar em prática meu projeto. Com o

BBS – Bulletin Board System –, seria enfim possível estabelecer uma conversa entre computadores distantes entre si, bastando que cada um tivesse um modem e uma linha telefônica disponível. Tão logo ficou pronto o BBS, disponibilizei-o para a Siemens. Depois de quatro meses sem ninguém da empresa utilizá-lo, decidi abrir o negócio para o público. Era outubro de 1990 e nascia o BBS no Brasil. Daí em diante, segui tocando a novidade paralelamente às atividades profissionais que exercia por cerca de 12 horas diárias na Siemens. ”

Década de 1940. Na Iugoslávia, depois da ocupação de italianos e alemães durante a Segunda Guerra Mundial, seria instaurado o regime comunista, liderado pelo marechal Tito. Para os habitantes da região, as perspectivas eram péssimas e impulsionavam a emigração para terras distantes. Sob essas circunstâncias, os pais de Aleksandar Mandic se refugiaram no Brasil. E foi assim, que, na década de 1950, o brasileiro Aleksandar Mandic, descendente de iugoslavos, acabou nascendo na capital paulista.

Embora não tenha lembranças claras dos primeiros anos de vida, Aleksandar conta que a família começou do zero, tinha dificuldades financeiras e houve tempos em que inclusive dividiam a moradia com outra família sérvia. O pai de Mandic, arquiteto, não conseguiu ascender profissionalmente no Brasil. Foi uma infância dura, que despertou em Mandic um forte desejo de ter dinheiro, de ficar rico e não precisar mais enfrentar tamanhas dificuldades. Era esse seu sonho de menino. Foi essa sua primeira experiência de ter bons sonhos, desejar estabilidade, sucesso e mais conforto para sua vida.

Embora tenha tido o sérvio como língua materna, Mandic não teve dificuldades para aprender o português na escola e no convívio com brasileiros. Mesmo assim, foi um péssimo aluno e só se destacou quando entrou no curso técnico de eletrônica, no Liceu Eduardo Prado, em São Paulo. Nas matérias que lhe despertavam interesse, teve um excelente desempenho. Ele prestava atenção nas aulas e, em vez de anotar as fórmulas e ensinamentos dos professores, marcava somente as referências, os locais onde podia consultar o que precisasse. Orgulha-se por ter usado um único caderno nos quatro anos de curso técnico, páginas que se tornaram para ele um grande índice de assuntos nos quais poderia se aprofundar.

Ao terminar a escola técnica, apesar de ainda não ter uma faculdade, Mandic fez questão de começar logo a trabalhar. Sua sede por ir atrás dos seus sonhos não permitia que ele esperasse mais tempo para começar. Seu primeiro emprego foi na Siemens, onde ingressou em 1972, montando painéis, apertando parafusos e fazendo outras coisas do gênero. Nas primeiras semanas de trabalho perceberam que ele podia ir além disso e logo o transferiram para um departamento mais técnico. Em pouco tempo, foi enviado para a Alemanha a fim de fazer um treinamento. Eram seu empenho, suas vontades e seus sonhos que impulsionavam a carreira do jovem Mandic, desde os primeiros passos profissionais.

O início acelerado na carreira técnica e o rápido envolvimento profissional fizeram com que Mandic deixasse de lado a ideia de cursar uma faculdade. Com alguns anos de profissão, contudo, sentiu falta do diploma, já que engenheiros e outros profissionais graduados ascendiam na empresa com maior facilidade. Ainda assim, fez boa carreira e, quando deixou a multinacional, chefiava o Departamento de Serviços Técnicos, composto então por cinquenta engenheiros.

“Com o passar dos anos, percebi que eu não era a pessoa ideal para a Siemens. Lá, para um funcionário estar no ponto, precisa andar a 60 quilômetros por hora. E eu andava a 160! Eu ultrapassava pela esquerda, pela direita... Em uma empresa daquele tamanho, com tantos funcionários, você precisa marchar certinho, não pode sair do ritmo.

Saí da Siemens em 1993 e quando encontro o pessoal de lá vejo que ainda hoje as coisas são idênticas ao que eram na minha época. Há pessoas que estão lá há trinta anos fazendo exatamente as mesmas coisas que faziam antes. Depois da saída da Siemens, já aconteceram muitas coisas na minha vida profissional. Fiz a Mandic BBS, ao vendê-la criei o IG e, saindo de lá, criei a Mandic:mail. Meu ritmo realmente é outro."

Na ocasião em que saiu da Siemens, Mandic tinha quatrocentos clientes em seu BBS e uma renda compatível com o salário que até então recebia na multinacional. Apesar dos limites de velocidade, ele reconhece que a empresa alemã foi um local onde aprendeu muitas lições – foi a faculdade, a pós-graduação e o doutorado que ele não teve. Uma empresa que lhe ensinou que um bom negócio, além de ter uma ideia por trás, precisa ter uma estrutura de processos, caixa, cobrança, serviço de marketing, atendimento, enfim, um conjunto de coisas que ultrapassa em muito a ideia, a execução e a venda. Na Siemens, ele também adquiriu muita organização, o que o levou a ter uma contabilidade impecável na Mandic BBS. Mesmo tendo surgido na informalidade, praticamente como hobby, Mandic teve provisão de impostos desde o início, de modo que, no momento em que a empresa crescesse e fosse necessário pagá-los, ele estaria preparado, não seria necessário mexer no valor cobrado dos clientes, e o impacto dos impostos não seria sentido. Tudo previsto, calculado e, no momento certo, posto em prática. Na busca por um sonho, não basta a pessoa estar munida de vontade, empenho e determinação: o conhecimento, o preparo e até mesmo a cautela são vitais para chegar aonde se deseja.

CHINELO NOS PÉS E A EMPRESA NO QUARTO AO LADO

Em um apartamento residencial do bairro de Pinheiros, em São Paulo, uma empresa inteira dentro de um quarto. O corpo de funcionários era Mandic. Era ele o departamento de suporte, o administrativo, o *office boy*, o atendente e tudo mais que se pudesse imaginar. Ao sair da cama, Mandic tropeçava na empresa, respirando trabalho 24 horas por dia.

Ao contrário dos provedores amadores disponíveis no Brasil naquele momento, Mandic decidiu que seria "o provedor": ele estaria sempre no ar, seu fluxo de mensagens estaria sempre em dia. Empregando o dinheiro da empresa em inovações tecnológicas e qualidade operacional, teria mais possibilidades de prestar bem os serviços e manter-se de fato como o melhor do mercado.

Foi um período desgastante. Era início da década de 1990, os equipamentos eram lentos e davam problemas com grande frequência. Mandic dormia sob o ruído do disco rígido de um computador, ruído que sinalizava que tudo ia bem, que o sistema estava em pleno funcionamento. Se o barulho parava, era hora de ele pular da cama e restabelecer o sistema, resolver o que quer que estivesse errado. A busca de seu sonho, umas tantas vezes, confundiu-se com um enorme pesadelo. Mesmo assim, Mandic persistiu, certo de que era aquela a direção a seguir para ir além, para um dia chegar aonde queria.

"Só conseguia dormir com o barulho do disco rígido. Passei três anos me dedicando inteiramente ao trabalho, sete dias por semana, 24 horas por dia. Era assim no Natal, no Ano-Novo, nos aniversários da família. Eu fazia tudo sozinho, a tela do computador estava sempre à frente de tudo. Foi um período difícil. Eu tinha taquicardia, comecei a ter problemas de saúde e a questionar se adiantava ganhar dinheiro daquele jeito, com aquela vida. Mas eu sabia que não poderia voltar atrás, não poderia fechar meu negócio e voltar para a Siemens. Eu tinha que seguir. Para quem conhece a estrada que vai ao litoral paulista, eu comparo a vida do empreendedor a uma viagem para Santos. A partir do momento em que você pega a Rodovia dos Imigrantes, não existe mais desistência. Se você se arrepender, tem de ir até Santos para fazer o retorno – ou deixar o

carro no caminho e voltar a pé. A vida de empreendedor é exatamente assim, não tem marcha à ré."

Sem marcha à ré e crescendo a cada dia, Mandic percebeu, em determinado momento, que precisava de mais espaço. Primeiramente, contentou-se com o andar de baixo de seu apartamento. No entanto, conforme a infraestrutura e os equipamentos iam crescendo naquele endereço residencial, os vizinhos começavam a se sentir incomodados. Em meados de 1995, operando oitenta linhas telefônicas e colecionando um emaranhado de antenas no alto do prédio, Mandic percebeu que era hora de se mudar. No mesmo bairro de Pinheiros, perto de sua casa, instalou-se na avenida Pedroso de Morais. Ficou na cobertura de um edifício comercial – o que facilitou a instalação das linhas telefônicas. Por conta da proximidade de casa, conseguiu seguir trabalhando com os mesmos números de telefone.

A mudança veio em boa hora. Em agosto de 1995, a internet chegava ao Brasil e Mandic não poderia deixar seus clientes – e sua empresa – fora dessa. Investindo em um programa de conversão, pretendia possibilitar a seus clientes de BBS que se transformassem facilmente em usuários de internet. Tiro certo para o visionário sonhador: o movimento que ele previa no mercado aconteceu, o programa criado funcionou adequadamente e, à frente da concorrência, Mandic conseguiu atender seus clientes.

Ele só falhou em um aspecto: não previu que a demanda superaria em muito a capacidade de absorção da empresa naquele momento. Em pouco tempo seus clientes dobraram em número, e as linhas telefônicas tornaram-se insuficientes para atender ao fluxo de chamadas. E eis que Mandic, sempre pioneiro e perfeccionista, passou a atender uma clientela insatisfeita com a dificuldade de acesso.

Àquela altura, os investimentos no negócio, em equipamentos e ampliações, se faziam extremamente necessários. Sem verba para resolver a situação por conta própria, ele percebeu que chegara a hora de procurar um sócio capitalista. Da decisão, passaram-se alguns dias, talvez semanas, até que o telefone tocasse. Quem falava era Alexandre Behring, do Banco Garantia Participações. O assunto? Vislumbrando o potencial de crescimento da Mandic BBS, o investidor lhe propôs uma sociedade. "No Garantia, investimos em empresas que estão mal administradas, prestes a quebrar ou que têm grande potencial de crescimento. Seu caso é esse último." Bingo! Em 1996, a sociedade estava firmada. O valor da negociação Mandic não revela, mas o fato é que o GP Investimentos havia colocado dinheiro na empresa e, daí em diante, apostava num crescimento estratosférico para o negócio.

"Para se ter uma empresa, primeiramente é preciso ser empreendedor. Em segundo, é preciso ter ideias boas e economicamente viáveis. E em terceiro é preciso ter sorte – esse fator é muito importante. Há eventos, como o surgimento da internet, que acontecem para todos. Diante do evento, há pessoas que enxergam uma oportunidade e ficam ricas, outras que veem a oportunidade mas acabam perdendo dinheiro, e aquelas que simplesmente não percebem a oportunidade chegando. Quanto à sorte, aí a história é outra. Sorte é um banco de investimentos como o GP ter me procurado para investir na minha empresa, justamente no momento em que me propus a procurar capital para crescer. Foi realmente muita sorte."

Fechado o contrato, as primeiras providências tomadas por Mandic foram a contratação de pessoal e a ampliação de equipamentos e linhas telefônicas. Para conseguir caminhar em direção ao faturamento esperado pelos investidores – 200 milhões de dólares ao ano – a empresa teria de crescer vertiginosamente.

"Estabelecer uma sociedade com o GP foi ganhar, da noite para o dia, um sócio tremendamente profissional, dinheiro em caixa e

muita responsabilidade. Se por um lado eu tinha contratado gente e não teria mais o dia a dia puxado dos anos anteriores, eu passava a ter outras preocupações. Seria o responsável pelo dinheiro do sócio e não teria mais em mãos um patrimônio exclusivamente meu. Mais do que nunca, eu não poderia fracassar. Senti tamanha responsabilidade por esse dinheiro investido pelo banco que, no tempo em que durou a sociedade, fiz de tudo para não gastá-lo. O montante foi ótimo para eu ter crédito no mercado e conseguir crescer, mas gastá-lo eu realmente não queria. Quando a empresa foi vendida, o dinheiro ainda estava todinho em caixa. ”

A sociedade com o GP Investimentos durou cerca de dois anos, tendo terminado em 1997. Mandic havia fechado o período faturando 10 milhões de dólares (o quíntuplo do que havia faturado dois anos antes), mas, ainda assim, não conseguiu alcançar as ambiciosas metas propostas pelos investidores que sonhavam ainda mais alto que ele. Isso estava gerando um ambiente interno tenso, muita pressão e especulações sobre possíveis vendas dos 50% de ações pertencentes ao banco. Até que, de comum acordo, as partes optaram pela venda da empresa.

Na empreitada, uma das lições recebidas por Mandic foi aprender a delegar. Mais que isso, ele descobriu o prazer de delegar. Ele já tinha acompanhado de perto essa postura, observando a maneira de agir de Branco Horn, um diretor industrial da Siemens que foi um verdadeiro guru para Mandic. Ele admirava esse antigo chefe, mas, ao contrário dele, sempre tinha tido dificuldade em delegar.

Como saldo da sociedade, Mandic ganhou também outra importante referência profissional. Carlos Alberto Sicupira, o Beto Sicupira, um dos sócios do Banco Garantia. Durante o período de parceria, os diálogos que costumavam travar eram ricos em humor, fosse em tiradas explícitas ou em caprichadas entrelinhas. Nas palavras de Mandic, Sicupira o “inspirava”.

“Excêntrico, ele tinha ideias brilhantes e um jeito muito próprio de fazer as coisas. Em sua sala, os papéis ficavam espalhados no chão em volta da mesa. Diante de uma questão difícil, deitava-se no chão para pensar – independentemente de estar no meio de uma reunião, cercado de gente!”

Como bom farejador, em 1999 Mandic acreditou ser o momento certo para a venda da empresa. Vendeu-a para o grupo argentino Impsat e, exatos três meses depois da negociação, viu estourar a bolha da internet, com a quebra de várias empresas do setor. Quando o mercado voltou-se para ele para comentar a fantástica visão que ele tinha tido ao optar pela venda, Mandic esclareceu: “Não vendi a empresa por ter tido visão, mas sim porque naquele momento eu não conseguia enxergar mais nada”. Faz parte do sucesso de um bom sonhador perceber o *timing* de seu negócio e ter desapego suficiente para, se em determinado momento for preciso, distanciar-se de suas conquistas – só assim ele consegue dar espaço a outros sonhos e conquistas ainda maiores.

Sem descanso, o inquieto Mandic saiu dessa venda e se uniu rapidamente a Matinas Suzuki Jr. e ao publicitário Nizan Guanaes. Eles dariam forma ao primeiro portal grátis do país: o Internet Group do Brasil ou, simplesmente, IG. Em janeiro de 2000, em absoluto tom de surpresa para o mercado, os três deram à luz a empreitada. Mais um sonho concretizado.

Com Nizan na presidência, Suzuki na vice-presidência de Conteúdo e Mandic na vice-presidência de Tecnologia, o portal rapidamente adquiriu um ótimo posicionamento e grande visibilidade no mercado nacional. Pouco mais de um ano depois da criação do IG, Mandic decidiu deixá-lo e partir para a criação de um novo negócio próprio.

“No IG, havia uma questão importante: o Nizan, o Suzuki e eu, os três queriam fazer as coisas à própria maneira. Cheguei um dia

para o Nizan e disse: 'Nizan, o que você entende de internet?' – ao que ele respondeu: 'Baiano gosta de rede...'. A verdade é que no IG eu não tinha função operacional. Eu era simplesmente o embaixador do IG. ❞

De volta ao negócio próprio, Mandic retomou seu ninho na avenida Pedroso de Morais e seu nome como marca. O Mandic:mail nasceu em 2002 para oferecer um serviço de e-mail diferenciado. Tendo uma carteira seleta de alguns milhares de clientes, trata-se de um e-mail pago, desenhado para quem precisa do e-mail para trabalhar. Vendido como "o melhor serviço de e-mail da internet", oferece, por exemplo, possibilidade de o usuário acessar todas as suas contas de e-mail de qualquer computador, armazenamento ilimitado de mensagens, caixa de entrada que nunca lota e um prazo de um mês para recuperar mensagens excluídas.

SER MANDIC

❝ *Outro dia fui voar no helicóptero de um amigo. O piloto disse ter trabalhado na TAM, contou que conhecia o comandante Rolim (o Rolim conhecia todos os funcionários). Ele lembrou que certa vez o Rolim entrou na sala dos pilotos e disse: 'Diariamente, uma enfermeira entra no berçário e cuida de várias crianças: dá banho, troca fralda, leva para a mãe amamentar, põe no berço etc. Se ela fizer isso trinta vezes por dia, poderemos pensar que durante um ano ela faz isso mais de mil vezes. E, vejam só, ela nunca pode deixar um bebê cair no chão. A possibilidade de ela deixar uma criança cair deve ser nula e é exatamente nisso que vocês têm que pensar quando estão decolando e aterrissando um avião. O erro tem de ser zero, a possibilidade de erro tem de ser nula'.* ❞

Perfeccionista, Mandic concorda com Rolim. Não apenas no ato de segurar um bebê ou no de aterrissar um avião, ele acredita que o erro não pode existir ao atender um cliente insatisfeito, ao tomar uma decisão técnica, ao cumprir o horário marcado para uma reunião. Mandic não se atrasa para os compromissos e também não chega adiantado. É pontual – sempre.

Quando se trata de atender bem um cliente, de dar atenção máxima àquele que usufrui de seus serviços, ele também segue os ensinamentos do comandante. Defendendo a teoria de que "*nenhum cliente é pior que cliente nenhum*", instrui seus funcionários para que prezem pelo bom relacionamento com os clientes e para que ouçam suas queixas sempre com muita atenção, já que, em geral, elas são, sim, fundamentadas. Para Mandic, os dizeres dos clientes devem ser encarados como uma consultoria gratuita, que acusa problemas, dá sugestões e aponta caminhos para a melhora dos serviços oferecidos. Ainda afirma preferir clientes que reclamam, pois defende a teoria de que quem não reclama diante de uma insatisfação cedo ou tarde muda de fornecedor.

Detalhista, ele presta atenção às nuances e é incapaz de assinar um contrato se houver nele um mínimo erro. É só bater o olho para perceber eventuais enganos. Na empresa, com sua equipe, exige também cuidado e atenção com cada detalhe. É exigente e, conforme admirava em seu ex-chefe Branco Horn, não deixa nada para depois. Mandic lembra que a mesa de Horn estava sempre limpa. Ele nunca tinha tarefas acumuladas, jamais deixava pendências.

Rígido consigo e com os outros, Mandic sabe que a realização dos sonhos exige suor, e se diz ligeiramente militar. Quem promete alguma coisa para ele, tem de cumprir – e ai de quem fizer diferente! Diante de promessas, ele cobra, monitora, averigua e considera a cobrança um estímulo para as pessoas não perderem o foco.

"Muitos me consideram polêmico. Mais que polêmico, acho que sou bravo e atribuo muito disso à minha origem iugoslava, à carga genética que trago comigo (tenho amigos iugoslavos e eles são realmente bravos). Outro dia, um amigo veio me contar uma história ocorrida num hospital da minha terra: no meio de uma

cirurgia, enquanto operavam um paciente, dois médicos começaram a discutir. Os dois se excederam e simplesmente acabaram se estapeando no meio da sala da operação!"

No DNA de Mandic também não falta a intuição. Ele é do tipo que primeiro joga, depois analisa e vê no que deu, acreditando que, se agisse de forma inversa, teria deixado de tomar várias atitudes importantes em sua vida.

"Certa vez, uma pessoa que eu queria contratar virou pra mim e disse: 'Não vou trabalhar aqui, pois fiz alguns cálculos e cheguei à conclusão de que, se eu vier pra cá, vou ganhar menos do que posso ganhar lá fora'. Virei para ela e respondi: 'Graças a Deus eu não tinha esta sua planilha quando saí da Siemens!'. Porque, se eu fosse pensar bem, se fosse pesar todos os prós e contras, não teria saído nunca, ainda mais para abrir um negócio próprio. Empresário não tem direitos, somente obrigações – e passei cinco anos sem férias, numa vida absolutamente insana. Ao tomar decisões, então, prefiro agir com rapidez e com a ajuda da minha intuição. Vou, faço logo e assim passo na frente dos outros. Nos negócios, essa agilidade é fundamental."

Os sacrifícios profissionais de Mandic, vale dizer, não se resumiram aos cinco anos sem férias e trabalhando em noites de Natal. Trabalhando dias, noites e madrugadas, ele raramente via seu primeiro filho, até este fazer dez anos de idade. Foram anos sem passar finais de semana com o garoto, dedicando-se *full time* ao trabalho, realmente sem tempo para mais nada. Foi o preço. Na noite de nascimento do garoto, para se ter uma ideia, Mandic não dormiu no hospital. Passado o parto, ele foi para casa. Tinha que cuidar do BBS.

Mais de 15 anos depois de sua saída da Siemens, Mandic tem uma vida normal. Na Mandic:mail não participa mais das decisões diárias e tem os finais de semana sempre livres. É bem verdade que confessa se preocupar com a empresa o dia inteiro, mas sua rotina já é bem mais próxima do normal. E quando questionado sobre possíveis intenções de um dia deixar de trabalhar, ele revela não ser simpático à ideia.

“*A diferença entre o artista e o trabalhador é que o artista quer sempre continuar. Picasso morreu pintando. Não sou artista, mas gosto do que faço. Pergunte para os artistas sobre os hobbies que têm. A maioria não tem nenhum, já que trata o próprio trabalho como um hobby. Minha vida é assim: gosto tanto do que faço, que não preciso de hobby nem de férias. De certo modo, tiro férias todos os dias. E espero jamais me afastar desse privilégio.*”

Sem participar das operações diárias da empresa, Mandic assume com propriedade seu principal cargo na Mandic:mail, que é o de sonhador. Revela que, quando chega à empresa e expõe seus sonhos para a equipe, ele tem a impressão de estar levando pesadelos para todos. Mas são justamente esses sonhos desafiantes que o fizeram chegar aonde está, que fizeram seu negócio prosperar. Mandic vê além, e seu maior sonho, no momento, é ver a empresa seguir, perpetuar-se com o trabalho de uma equipe de ponta, conduzida por um regente à altura, o qual, ao que tudo indica, será seu filho Axl, que já trabalha na empresa. Quanto a Mandic, este segue nos bastidores do negócio, levando em frente seu lema de fazer as coisas benfeitas, tendo sempre, por trás, um sonho bom.

“*Não existe a menor chance de alguém dar certo alimentando um sonho ruim. Quem quer crescer, além de fazer benfeito, tem que saber sonhar – sonhar sonhos que agreguem para o bem, sonhos bons em todos os sentidos.*”

ÂNGELO SALTON NETO

Nascido em São Paulo, em 15 de setembro de 1952, ocupou a presidência da Vinícola Salton por 28 anos. Em seu portfólio, reuniu a liderança nacional em vinhos finos espumantes, o segundo lugar no mercado de conhaques, mais de 250 premiações internacionais conquistadas por seus vinhos, e uma vinícola com capacidade para produzir até cem mil garrafas por dia. Deixou a presidência da empresa em fevereiro de 2009, aos 56 anos de idade, após não resistir a um infarto.

UM EXEMPLO DE SIMPLICIDADE, HUMILDADE E CARISMA

Era o dia 11 de fevereiro de 2009. Nos corredores do escritório da Vinícola Salton, em São Paulo, a ausência de Ângelo Salton Neto confirmava a tão absurda e inesperada notícia. Um infarto havia surpreendido todos que o conheciam, conviviam com ele e o admiravam. O homem apaixonado pela família, pela empresa, por seu trabalho, aquele que tanto entusiasmo tinha ao relatar suas conquistas à frente da empresa, aquele que com tanta satisfação percorria eventos paulistanos relacionados ao mundo dos vinhos, o personagem cativante e que tanto enaltecia o viver, já não estava mais entre os seus. Meses antes, em entrevista realizada para a elaboração deste livro, deu motivos de sobra para que se compreendesse o porquê de ele despertar tamanha admiração por onde passava.

“Estou sempre pronto para falar com quem me procura, acho essa disponibilidade e essa proximidade fundamentais. Não tenho computador na minha sala. Sou engenheiro por formação e, quando tive uma máquina dessas no escritório, minha vontade era passar o dia trabalhando em programas, estatísticas, gráficos e curvas. Quando alguém entrava na minha sala, eu, mergulhado na tela, logo dizia: ‘O que você quer?!’, naquele tom de ‘fala logo e vai embora’. Em pouco tempo, notei que eu estava perdendo a pele, perdendo o contato com as pessoas que sempre batiam à minha porta para dizer um monte de coisas, para me trazer informações importantes sobre o meu negócio, para apontar vácuos onde eu poderia crescer.
Assim que percebi que as pessoas estavam atrapalhando minhas atividades no computador, retirei a máquina da sala. Não quero perder essa sensibilidade. Acho um chato aquele que não para de olhar para a tela! Hoje, nem e-mail eu abro. Minha secretária baixa as mensagens, imprime o necessário e me entrega. Se quero ver algo no computador, eu me desloco para uma sala onde ficam

vários funcionários, sento-me por alguns instantes, verifico o que quero e em seguida me levanto, sem me prolongar. Prefiro a distância da tela e a proximidade com as pessoas. Quero estar sempre pronto para receber quem me procura. No meu cargo, é melhor assim. ”

Ângelo Salton Neto foi criado na filial paulista da vinícola Salton, na época dirigida por seu pai. A família morava no bairro paulista do Carandiru: a casa ficava na parte de baixo do imóvel e, na parte superior, era o escritório. O pai de Ângelo, segunda geração da família Salton na empresa, nasceu na cidade gaúcha de Bento Gonçalves e veio para São Paulo justamente para montar uma filial da vinícola. Em vez de jabuticabeiras e mangueiras, o quintal da casa de Ângelo era tomado por uma indústria de engarrafamento e por carregamentos de caminhão. Guerras de rolha com os primos, quedas do alto dos caminhões e supostas ajudas no carregamento das carretas dividiam espaço com outras brincadeiras de menino. Enquanto isso, um modo um tanto simples e humilde de ser ia se solidificando na personalidade do garoto.

Na empresa, morava também um tio, Mário Salton, com o qual o menino Ângelo tinha muita afinidade. Gaúcho, Mário tinha uma matilha de perdigueiros que usava nas tão apreciadas caçadas de perdizes, duas ou três vezes ao ano. Para o garoto, não faltava nada: empresa, caminhões, primos, carregamentos, caminhoneiros camaradas, cães de caça. Sua vida foi assim até os dez ou 12 anos de idade, quando, em uma tarde, a mãe de Ângelo percebeu que o filho, ainda menino, estava com hálito de vinho. Somado ao acontecimento, ela vinha notando palavrões ganhando cada vez mais espaço no discurso do garoto sempre tão próximo dos caminhoneiros e ajudantes da fábrica. Sua mãe então decidiu que chegara o momento de eles mudarem de endereço. A família deixou a fábrica para morar em um bairro próximo.

Salton seguiu a infância brincando, estudando e praticando esportes. Era um bom padrão de vida. Apesar de a mãe dizer que o dinheiro era curto, Ângelo frequentava a escola, o clube, tinha um bom ambiente de convívio. Na juventude, a Faculdade de Engenharia do Mackenzie deu sequência à formação e à construção de um leque de relacionamentos que se revelaria bastante importante anos depois. Os alunos eram em sua maioria ligados à indústria e à construção.

Com caminhoneiros, amigos do clube, parentes ou colegas de faculdade, o fato é que Salton praticou, durante toda a infância e juventude, o gosto pela troca, pelas amizades e relacionamentos com todo tipo de gente. Com jeito brincalhão, comunicativo, simples e carismático, olhava nos olhos das pessoas, dizia sempre o que pensava e fazia questão de ter as portas abertas para funcionários, clientes, amigos, parentes ou qualquer pessoa que tivesse algo a lhe dizer. Ele acreditava que para uma empresa ir bem o segredo era caminhar por ela, passar por todos os departamentos com frequência, conversar com as pessoas. Com a certeza de que os funcionários, independentemente de seu cargo, podiam dar ótimas dicas do que podia melhorar em cada setor, Ângelo deixava todos sempre muito à vontade para se expressar dentro da empresa. Quem o cercava reconhecia e apreciava essa abertura, esse "contato de pele", como definia Salton, que, por sua vez, encontrava nessa prática uma realização pessoal e impulsos para o crescimento da empresa.

"Certo dia, um distribuidor veio me avisar que seria interessante eu aumentar o foco nas distribuidoras de bebidas de São Paulo, pois alguns concorrentes estavam gerando problemas para eles. Veja só: o distribuidor bateu à minha porta e me apontou uma oportunidade de mercado. Com meus funcionários ocorre a mesma coisa. Certa vez, um porteiro da empresa veio me dizer que um determinado funcionário estava chegando diariamente duas horas mais cedo, já havia um mês. Isso vinha acontecendo desde que ele

tinha recebido uma solicitação para fazer um serviço em horário antecipado. Acontece que o serviço havia sido concluído, ninguém havia interrompido a orientação, e ele continuava chegando mais cedo e recebendo hora extra por isso. Se o porteiro não tivesse a liberdade de entrar na minha sala e fazer o comentário, eu jamais ficaria sabendo, e o funcionário continuaria naquela situação, passando um período ocioso e custando para a empresa muito mais do que o necessário. ❞

Seu jeito descontraído, Salton afirmava ter herdado do pai, Azir Salton. Como bom gaúcho, este promovia frequentes churrascos, muitas vezes ao som do acordeão levado por um amigo. De descendência italiana e nascidos fora de São Paulo, os membros da família tinham certo saudosismo, um lado até folclórico muito bonito, que encantava quem os cercava. Ângelo via como o pai era querido pelos clientes e compreendia bem o que ele queria dizer ao lhe falar sobre a importância de se conquistar a simpatia daqueles que possibilitavam sua presença no varejo, daqueles que o colocavam diante do consumidor final. Mantendo a tradição, houve ocasiões em que Ângelo Salton Neto também promoveu churrascos para seus clientes e, segundo a filha do empresário, o que mais impressionava os presentes era que, além de promover o evento e fazer questão de participar, não raras vezes o próprio Salton servia os convidados. Ele gostava de estar com os funcionários, com os clientes, e tinha muito claro que quem fazia a máquina realmente funcionar era o cliente, fosse ele um supermercadista, um distribuidor ou dono de restaurante. E resumia: "Sem eles não há pedido e empresa nenhuma vai adiante".

Mesmo reconhecendo a força do relacionamento, Salton admitia que no século XXI as coisas não funcionavam como nos tempos do pai. As cobranças haviam se tornado mais violentas e, especialmente nas grandes redes, as decisões eram feitas com base em números, gráficos e planilhas. De qualquer forma, ainda acreditava que, se houvesse dois produtos para serem promovidos, o trabalho com os fornecedores preferidos seria privilegiado. E atribuía muito do sucesso da Salton a essa maneira de se relacionar.

“Neste final de primeira década do século XXI, a Salton vive um momento fantástico. É líder de espumantes no Brasil e tende a caminhar, nos próximos anos, para a liderança nos vinhos finos do país. Tudo isso tem a ver com o marketing de relacionamento. Para que tais conquistas aconteçam, o corpo a corpo é fundamental. Meu pai e meus tios fizeram isso a vida toda. Foram sempre muito ligados às pessoas e sempre tiveram muita credibilidade. Todos sabiam da honestidade deles, todos os reconheciam como pessoas muito boas.”

TIM-TIM: AMANHÃ É SEGUNDA-FEIRA

Assim que se formou engenheiro, Ângelo Salton Neto foi trabalhar na Fábrica de Aço Paulista. Cerca de seis meses depois, seu tio Mário convidou-o para trabalhar na Salton. Até então, sua única experiência na vinícola havia acontecido em alguns finais de ano em que trabalhou em uma lojinha que havia por lá – ganhava um dinheirinho extra para passar as férias e a brincadeira parava por aí. Tão logo recebeu o convite, Salton pediu demissão na empresa de aço e, apesar do bom aumento de salário que lhe foi oferecido, nem cogitou permanecer por lá. Ficou mais um mês trabalhando para eles e, então, ingressou na Salton. Era 1977 e Ângelo estava com 25 anos.

“A entrada na Salton representou uma grande mudança na minha vida. Eu era solteiro e, até então, o melhor momento da semana para mim era sexta à noite, ao passo que o pior era o domingo à noite. A partir do momento em que entrei na Salton,

isso se inverteu. A pior hora da semana passou a ser sexta à noite e, a melhor, domingo à noite. Satisfeito, eu pensava: 'Amanhã cedinho vou para a firma trabalhar'. ❞

Na ocasião da admissão de Ângelo, a empresa tinha como principais produtos o Conhaque Presidente, que na época vinha se estabelecendo como carro-chefe, e os vinhos, todos engarrafados no Rio Grande do Sul. A Salton, que não atravessava um bom momento financeiro, era administrada por Mário Salton e por um gerente administrativo geral. Ângelo ficou na cola desse gerente e, aos poucos, inteirou-se da dinâmica do negócio. Tendo afinidade com a matemática, começou a analisar os contratos bancários, passou a fazer fluxo de caixa e percebeu que, se a empresa criasse algumas ações comerciais e fizesse suas vendas à vista, seria possível levantar um capital de giro. Dito e feito: a empresa se capitalizou e, com capital de giro próprio, parou de fazer uso do dinheiro dos bancos. Ângelo tinha pouca idade, mas já mostrava o bom faro para os negócios e a aguçada percepção no que se referia a números.

Deixando o financeiro mais estabilizado, chegou o momento de Ângelo trabalhar os relacionamentos. Com cerca de 26 anos, tornou-se gerente de vendas e, nesse cargo, teve como tarefa inicial viajar pelo Brasil todo. Por quase um mês, passou de estado em estado conhecendo clientes e, quando necessário, trocando representantes. Ele se saía bem no marketing de relacionamento e a investida rapidamente gerou retornos, em especial em regiões onde tinham pouca penetração. Em curto tempo foi promovido a diretor de vendas, onde permaneceu por mais dois anos até, enfim, chegar à presidência. Seu tio Mário, então com pouco mais de sessenta anos, montou um conselho, do qual passou a fazer parte com outros profissionais (entre eles, Azir Salton, o pai de Ângelo). À medida que se formava uma diretoria executiva, o conselho aos poucos se afastou e a nova safra seguiu tocando a empresa.

“Desde minha entrada na Salton, a situação mais incômoda e desfavorável por que já passei foi dever dinheiro para bancos. Passamos anos nessa situação, enquanto devíamos estar aplicando. Houve um período em que convivemos com as dívidas ao mesmo tempo em que administrávamos a empresa sob inflação de 80% ao mês (sendo que, meio ano antes, ela havia chegado a 2% ao mês). Aliás, independentemente das dívidas, digo que quem administrou uma empresa no Brasil nos últimos trinta anos, quem sobreviveu a tamanhas variações de inflação, pode virar professor em qualquer parte do mundo. Voltando à Salton, o fato é que apesar de tudo nós sobrevivemos. Em 1990 saldamos todas as dívidas que tínhamos com bancos e nunca mais pegamos dinheiro com eles. Sabemos bem que em bancos, quanto mais se precisa do dinheiro, mais se paga por ele.”

Para Luciana Salton, gerente de marketing da empresa e filha de Ângelo, entre as encantadoras histórias que o pai coleciona, o que mais lhe chama a atenção é justamente o controle emocional e a habilidade de relacionamento que ele teve ao assumir e equilibrar, com cerca de trinta anos de idade apenas, uma empresa prestes a falir e repleta de conflitos familiares. O gerente de vendas Luiz Ranieri Neto, que desde meados dos anos 1980 trabalha na empresa, concorda com ela e acrescenta que, a seu ver, a confiança, o positivismo, a perseverança e a paixão de Salton pelo negócio foram outras qualidades que se revelaram intensamente nesse período e que o ajudaram a transformar a empresa. E cita ainda a facilidade que Salton tinha de se relacionar: “O Ângelo era uma pessoa que sempre buscava o bem da empresa, sem guardar rancor, mágoa ou qualquer outro sentimento negativo. Com ele, o que estava resolvido estava resolvido – o resto era página virada, uma postura que contribuía muito para o bom andamento dos negócios”.

O CONHAQUE QUE ENCORPOU UMA VINÍCOLA

Os primeiros anos de Ângelo Salton Neto na empresa foram marcados pela consolidação do Conhaque Presidente. Após recorrer a parcelamentos e sanear a empresa (que devia oito anos de impostos), Salton ainda tinha importantes problemas para resolver, a começar pela fábrica no Rio Grande do Sul, que, tendo passado anos sem receber investimentos, estava um tanto envelhecida.

Nesse contexto, o Conhaque Presidente vinha vendendo bem e gerando um lucro considerável para a empresa. Seguindo as orientações de Mário Salton, Ângelo passou a direcionar toda verba conquistada com o conhaque para investimentos no parque fabril da empresa. Até 1990, tudo o que conquistou com o conhaque foi direcionado para a fábrica em Bento Gonçalves.

“Meu tio dizia: ‘Vinho é cultura, é milenar, nunca vai acabar’. E acertou em cheio. O vinho hoje está realmente no auge. E, nós, que ótimo!, investimos muito em vinho, canalizamos todos os nossos recursos nesse sentido e produzimos hoje com a melhor tecnologia do mundo. Mais que isso, estamos agora colhendo os frutos dos esforços e já faz pelo menos dez anos que os resultados do Sul vêm somando para a empresa.”

A acentuada evolução da qualidade dos vinhos Salton resultou de uma série de investidas. Foram terrenos adquiridos, investimentos em uma vinícola totalmente nova e automatizada em Tuiuty (a poucos quilômetros de Bento Gonçalves), mudas trazidas da Europa e a contratação de Angel Mendonza, um enólogo com experiência internacional em consultorias sobre o assunto. Era 2002 quando esse profissional chegou à Salton e propôs a criação de um vinho que reunisse determinadas proporções das uvas Cabernet Sauvignon, Merlot e Tannat. O vinho obtido passou um ano em barricas (o dobro dos seis meses que se costumava praticar na Salton) e, antes de ir ao mercado, passou outros nove meses engarrafado – como uma criança, insistia Mendonza, garantindo que o vinho não deveria ser comercializado antes de concluir sua gestação. Quando enfim chegou ao mercado, o Talento – assim denominado – recebeu excelentes avaliações, venceu degustações às cegas e representou uma verdadeira virada na história dos vinhos Salton.

Depois desse passo, Ângelo estabeleceu como principal desafio da empresa mostrar para o brasileiro a evolução do vinho nacional e sua alta qualidade. Ele garantia que, nesse início de século XXI, 70% das importações poderiam ser substituídas por vinhos nacionais à altura do que estava sendo trazido. E se satisfazia ao ver que, no tocante a espumantes, o reconhecimento da qualidade nacional já havia sido alcançada. Em 2008, a cada quatro vinhos espumantes consumidos no Brasil, três eram nacionais (ao passo que a proporção dos não espumantes era inversa). Os espumantes finos da Salton, especificamente, mostravam-se líderes do segmento, com cerca de 40% do mercado nacional.

Em sua linha de produtos, Ângelo Salton Neto continuava contando com o Conhaque Presidente, o segundo maior do Brasil no segmento, e o suco de uva Salton, produto mantido pela empresa como estratégia de marketing. Na safra, ele produzia e engarrafava cerca de 2,5 milhões de garrafas de suco, para vendê-las ao longo do ano. Um produto totalmente natural e tão bom para a saúde quanto o vinho.

Para o gerente de vendas Luiz Ranieri Neto, a rapidez e a visão de futuro de Salton foram essenciais para a empresa chegar aonde chegou: "Ele era muito rápido: tomava as decisões sempre na hora, nunca deixava nada para ser resolvido no dia seguinte, fosse com clientes ou funcionários. Em relação à visão de Ângelo, eu diria que, quando havia uma árvore, ele conseguia ver uma floresta e criava oportunidades para que esta crescesse".

A EMPRESA EM FAMÍLIA

Em 1878, o bisavô de Ângelo Salton, Antonio Domenico, deixou a província italiana do Vêneto e partiu rumo ao Brasil. Acompanhado de mulher e dois filhos, embarcou no navio onde faleceriam, em semanas, a esposa e uma filhinha recém-nascida. Viúvo, na companhia do filho de três anos e carregando mudas de parreira trazidas da Itália, Domenico desembarcou no Brasil e se estabeleceu na colônia gaúcha de Santa Isabel, mais tarde transformada no município de Bento Gonçalves.

Dois anos depois da dramática chegada ao Brasil, Domenico casou-se com Lucia Canei, menina de 16 anos de idade, com a qual viria a ter dez filhos. Um deles, chamado Paulo, foi o responsável pela fundação da Paulo Salton – Armazéns Gerais, em 1910. O que era inicialmente uma empresa de secos e molhados, com o tempo redirecionaria seu foco para se transformar na Vinícola Salton.

Com quase um século de existência, a empresa permanece nas mãos dos descendentes de Antonio Domenico. Está dividida em quatro correntes que possuem diferentes percentuais do negócio: uma de funcionários e outras três de familiares – os descendentes de Paulo Salton, os de Ângelo Salton e os de Antônio Salton. Com o falecimento de Ângelo Salton Neto, a presidência passou para as mãos de Daniel Salton, neto de Paulo Salton e que até então exercia o cargo de diretor comercial da empresa. A direção, portanto, continuou nas mãos dos Salton, que desde o início da empresa têm escrito sua história, não apenas nos cargos de presidência e diretoria, mas ocupando também níveis hierárquicos mais baixos da empresa. Ângelo Salton Neto, vale dizer, enchia-se de orgulho diante desse contexto:

“Tem dias em que paro, olho, respiro meu pai, meu tio, meus primos e alguns tios que já se foram. Estou aqui tocando o negócio que eles criaram e há muitas pessoas me ajudando. Sou favorável

aos familiares trabalharem na empresa. Mas têm de ser os do bem, os que querem trabalhar para valer. E, quem quiser, por que não? Prefiro ser sócio de um irmão meu do que de um desconhecido. Um irmão, um tio, um primo, contanto que sejam pessoas boas – para os encostados ou ruins, não tem lugar. Todos têm que somar e os bons resultados são a satisfação de todos. Temos um comprometimento muito grande com quinhentos funcionários, muitos dos quais estão conosco há vinte ou trinta anos. Esse é o perfil da Salton e tudo isso é muito bonito – mas, se não der lucro, não adianta... Meu tio dizia: 'Se você quer fazer esse conjunto ser harmônico, é preciso dar lucro. Se não houver lucro na empresa familiar, você está frito. No primeiro ano você explica, no segundo, cortam sua cabeça'.

Hoje, meu grande sonho em termos profissionais é a continuidade. É ver a quarta geração chegando, transmitir para a quarta geração essa garra, esse amor pela empresa, essa perpetuação da marca e do nome, até porque a marca é o nosso sobrenome, e isso é uma das coisas mais importantes da vida. Tenho um amigo que diz que essa perpetuação da família é Deus – sai o avô, vem o filho, vem o neto, o bisneto, vira neto, vira avô... Essa roda é Deus, nós estamos nesse caminho e isso é muito bom.

Tenho credibilidade na Salton e sou benquisto pelos acionistas. E vejo essa aceitação dentro de uma empresa familiar como o maior sinal de que me saí bem. Não deixei que a vaidade tomasse conta do meu cargo e sempre busquei o bem de todos, nunca o meu em particular. Essa busca está comigo desde que entrei aqui. A situação em que a empresa está hoje também me enche de orgulho – falo isso por mim e por toda a equipe que tenho ao meu lado. ”

DIA E NOITE, NOITE E DIA

Até a triste madrugada de 11 de fevereiro de 2009, a rotina de Ângelo Salton Neto jamais poderia ser definida como pacata. Seu trabalho ia muito além do escritório, já que ele rotineiramente frequentava restaurantes, jantares, festas e eventos de alguma forma relacionados ao universo do vinho. Houve ocasiões em que chegou a comparecer em três eventos em uma única noite. Tanto ele quanto a esposa gostavam da vida social e sempre tiveram prazer em estreitar relacionamentos com parceiros de trabalho. É inegável, porém, que sua rotina era bastante puxada e cansativa, entre escritório, eventos noturnos, comes e bebes.

Salton acreditava que, se não aceitasse convites à noite, não teria feito o que fez. Ele estava muito ligado à marca e comparecia a diversos eventos – trabalhava muito durante o dia e também à noite. Mesmo nos finais de semana, onde quer que fosse, acabava trabalhando. Quando ia a um restaurante, por exemplo, prestava atenção no que as pessoas ao redor bebiam, conversava com os garçons, com os donos... No final das contas, nunca se desligava do trabalho. Até nas férias, que costumava tirar uma vez por ano, era comum ele viajar para visitar vinícolas.

Por conta da intensa dedicação à empresa em horários não comerciais (que começou a acontecer especialmente a partir de 2002), Salton confessava que se permitia cometer certos luxos na empresa, tendo um horário bastante flexível – pelo menos sob seu ponto de vista:

“*Se trabalho numa noite e vou dormir tarde, não quero saber a que horas vou acordar na manhã seguinte. Há dias em que chego às nove da manhã na empresa e isso não me pesa. Antigamente, se eu chegava às oito horas, já ficava com dor na consciência... Fui formado para chegar às sete horas em ponto ao trabalho, independentemente do horário que eu tivesse ido dormir. Meu tio, na época dele, achava que diretor de empresa tinha de chegar às seis da manhã. Mas ele ia embora às seis da tarde. Eu não chego às seis, mas trabalho até meia-noite – é essa a diferença. Sem um respiro, sem um momento de relax, ninguém aguenta.*”

Sempre tomado de simplicidade, Salton não trabalhava de terno. Em sua mesa, os papéis revelavam seu dia a dia. Tinha a porta da sala sempre aberta, com gente entrando, saindo, voltando, conversando. Descontraído, estava sempre pronto para escutar as pessoas e sempre conectado para compreender o que se passava dentro e fora da empresa. Tinha sensibilidade, simplicidade, humildade, muita percepção e carisma.

Sua fé e religiosidade também eram uma marca. Em uma das paredes de sua sala, um quadro, outrora pertencente a sua mãe, emprestava ao ambiente a imagem de Cristo. Sobre a mesa havia ainda imagens religiosas que ganhara de funcionários. Para ele, a intenção de uma pessoa que o presenteava com algo para protegê-lo já era, por si só, uma excelente energia – e ele só via benefícios em cercar-se desses objetos.

Por trás de nada modestos 1,85 metro de altura, Salton deixava transparecer leveza, uma atmosfera positiva, uma felicidade que ele mesmo afirmava sentir. E o exemplo, mais uma vez, parecia vir de casa. Com sorriso nos lábios, ele se lembrava de seu tio-avô Antônio Salton, falecido aos cem anos de idade. Quando estava com noventa anos, este insistia com os familiares para que plantassem pinheiros. "Mas, tio, quando a gente vai colher estes pinheiros?". Ao que ele respondia: "Daqui a cinquenta anos. Nós colheremos em cinquenta anos", dizia o tio-avô, incluindo-se no grupo que assistiria à colheita.

O fazedor de vinhos era também um apreciador da bebida e afirmava ter conhecido o lado bonito do vinho nos últimos anos, quando começou a frequentar a Associação Brasileira de Sommeliers (ABS), e foi aos poucos aprendendo a perceber o aroma, o paladar e tantos outros detalhes da bebida. Ele, que caminhava diariamente, havia praticado muito esporte na juventude e valorizava esse hábito para o bem-estar físico, para o equilíbrio emocional e até para o benefício profissional. O porquê de ter partido tão cedo, o porquê de não ter tido uma segunda chance, infelizmente, são questões que ninguém terá como responder. Só resta contar sua história, para que tão bela trajetória e valores sejam perpetuados – e lembrar que, além das tantas virtudes que tinha, Ângelo Salton Neto foi um homem verdadeiramente feliz.

“Sou um homem feliz. Sou muito feliz com a minha família e gosto do que faço. Trabalho com garra, responsabilidade e prazer. Aliás, uma das coisas bacanas da minha vida é poder dizer que a sensação e o prazer de trabalhar que tive aos 25 anos, quando meu tio me chamou para trabalhar aqui, é o que sinto até hoje, trinta anos mais tarde. Isso é muito forte, sou um homem realizado.”

OZIRES SILVA

Nasceu em Bauru, interior de São Paulo, em 8 de janeiro de 1931. De seus esforços, nasceu a Embraer – Empresa Brasileira de Aeronáutica, presidida por ele por cerca de vinte anos. Seu currículo reúne ainda alguns anos na presidência da Petrobras e da Varig, experiência no Ministério da Infraestrutura, a reitoria da Universidade de Santo Amaro e da Unimonte, e participação ativa na empresa Pele Nova Biotecnologia, como acionista e presidente do conselho.

APAIXONADO

Era outubro de 1946. O menino Ozires tinha apenas 15 anos quando entrou na sala de aula e ouviu o professor perguntar o que se comemorava naquele dia. Ele acertou ao afirmar que eram os quarenta anos do primeiro voo de um avião. Fazia quatro décadas que Santos-Dumont havia decolado com o 14-Bis. Em seguida, Ozires questionou: "Se o Brasil é tão grande e teve o Santos-Dumont, por que não fabricamos aviões?". Era a primeira vez que ele pensava naquela possibilidade, uma ideia que fascinou o garoto e que, dali em diante, seria o fio condutor de sua vida.

Na Bauru daqueles tempos ficava a sede da Estrada de Ferro Noroeste do Brasil, cujo presidente, um coronel do Exército vidrado em aviação, era amigo do presidente da República. Por conta disso, muitos recursos da estrada de ferro foram utilizados para construir na cidade uma escola de aeromodelismo, uma escola de planadores e um aeroclube equipado com pistas e aviões para formar pilotos.

Sorte de Ozires. Ainda menino, ele frequentava essas escolas e passou a nutrir o gosto pelo assunto. Era aquele o seu *playground*. A seu lado, o amigo Benedicto César, o Zico, compartilhava do amor por aviões. Os dois conversavam muito e, juntos, faziam projeções para o futuro. Aos 14 anos de idade, tinham consciência de que não queriam trabalhar no comércio local, nem na estrada de ferro (que era na época a maior geradora de empregos da cidade), e sonhavam com os aviões. Os dois já sabiam pilotar planadores e passavam as tardes concatenando ideias de dar um rumo diferente à vida.

"Diferentemente dos demais frequentadores do aeroclube, eu e o Zico nos interessávamos muito pelas invenções que compunham o avião. Porque mesmo hoje, se você olhar, o avião é um instrumento fantástico, com soluções geniais e realmente criativas, sobre as quais

poderíamos escrever vários livros e todos eles seriam muito interessantes. Uma simples porta de um avião nos fascinava e ficávamos o dia todo nos perguntando quem seriam essas pessoas que criavam tão extraordinárias engenhocas. Tínhamos acesso a algumas revistas americanas de aviação que o tal coronel da estrada de ferro assinava. Lendo aquelas páginas, nos demos conta de que em alguns lugares do mundo havia algo que se chamava indústria aeronáutica – algo inexistente por aqui. O Brasil quase não tinha iniciativas nesse sentido e nossa estrutura era tão hostil, que o próprio Santos-Dummont teve que ir para a França para fazer seu voo. Descobrimos que havia escolas de engenharia aeronáutica nos Estados Unidos e na França, países na época líderes na fabricação de aviões – mas não havia a menor possibilidade de nossas famílias bancarem um curso fora do Brasil. Como poderíamos nos aproximar da aviação, então? Em longas conversas travadas em caminhadas por Bauru e no nosso banco de mármore preferido da avenida Rodrigues Alves, no centro da cidade, íamos articulando nossas respostas e fazendo projeções para o futuro. Até que um dia tivemos a ideia: terminando o colégio, prestaríamos concurso público para entrar na Academia da Força Aérea. Fantástico! Nosso caminho estava traçado.”

A primeira reprovação não os faria desistir. Zico e Ozires, ambos filhos de instaladores eletricistas, sabiam que as chances de decolarem no sonho da aeronáutica só poderia se concretizar por meio da carreira militar. Estudaram com afinco por mais um ano até que, no final de 1947, foram enfim aprovados. Dali em diante passariam quatro anos no Rio de Janeiro (onde então se ministrava esse curso), deliciando-se especialmente com as disciplinas técnicas que muito lhes ensinariam sobre aviação. Em 1951, os meninos de Bauru dividiriam um abraço em comemoração à sua graduação. Haviam se formado, enfim, oficiais da Aeronáutica.

Com diploma de aviadores militares, Ozires e Zico seguiram rumos diferentes. Conforme desejava, Zico foi para a Base Aérea de Santa Cruz, no Rio de Janeiro, atuar na aviação de caça. Já Ozires, que tinha muita vontade de conhecer o Brasil, passou a trabalhar para a aviação de transporte, em um esquadrão de patrulha que estava sendo criado em Belém, no Pará. Antes de ir, casou-se com Therezinha, sua namorada de infância e companheira de toda a vida.

Na Amazônia, Ozires teve a oportunidade de participar do Correio da Fronteira, que visava apoiar unidades militares da região e populações menos favorecidas. Enquanto se deleitava pilotando aviões anfíbios, ele visitava regiões de difícil acesso na companhia de outros militares e levava à população médicos, padres, remédios e itens de primeira necessidade.

As experiências de Ozires na Amazônia duraram até 1955, quando ele foi transferido para o Rio de Janeiro. Trabalharia no Correio Aéreo Nacional. Antes da mudança definitiva, fez uma breve passagem pela capital fluminense, depois da qual iria para São Paulo descansar uns dias com a família. E foi nessa passagem que Ozires esteve com Zico, no apartamento de Copacabana, onde ele vivia. Os amigos, que havia muito não se encontravam, conversaram horas a fio sobre o que estavam fazendo e se esbaldaram nos relatos de tantas vivências e experiências profissionais. Em dado momento, alterando o tom da conversação, Zico revelou ao amigo um sonho que havia tido: um deles estava levando o outro, morto, para Bauru.

Depois do encontro, conforme previsto, Ozires deixou Copacabana e foi gozar de um breve descanso em São Paulo. Poucos dias se passaram, até que numa tarde, ao chegar à casa do sogro, ele recebeu a notícia. Em seu papel de piloto de caça, Zico conduzia um Gloster Meteor, jato de combate que o fascinava. Em dado momento, não se sabe por que, a capota do jato se abriu. O Gloster Meteor entrou em parafuso e Zico não pôde controlá-lo. Bastaram segundos para que se chocasse violentamente contra o solo. Aos 26 anos, Zico estava morto.

Sem ter se recomposto do baque, Ozires saiu às pressas para o Rio de Janeiro. A profecia seria cumprida: seria ele quem levaria o corpo do amigo para ser enterrado em Bauru. Para Ozires, junto com aquele jato haviam se estilhaçado seus sonhos de infância. Nos três longos anos que viriam em seguida, instalado no Rio de Janeiro, ele se ateria a realizar as tarefas do Correio Aéreo, ficar mais próximo da esposa e dos filhos e manter os velhos sonhos absolutamente adormecidos.

A ROTA PARA SE TORNAR UM FABRICANTE DE AVIÕES

Era madrugada do ano de 1958. Ozires Silva dormia na base do Galeão quando foi chamado pelo major Coelho de Souza. Este precisava renovar sua licença de piloto e seria Ozires quem o acompanharia no voo para tal renovação. O chamado em plena madrugada não era à toa: ainda naquela manhã o major deveria estar em São José dos Campos para assistir aulas. Ele estudava engenharia aeronáutica no ITA (Instituto Tecnológico de Aeronáutica), fundado em 1950 por iniciativa da FAB, especialmente para oferecer tal curso. Diante do interesse manifestado por Ozires em relação ao assunto, o major lhe revelou que, como militar, ele próprio também poderia prestar concurso e conseguir uma bolsa de estudos.

Para Ozires, o horizonte se abriu. As perspectivas se revelaram como a volta dos sonhos e do amigo Zico. Ele conseguiu uma autorização do ministro da Aeronáutica, estudou, prestou concurso e foi aprovado no ITA. Quatro anos depois, em 1962, graduou-se engenheiro aeronáutico e começou a pensar seriamente em encontrar uma forma de fabricar aviões. Aquela ideia o fascinava. O Brasil precisava de aeronaves e até havia empresas brasileiras fazendo tentativas nesse sentido, mas Ozires percebia que nenhuma delas tinha condições de decolar. Os aviões que tentavam fazer na época eram similares a outros tantos já produzidos no mundo, e nosso país perdia tanto na corrida tecnológica quanto na competitividade em termos financeiros.

Um avião diferente seria a solução – mas como fazer um avião diferente diante de um mercado já tão explorado? Até que, em 1964, em um trabalho que fez para o estado-maior da Aeronáutica sobre linhas aéreas brasileiras, Ozires se deparou com um dado do Departamento de Aviação Civil que julgou interessante: apenas 45 cidades brasileiras estavam sendo atendidas pelo transporte aéreo, contra quatrocentas que eram atendidas oito anos antes. Aqueles dados o intrigaram e o fizeram refletir sobre o motivo de tamanha queda. E eis que, depois de uma análise cuidadosa, veio a conclusão: os aviões estavam crescendo em tamanho e ficando mais velozes, ao passo que as pistas e a estrutura dos pequenos aeroportos continuavam rudimentares. Além disso, as cidades pequenas não tinham passageiros suficientes para lotar aviões de grande porte, e as rotas estavam se tornando pouco interessantes para as companhias aéreas. Enfim, a solução para a indústria aeronáutica brasileira parecia ter surgido: o país precisava de aviões pequenos com possibilidade de fazer decolagens e pousos sucessivos (nos aviões a jato da época eram necessários longos intervalos entre os voos) e que contribuíssem com a volta do transporte aéreo para o interior.

O passo seguinte foi o aficionado Ozires contatar as empresas brasileiras de aeronáutica, mas nenhuma se interessou pelo projeto. Em vão, ele e quatro companheiros propuseram para o diretor do CTA (Centro Tecnológico da Aeronáutica) o desenvolvimento de um protótipo. No grupo, havia quatro pessoas com sobrenome Silva e um Silveira. Ozires dizia que, com aqueles nomes, eles jamais conseguiriam uma aprovação para seus projetos. E brincava: "Esses nomes são de produtores de óleo de oliva, de bacalhau, de sardinha em lata... Mas não de fabricantes de avião!".

E foi então que Ozires conheceu Max Holste, um engenheiro francês que já havia trabalhado na fabricação de aviões e tinha fugido da França por conta de problemas tributários. Era o que os Silvas precisavam: um profissional experiente, com sobrenome imponente e um bom currículo – e, ainda por cima, interessado no projeto. Com ele, as chances de as autoridades brasileiras aprovarem as propostas dos engenheiros cresciam significativamente.

Lançando mão de algumas manobras, Ozires provocou um encontro de Max Holste com um brigadeiro da Força Aérea Brasileira, o brigadeiro Balloussier. Ele era de família francesa e um francófilo de primeira. Do encontro, surgiu o contrato: Max Holste trabalharia no Departamento de Aeronaves do IPD (Instituto de Pesquisa e Desenvolvimento do CTA) com Ozires e outros engenheiros.

O PRIMEIRO VOO

A vontade era grande, o empenho também, mas a verdade é que os obstáculos para a construção do avião eram muitos. O ministro da Aeronáutica, Eduardo Gomes, havia aprovado o projeto sem alocar verbas. Sendo assim, o avião precisou ser construído sem custos para a FAB. Tudo teve de ser emprestado e improvisado: funcionários deslocados do CTA, peças arranjadas nas unidades de reposição da FAB... E os motores do avião, *até eles!*, foram doados por um brigadeiro.

“Houve um momento em que o avião começou a tomar forma e parecia que o voo de fato aconteceria (embora, em São José dos Campos, ninguém acreditasse que aquele avião sairia do chão). Muitos se preocupavam com a segurança da operação, já que o avião era todo arranjado, com peças improvisadas, nem sempre as mais adequadas. O próprio pessoal envolvido na fabricação reconhecia que todos estavam correndo um enorme risco.

O risco realmente existia – aliás, o risco sempre existe, é inerente a qualquer decisão que a gente tome. O fato é que, vidrados na empreitada, eu e outros engenheiros queríamos levar o projeto adiante de qualquer forma. Para estimular a equipe, então, resolvi marcar uma data de voo: escolhi 27 de outubro de 1968 e comecei a divulgar a retrocontagem mais ou menos em: 'Faltam mil dias para o primeiro voo'. Diariamente, um funcionário marcava a contagem regressiva. Com isso, eu me armava contra possíveis desistências e argumentações contrárias à decolagem do avião. ”

Os mil dias foram passando, o avião foi tomando forma e, na semana antecedente ao voo, o nervosismo era generalizado. Em 21 de outubro, véspera do voo inaugural não oficial, o protótipo estava sendo rebocado para a pista e a roda dianteira enganchou em um bloco de concreto que estava no caminho (estavam acontecendo obras de pavimentação na pista). Parte do trem de pouso se quebrou. Jorge Papai, um dos montadores da equipe, assistiu à cena, sentou-se na pista e começou a chorar copiosamente. Ozires não hesitou: perguntou ao montador quanto tempo ele precisava para chorar, pois assim que terminasse eles iriam resolver o problema. Horas depois, um bom soldador da equipe fez os devidos reparos. O voo aconteceria no dia seguinte.

E pela manhã, como se previa, o protótipo decolou. Funcionários do CTA, moradores da cidade, todos se surpreenderam: "Meu Deus do céu, esse avião voou!!". Minutos depois, houve ainda quem dissesse: "Incrível, e ele pousou!". Alguns ajustes ainda precisaram ser feitos e, em 27 de outubro de 1968, aconteceu o lançamento oficial do avião. Por ter sido um verdadeiro desbravador, os criadores decidiram denominá-lo Bandeirante.

Mas se o voo assinalava uma vitória, representava também o início de mais uma desafiante etapa. Quem se disporia a fabricar aquele avião? Entre as empresas de aviação existentes no Brasil, nenhuma se interessou pela empreitada. Todas estavam em dificuldades por conta de prejuízos anteriores ainda não superados e a construção do Bandeirante seria um passo muito grande. Os criadores decidiram então procurar empresários que se aventurassem a investir na novidade.

Ao longo de seis meses, foram realizadas inúmeras apresentações na tentativa de vender a ideia, muitas delas inclusive apoiadas pela Fiesp (Federação das Indústrias do Estado de São Paulo), mas todas fracassaram. Até que, às 7h30 da manhã de um domingo, enquanto o incansável Ozires trabalhava em São José dos Campos, o operador da torre de controle chamou-o pelo telefone, dizendo que o presidente Costa e Silva estava voando para Guaratinguetá e, como o pouso naquela cidade não seria possível por conta de um nevoeiro, o presidente iria descer em São José dos Campos. Como o operador não encontrou ninguém que pudesse receber o presidente (nem o brigadeiro, nem o prefeito estavam na cidade), a tarefa caberia a Ozires, então major da FAB, a maior autoridade disponível para recebê-lo naquele dia.

“O presidente Costa e Silva chegou sozinho, sem político nenhum. Eu me preparei a toda velocidade e isso não foi difícil, pois nos meses anteriores já havia feito muitas apresentações relativas ao assunto. Naquela manhã me propus a fazer a lavagem cerebral da minha vida. Eu precisava convencer o presidente a criar uma empresa estatal que, enfim, fabricasse nosso avião. Lancei mão de todos os argumentos disponíveis e, em uma hora de conversa, ele se convenceu. Era maio de 1969. Ainda hoje acho que foi o Zico que pôs o nevoeiro naquela manhã em Guaratinguetá...”

Em menos de um mês, Ozires foi chamado para uma reunião com vários ministros que se encarregariam de aprovar ou não o projeto em questão. Foram noites em claro preparando a apresentação. O governo era contrário à estatização da economia e eles estavam tentando abrir uma exceção, o que sabidamente seria uma tarefa difícil. Mas o presidente da República tinha se convencido dos benefícios da operação e colocou os ministros para ouvir a equipe de Ozires. Pois ao término da reunião, quem diria, a Embraer estava aprovada. Bastaria tomar as providências burocráticas e legais para oficializar o nascimento da empresa.

“Foram seis meses até estarmos prontos para o início das operações da Embraer. Nesse meio-tempo, aconteceu de eu me encontrar com o ministro da Aeronáutica, Márcio de Souza Mello, que me avisou: ‘Faremos a assembleia geral de constituição da Embraer no dia 27 de dezembro de 1969 e você será o presidente da companhia’. Ao que retruquei: ‘Não, ministro, não posso ser o presidente da Embraer. Sou oficial da FAB, não entendo nada de empresa, não sei como uma empresa funciona, não tenho esse preparo’. E o ministro não hesitou: ‘Você é mesmo um chato: criou toda essa bagunça e agora quer tirar o corpo fora? Negativo. Você é o presidente da Embraer! Não fale mais nada agora e faça o que tem que fazer. Vamos criar a empresa no dia 27’. Confesso que foi uma emoção muito grande. Voltei para São José, contei para o pessoal que eu seria o presidente da empresa e logo contatamos advogados que nos orientariam sobre a maneira de constituir a empresa. No dia 27 de dezembro, tirei meu uniforme e me tornei civil. Deixei de ser oficial da FAB e passei a ser o presidente da Embraer.”

Ozires ficou à frente da empresa até junho de 1986, quando saiu para presidir a Petrobras. Em 1990, tornou-se ministro da Infraestrutura do governo Collor. Por opção própria, sua estada em Brasília foi breve e, em 1991, de volta a São Paulo, assumiu novamente a presidência da Embraer. Dessa vez, o objetivo era se dedicar à privatização da empresa. Finalizado o processo, em 1994, Ozires partiu para outros negócios.

“Na política, fui derrotado. Fui ministro da Infraestrutura, saí do governo em um ano e não penso em voltar. Saí de lá cumprimentando as pessoas e dizendo a elas que tinham criado

uma organização para não funcionar e ela de fato não funcionava. Disse, portanto, que tiveram sucesso: conseguiram o que queriam.

Pela FAB e pela carreira militar, ao contrário, sinto uma enorme gratidão. Eu era de Bauru, uma cidade sem universidade, onde eu não podia fazer curso superior. Meu pai não tinha recursos para eu poder estudar fora, eu praticamente não tinha para onde ir. Nesse contexto, a FAB me tirou de Bauru, fui para o Rio de Janeiro, fiz um curso superior e posteriormente pude estudar também no ITA. Eles acreditaram que nosso grupo poderia fabricar um avião, confiaram em nós. A FAB e a carreira militar me proporcionaram oportunidades incríveis, sem as quais eu não seria nada, não teria conseguido coisa nenhuma. ”

O TRATO COM AS PESSOAS

Em busca de sonhos e realizações tão extravagantes quanto o pioneirismo na fabricação de aviões em um país, o entusiasta Ozires se deparou com todo tipo de pessoas e reações. Se em alguns personagens encontrou apoio e incentivo, de outros recebeu inveja, descaso ou até deboche. Para ele, reações tão distintas são absolutamente naturais e previsíveis nesse mundo de diversidades, nessa sociedade heterogênea – e, para lidar com tais oposições, o recurso que sempre lhe pareceu mais conveniente e natural, surpreendentemente, foi o carinho.

“ *O carinho vai corroendo a casca das pessoas e um dia você chega nelas. Havia gente que me criticava muito, de maneira áspera. Gente que criava dificuldades para eu tropeçar. Pois se alguém me perguntava sobre tais pessoas, eu calava, não dizia nada. Se tivesse uma coisinha boa para dizer sobre elas, eu as enaltecia. Sempre fiz isso e progressivamente os opositores iam mudando. Não chegavam a me apoiar, mas pelo menos toleravam o que eu estava fazendo, deixavam de interferir.*

Diante de problemas, da mesma forma, não busco culpados, mas procuro identificar o que leva a pessoa a cometer um determinado ato. Procuro remover as condições que causaram os danos e, em vez de culpar, tento recuperar o ser humano que está por trás da questão. Olhar nos olhos de uma pessoa ao falar com ela faz muita diferença. Conversar de fato com alguém, saber ouvir. Se você presta atenção nas pessoas que o cercam, elas certamente vão procurar se esmerar. E é nessa hora que vejo como o amor e o carinho funcionam. Eles são um remédio espantoso, realmente incrível. Cheguei a praticar isso inclusive em uma tentativa de assalto e o rapaz foi embora sem levar nada. Desistiu de me assaltar.”

Sentimentos tão nobres e intrínsecos vêm da formação de Ozires, não apenas familiar, mas especialmente das conversas de infância com o amigo Zico. Se construir aviões estava em seus planos, sabiam que precisariam de muita ajuda e que esta só poderia ser conquistada com compreensão. Apoiados em sua lógica juvenil, os dois se empenhavam em tentar entender as pessoas. São valores e virtudes que Ozires carrega com ele e que conseguiu, inclusive, incorporar à cultura da Embraer.

Já tendo passado por diversas companhias depois da Embraer, como Petrobras e Varig, Ozires sempre chegou nas empresas de mansinho, inserindo suas ideias aos poucos, procurando usar jogo de cintura e sabendo que em relações humanas o caminho mais curto entre dois pontos nem sempre é uma linha reta. Faz questão de tratar bem as pessoas, prestar atenção naqueles com quem fala, olhar nos olhos, ser sincero e demonstrar dedicação, carinho e atenção; desse modo, vai conquistando quem o cerca. Conforme admite, ele concorda plenamente com os ensinamentos de uma fábula, segundo a qual um súdito revela a um rei da Antiguidade as três coisas mais importantes da vida: a primeira delas é o momento presente, a segunda é a pessoa com quem estamos e a terceira é fazer essa pessoa feliz.

PARA REALIZAR, HÁ QUE SONHAR

"Sou sim um apaixonado, um sonhador, e sei que não há empreendimento sem sonho. Todos os empreendedores são sonhadores, são fascinados por aquilo que desejam, e não tem como ser diferente. Na aviação há soluções fantásticas, feitas por sonhadores. Tudo funciona à base de sonhos. Cada item do avião tem toda uma história por trás, de gente que pensou, desejou, lutou e conseguiu. É assim que o mundo é construído."

Ozires Silva é de fato um sonhador, um realizador, um homem que, por mais tropeços e dificuldades que tenha enfrentado, persistiu, manteve o foco e conquistou o que para muitos parecia impossível. E suas virtudes vão além. Respeitoso e atento aos que o cercam, é um senhor à moda antiga (bem podia ser à moda atual), que pretende trabalhar enquanto a saúde permitir. Na fala tranquila e pausada, deixa transparecer suas intensas emoções. São os olhos que se enchem de lágrimas ao lembrar o primeiro voo do Bandeirante, é a voz que falha ao relatar passagens referentes ao amigo de infância que tão cedo partiu.

Um homem que entregou a vida a uma paixão a ponto de ter recebido por telegrama a notícia do nascimento do primeiro filho. A mulher estava com os pais em São Paulo e ele, a serviço na Amazônia. O contato intenso que lamenta não ter tido com os filhos na infância certamente é compensado por valiosos valores e exemplos deixados a todos os descendentes.

Depois da privatização da Embraer, Ozires seguiu acumulando uma série de experiências, como uma passagem na presidência da Varig, atuação na Academia Brasileira de Estudos Avançados, participação no conselho de empresas, a reitoria de universidades (como a Unisa, em São Paulo, e a Unimonte, em Santos), além de fundamental participação na criação da empresa de biotecnologia Pele Nova. Nesse capítulo, como não poderia deixar de ser, a paixão também entrou em cena.

Dois pesquisadores, um da Universidade de Goiás e outro da USP, apresentaram para Ozires um produto que o encantou. O Biocure é um curativo feito com uma substância presente no látex da seringueira; ele estimula a vascularização sanguínea e, dessa forma, auxilia incrivelmente o processo de cicatrização (é excelente, por exemplo, para pacientes diabéticos). Junto com outros investidores, Ozires se tornou acionista da empresa e, respeitando sua própria natureza, passou a se empenhar em prol do desenvolvimento do negócio.

Depois de a empresa ganhar, em 2006, o Prêmio Nacional de Inovação Tecnológica da Finep (Financiadora de Estudos e Projetos, uma empresa pública vinculada ao Ministério da Ciência e Tecnologia), eles pediram à própria Finep um empréstimo para a construção de uma fábrica. Para a indignação de Ozires, a verba foi negada. E ele, é claro, não se deu por vencido. Foi para Ribeirão Preto, conheceu o prefeito e conseguiu com ele um terreno. Junto aos acionistas, pediu um aumento de capital e, com o dinheiro, estão agora construindo a fábrica. Antes de nos despedirmos por ocasião de uma entrevista para este livro, Ozires Silva se revelou um pouco ansioso. Em dois dias, ele apresentaria aos acionistas da Pele Nova uma maquete, um layout da fábrica. "E sabe como é a planta que estou sugerindo para a fábrica?", perguntou, sorrindo... "Terá a forma de um avião!".

GUILHERME PAULUS

Nascido em 10 de julho de 1949, é sócio-fundador da CVC Turismo. A empresa que existe desde 1972 tem mais de trezentas lojas no Brasil, está em outros quatro países e já transportou mais de dez milhões de passageiros para os mais diversos destinos do Brasil e do mundo.

FOCADO EM SEUS OBJETIVOS

Depois de insistentes propostas do deputado Carlos Vicente Cerchiari, Guilherme Paulus enfim aceitou a sociedade. Era o dia 28 de maio de 1972 e, no centro de Santo André, em São Paulo, nascia a Agência de Viagens CVC. Aos 48 anos de idade, Cerchiari entrava com o capital; Paulus, aos 24, entrava com muita garra e algum conhecimento no setor.

A paixão de Cerchiari não era o turismo. Ele gostava mesmo da política, das relações públicas e de empreender. Além da agência, o deputado tinha táxis em Santo André, um depósito e uma empresa de material de construção, e uma construtora especializada em casas populares. Guilherme Paulus, ao contrário, encontrava no turismo seu maior interesse profissional. Mas, a partir do momento em que firmou a parceria com Cerchiari, começou a se ver envolvido nos negócios do sócio, tornando-se uma espécie de secretário particular dele. Paulus administrava os negócios relativos à construção, auxiliava Cerchiari em questões pessoais e, em 1976, trabalhou até na campanha eleitoral em que esse se candidatava a deputado estadual.

Apesar do empenho, veio a derrota nas eleições e Cerchiari, desgostoso, resolveu se mudar para Santos. Na cidade praiana, comprou uma distribuidora de cachorros-quentes, ligou para Guilherme Paulus e logo lhe propôs: "O que você acha de fecharmos a CVC e você vir para Santos trabalhar comigo?".

"Eu não aguentava mais aquela situação, não estava satisfeito com o caminho que minha vida profissional estava tomando e resolvi desistir daquela sociedade. Consegui um emprego na Real Turismo, uma agência de Santo André pertencente ao Banco Real, e propus a Cerchiari que rompêssemos a sociedade. 'Não dá mais. O que eu gosto é de turismo. Você fica com a CVC, eu já arrumei um emprego na área e é isso o que vou fazer. É este meu métier*'. Cerchiari ouviu o que eu tinha para dizer e então me ofereceu sua*

parte na agência. Eu recusei, argumentando que não tinha dinheiro para comprar, ao que ele insistiu: 'Eu te dou minha parte de presente. Sou seu padrinho de casamento e por conta da correria das eleições acabei não te dando presente nenhum. Não entendo nada desse negócio, é você quem sabe de turismo, é você quem tem que tocar a agência'. ❞

Era o ano de 1976 e daí em diante a CVC passaria a ter um único dono. O nome da agência permaneceria o mesmo, repetindo as iniciais de Carlos Vicente Cerchiari. Quatro anos antes, a sigla havia sido escolhida por parecer sonora na opinião de Guilherme Paulus e por revelar o nome do sócio, personagem bastante reconhecido no ABC paulista dos anos 1970, onde a agência era sediada.

Apesar de sua mãe ter sonhado em ter um filho médico ou engenheiro, Guilherme Paulus sempre soube que seguiria outro caminho, já que as condições financeiras da família não permitiriam que se dedicasse por muito tempo exclusivamente aos estudos. Seu pai, Clementino Paulus, tinha espírito aventureiro e batalhador. Filho de alemães, saiu da pequena cidade de Serro Azul, no Paraná, para tentar uma vida melhor em São Paulo. Veio com a esposa e com a primeira filha; Guilherme Paulus ainda não era nascido. Na capital paulista, Clementino alugou uma casa, começou a trabalhar e, para sustentar a família, contou muitas vezes com a renda obtida pela esposa em trabalhos que fazia como modelista.

A diferença de idade entre Guilherme Paulus e seu pai era de 42 anos. A esse número, o filho atribuía a dificuldade de diálogo que tantas vezes marcava o relacionamento de ambos. E lembra que começou a trabalhar bem cedo, aos 14 anos de idade, como castigo por ter perdido o ano escolar. O pai lhe disse que trabalhasse para ver como era difícil ganhar dinheiro. Paulus conseguiu um emprego de *office boy*, depois foi trabalhar numa fábrica de zíperes e, mais tarde, na Phillips, onde, além de receber um salário, tinha a escola paga.

Ainda jovem, Paulus vivenciou o trabalho e a experiência de conquistar o próprio dinheiro. Terminados os anos de ginásio, cursou o científico (atual ensino médio), durante o qual estudou também informática, com destaque para sistemas e dados. Ganhou uma bolsa da IBM, onde passou um período como estagiário. Em seguida, participou de um concurso e foi aprovado: faria a implantação de sistemas em instituições do governo de São Paulo, situadas em diversos pontos do estado. Ele tinha 18 anos e, por conta do trabalho, começou a viajar pelo interior paulista. Foram suas primeiras experiências em viagens e o gosto pela prática foi imediatamente despertado. Hospedado no Hotel Beira Rio, em Piracicaba, lembra-se de se perceber pensando sobre como era bom viajar!

O projeto lhe rendeu um bom dinheiro, algo em torno de 8 mil dólares, e Paulus não pensou duas vezes sobre o destino que daria à verba: na companhia de um amigo, faria sua primeira viagem à Europa. A primeira parada aconteceu em Portugal. Depois disso, visitaram também Espanha, Inglaterra e outros países europeus. Os dois viajaram de trem, de barco, dormiram em albergues e em hotéis e experimentaram de tudo um pouco. Foram pouco mais de três semanas que mexeram demais com Paulus. Transformaram seu jeito de ver as coisas e seus objetivos.

“ *Voltei cabeludo, barbudo e fui procurar emprego. Passei em uma seleção da Chrysler, mas pediam que eu tirasse a barba e cortasse o cabelo. Preferi ficar desempregado. Fui então para Curitiba, onde moraria com minha irmã e trabalharia com sistemas. Não gostei da cidade e voltei para São Paulo. Por aqui, tive outra experiência profissional com informática e mais um período de insatisfação. Até que, numa manhã, lendo os classificados de empregos no jornal, encontrei um anúncio: 'Se você gosta de viajar, conhece a Europa...'. E pensei: 'Essa vaga é para mim'. Era 1971 e comecei a trabalhar no departamento de vendas de uma agência de turismo chamada Faro, vendendo consórcios de viagens. As reuniões do consórcio aconteciam semanalmente. Os participantes levavam amigos e parentes, que acabavam se interessando pelas viagens e se tornavam consorciados também. E assim as vendas iam acontecendo.* ”

Paulus a esta altura tinha 22 anos. Começou a ganhar bem, chegou a comprar um carro, mas logo o governo colocou um ponto final nos consórcios de viagens. Ele então saiu da Faro e foi trabalhar em uma empresa japonesa que oferecia planos de viagens que, no início da década de 1970, em tempos de inflação baixa, podiam ser pagos em vinte vezes. Na época, até curso de japonês Paulus frequentou. Apesar de não ter aprendido o idioma, adquiriu alguns conhecimentos sobre costumes e comportamentos dos orientais, com os quais passou a ter bastante contato.

Foram cerca de seis meses na empresa, até um amigo chamá-lo para trabalhar na Nacional Turismo, vendendo planos semelhantes aos da Faro. Pouco tempo depois de seu ingresso na Nacional, houve uma mudança de acionistas e o novo líder prometeu aos cinco vendedores que ficaram (incluindo Paulus) que, se o negócio desse certo, eles se tornariam sócios.

“ *Demos o sangue pela empresa e, no final das contas, o negócio foi dando certo. Trabalhando nesta empresa, tive uma interessante experiência com navios. Eu fazia cruzeiros para a Argentina, mas havia pouca coisa para fazer à noite nos navios. Então, eu inventava atividades para entreter as pessoas: bingo, gincana, coisas do gênero. Com isso, começaram a me chamar para levar os grupos. Foi a primeira vez que atuei como guia, levando e trazendo grupos. Acontece que, certa vez, ao voltar de viagem, fiquei sabendo que um dos vendedores havia entrado como sócio da Nacional e que estavam me oferecendo uma promoção para gerente geral. Não havia sido aquele o combinado. Eu me decepcionei com o ocorrido e resolvi deixar a empresa. Saí sem mágoas, mas certo de que meu tempo lá dentro tinha se esgotado.* ”

Dias depois, um amigo de Paulus o procurou para falar de uma agência que precisava de um profissional que montasse uma área internacional e cuidasse dela. Mais uma contratação para Paulus. A agência já tinha um departamento nacional, Paulus gostou do novo desafio e tinha bons contatos que o ajudariam na empreitada. Tão logo começou a montar o departamento, o diretor do navio *Pasteur*, com o qual havia viajado diversas vezes, convidou-o para fazer uma última saída com aquele navio. Recém-admitido no novo emprego, Paulus ficou sem jeito de pedir licença para viajar. Sugeriu então ao dono da agência que montassem um grupo para levar ao navio. Seu chefe concordou e, acompanhado de 26 passageiros de seu grupo, Paulus embarcou.

EM ALTO-MAR, O EMBRIÃO DA CVC

A bordo, Paulus conheceu Carlos Vicente Cerchiari, um deputado estadual que havia sido eleito por Santo André e estava fazendo o cruzeiro para comemorar com a esposa a vitória na eleição. Tendo gostado muito da viagem, o deputado procurou Paulus, dizendo-lhe que gostaria de montar uma agência de viagens e lhe perguntou sobre os procedimentos necessários. Ao que Paulus brincou: “Quando tiver dinheiro, também vou montar minha agência”.

De volta a Santo André, Cerchiari contatou Paulus e convidou-o para trabalhar com ele na agência. Entusiasmado com o desafio profissional que vivia naquele momento, Paulus recusou sem hesitar. Ele tinha um bom relacionamento com seu chefe, entendia-se bem com ele e aos poucos vinha ganhando mais responsabilidades na agência. Era Paulus, por exemplo, quem fechava o caixa semanal da empresa. Para isso, deslocava-se todos os finais de semana até Lindoia, onde o chefe ficava, e lhe prestava contas. Sentia-se bem diante das responsabilidades que vinha assumindo.

O deputado seguia insistindo em suas propostas e Paulus seguia recusando as ofertas. De qualquer forma, não negava ajuda ao deputado. Ao visitar alguns imóveis para sugerir o mais conveniente para o negócio, aconselhou o deputado a se estabelecer em um ponto com grande circulação de pedestres, em meio a bancos e estabelecimentos comerciais. Naquele dia, viria a proposta para Paulus entrar como sócio do negócio. Um faria o investimento e o outro entraria com o trabalho. Ainda assim, o jovem Paulus não cedeu.

“Eu estava reticente, pois achava o mercado de Santo André ainda muito novo. O deputado disse que eu não me preocupasse, que ele tinha dinheiro para segurar a empresa por um bom tempo. Sua proposta mexeu comigo e acabei pedindo um tempo para pensar. Pedi conselhos ao meu pai. ‘Você é maior de idade. O que eu posso te dizer? Quem decide as coisas sobre sua vida é você’. Minha mãe achou que eu devia ficar onde estava, como gerente da loja, fazendo o que eu queria. E minha esposa achava Santo André muito longe, eu ainda estava na faculdade (cursei administração de empresas), tudo seria mais difícil... Procurei um amigo, que me mandou fazer o que meu coração mandasse...
Resolvi, enfim, falar com o sr. Alberto, o dono da agência onde eu trabalhava. Eu gostava muito dele e era provavelmente por isso que estava sendo tão difícil tomar a decisão. Quando lhe contei o que estava acontecendo, ele me perguntou há quanto tempo eu e o deputado estávamos conversando. Disse que fazia cerca de três meses, ao que ele me respondeu que havia três meses que eu não trabalhava mais para ele. E arrematou dizendo que não deixaria

as portas abertas para mim. 'Sua porta estará sempre fechada, pois você vai montar esse negócio e ele vai dar certo. Se eu deixar as portas abertas, na primeira dificuldade você vai querer voltar. E as dificuldades acontecerão. Mas as portas estarão fechadas pra você, minha vida vai continuar. Além disso, se você voltasse, não seria mais a mesma coisa. Pode ir embora'. Perguntei se ele tinha ideia de outra pessoa para colocar no meu lugar e ele prontamente respondeu que tinha. Saí da agência, desempregado. Com um grande aperto, fui de Lindoia até minha casa, para ligar para o deputado e ver se a proposta ainda estava em pé. ”

A CVC NAS MÃOS DE GUILHERME PAULUS

Foram quatro anos de sociedade com Carlos Cerchiari. Apesar de o negócio não ter crescido muito quando estava com ambos, Paulus sente muita gratidão por este que considera ter sido um grande mentor, uma pessoa que muito lhe ensinou. Alguém que acreditou nele e que exerceu um papel fundamental em sua trajetória profissional.

Pouco depois de assumir a CVC "em carreira solo", o governo declarou que seria necessário um depósito compulsório para viagens internacionais. Diante da medida, Paulus quase teve de fechar as portas da agência. Enquanto fazia malabarismos para se sustentar, ele recebeu o telefonema de um funcionário da Mercedes-Benz, pedindo-lhe três ônibus para uma viagem ao Vale do Itajaí. Paulus, que nunca tinha feito esse roteiro, conversou com amigos, conseguiu algumas dicas e começou a fazer excursões rodoviárias, um nicho que muitos frutos lhe renderiam. Após o ingresso no Clube da Mercedes-Benz, entrou também no da Volkswagen e no da Ford.

Por meio do presidente do Clube da Ford, Paulus tomou conhecimento dos calendários de viagens adotados na fábrica da Ford em Detroit, nos Estados Unidos. Ao ver as programações, ele teve a sensação de estar diante de uma mina de ouro e, daí em diante, começou a planejar regularmente viagens de um dia, passeios de finais de semana, feriados prolongados e férias dos funcionários. Fez isso não apenas para a Ford, mas para as outras empresas que tinha em seu rol de clientes. Só na Volks, para se ter uma ideia, ele tinha acesso a 45 mil empregados, distribuídos em 17 áreas. Alguns dos funcionários eram de famílias muito simples e, pela CVC, tinham a oportunidade de fazer passeios de um dia para locais relativamente próximos, como Guarujá e Caverna do Diabo, no interior de São Paulo.

Era final dos anos 1970, e a CVC estava em uma área industrial que começou a crescer substancialmente. Houve um incentivo governamental em relação à isenção de impostos em cidades interioranas e o que antes se concentrava no ABC paulista passou a se distribuir por outros pontos do interior, como São José dos Campos, Campinas, Americana e Vale do Paraíba. A Mercedes, por exemplo, montou uma fábrica em Campinas. A Volks e a Ford foram para Taubaté. A Embraer crescia em São José dos Campos. O interior paulista crescia e a CVC ia no rastro, acompanhando esse desenvolvimento graças à proliferação das excursões rodoviárias.

Depois da loja de Santo André, a agência foi para o Vale do Paraíba e Campinas. Lá, descobriu nos aposentados um novo nicho e se tornou pioneira em viagens próprias para a terceira idade. Pensando neste público, abriu também uma filial em Santos, atendendo especialmente habitantes da capital e do interior de São Paulo, que depois da aposentadoria mudavam-se para lá.

Sempre de olho nas oportunidades, Paulus foi crescendo. Para a terceira idade, organizou excursões de ônibus para a Argentina e excursões aéreas para a Europa. Aproveitando estrangeiros que vinham para o Brasil por conta da indústria, organizou saídas para as Cataratas do Iguaçu, Manaus e Salvador. De acordo com o público, seus destinos e tempo disponível, organizava as viagens de ônibus ou de avião. E, se preciso fosse, ele ousava. Em 1989, por exemplo, depois de ter se deparado repetidas vezes com a falta de disponibilidade de assentos em companhias aéreas, Paulus foi capaz de comprar em uma só tacada cem mil lugares da Vasp. Seguindo-se à boa negociação, teve um bom retorno e uma das importantes jogadas comerciais que acumula em seu currículo.

> “*Posso dizer que me orgulho dessa minha passagem profissional. A negociação, a compra, foi tudo muito marcante para mim. A repercussão foi tamanha, que um guia da CVC que estava com um grupo na Europa me ligou contando que o jornal* Le Monde, *de Paris, havia publicado uma reportagem relatando nosso feito. Na época, criamos uma campanha publicitária com página inteira de jornal. Dizia: ‘O maior negócio da aviação foi fechado em terra firme’. Houve um enorme impacto no mercado e as outras companhias aéreas aumentaram seus preços e começaram a cobrar ágio, pois a disponibilidade de bilhetes da Vasp tinha ficado muito pequena. Isso fez aumentar ainda mais a procura por nossos bilhetes, um verdadeiro enxame atrás da gente. Em dez meses, vendemos tudo o que tínhamos. Foi uma jogada fantástica, que fortaleceu muito a CVC. Muita gente nunca tinha ouvido falar da gente e daí em diante passou a nos conhecer.*”

Ainda falando em ousadia e companhias aéreas, a CVC deu outro passo importante por ocasião do acidente ocorrido com o Airbus A-320 da TAM, em julho de 2007. Observando as repercussões do acidente e a calmaria nos guichês da companhia, Guilherme Paulus e seu braço direito Valter Patriani reuniram-se com o presidente da TAM a fim de criar uma estratégia para levar os passageiros de volta aos aviões da companhia. O resultado foi a promoção “pague um e leve dois”, na qual cada passagem comprada dava direito a dois passageiros. A divulgação foi feita especialmente entre passageiros de turismo, com perfil conhecidamente mais descontraído e tranquilo. O resultado, bem-sucedido, foram cerca de cem mil passagens vendidas, e os voos da TAM novamente circulando cheios.

Outra investida de que Paulus se orgulha foi a decisão, tomada em 1998, de abrir uma loja da CVC em um shopping. Aconteceu no Shopping Plaza Sul, em São Paulo. A ideia partiu de Valter Patriani, na época vice-presidente da CVC, que atentava para a dificuldade de os clientes estacionarem nas ruas das grandes cidades. Diante de seu argumento, Paulus se lembrou de uma palestra a que havia assistido, intitulada "A arte de negociar". Nela, um norte-americano que havia negociado a paz no Vietnã com o presidente Nixon relatou uma série de passagens e negociações por ele conduzidas. Em dado momento, ao falar de negócios, resumiu: "*No parking, no business*" – ou seja: sem estacionamento, não se fecham negócios. Lembrando-se de tais dizeres, Paulus não só concordou com o novo ponto, mas ainda decidiu abri-lo justamente diante do pátio do estacionamento do shopping, onde seria o setor de serviços. O ótimo retorno fez dessa loja a primeira de várias em shoppings.

Sempre atento às oportunidades do mercado, Guilherme Paulus considera-se um vendedor de sonhos. Com satisfação, lembra das várias ocasiões em que levou vinte ou trinta ônibus para o Rio de Janeiro, com hospedagem no Hotel Glória ou no Nacional, e, de presente, um show do Roberto Carlos no Canecão. Por ocasião do show de Paul McCartney, da mesma forma, enviou cerca de sessenta ônibus para a Cidade Maravilhosa, com grupos se hospedando no Meridien e no Copacabana Palace. Propostas bem estruturadas, atraentes para todas as idades e que, de fato, vendiam sonhos.

Vindo ele próprio de família humilde, Paulus sempre fez questão de trabalhar com um turismo compatível com todos os bolsos. Certa vez, experimentou distribuir folhetos entre as 16h30 e as 17h, na saída de uma fábrica da General Motors. Além dos contatos feitos naquele período, Paulus se comoveu, um ano mais tarde, quando recebeu em sua loja de Santo André a visita de um senhor de bastante idade, que trazia nas mãos o tal folheto bem dobradinho, com papel já gasto, pedindo a viagem que lá estava.

"Além de ter sido um nicho que salvou a CVC em meados da década de 1970, o atendimento a empresas sempre nos agradou. Especialmente em Santo André, já atendemos a inúmeras empresas. Mas, entre todas, a que mais demorou para se render aos nossos serviços foi a Pirelli. Ela também era de Santo André, atendíamos várias empresas parceiras dela, mas ainda assim, na hora de fechar uma viagem, sempre batíamos na trave. Houve um tempo em que eu e o Valter Patriani sonhávamos em atendê-los. Não nos conformávamos em não tê-los conosco. Sempre ligávamos para eles, pedíamos uma oportunidade, e a pessoa que nos atendia pedia que tivéssemos paciência.

Um belo dia, uma pessoa da Pirelli nos chamou para uma reunião. 'Preciso de seis ônibus. Quero os melhores, impecáveis, bonitos, os mais modernos, cada um com dois motoristas. Quero ver os ônibus antes e conversar com os guias. Eles têm de ser ótimos'. Ansioso, perguntei para onde seria a viagem, e descobri que seria simplesmente uma excursão para o Jardim Zoológico, um passeio feito com filhos de funcionários da empresa! Nunca imaginei que nossa estreia na Pirelli fosse com um passeio ao zoológico, mas, já que era aquela a necessidade deles, fiz questão de atendê-los, caprichando tanto quanto podia. Até do penteado dos motoristas nós cuidamos! Eles estavam com sapatos engraxados, camisas limpas e bem passadas... Conseguimos obter ingressos antecipados e estacionar os ônibus em um bom local. Cuidamos de todos os detalhes. E, enfim, ganhamos a conta da Pirelli, acompanhada de futuras viagens para o Nordeste, fretamentos para a Itália etc."

PARA O PASSAGEIRO, A IMPORTÂNCIA DOS DETALHES

Para Paulus, a alma da prestação de serviços em turismo está nos detalhes, e ele atenta para estes 24 horas por dia. Em pacotes turísticos com tudo incluso, por exemplo, preocupa-se com transporte de ida e volta, hotel, acomodação, apartamento, passeios, refeições... Se trazem um navio estrangeiro para uma saída com brasileiros, mandam antes um chefe de cozinha daqui para o navio, a fim de que ele treine a equipe no que se refere ao tempero brasileiro. Tudo é ensinado, preparado, adequado à cultura nacional.

Nos embarques e desembarques de navios, até o trânsito que o movimento de familiares gera nas proximidades dos portos é considerado. A rodoviária da cidade portuária é avisada das pessoas que devem chegar, dia e horário. Tudo é pensado, de modo que os transtornos sejam os menores possíveis para os passageiros. Em aeroportos, da mesma forma, a empresa procura acompanhar os horários dos voos e manter os passageiros informados com antecedência no caso de atrasos, minimizando tanto quanto possível eventuais estresses.

O resultado de tamanha atenção é um crescimento vertiginoso. Paulus entrou em 2009 com cerca de 230 pontos de distribuição no Brasil e presença no Uruguai, na Argentina, no Chile e na França. No ano de 2008, embarcou 1,7 milhão de passageiros e, mesmo diante de números tão grandiosos, ele ainda está longe de se sentir satisfeito. Paulus quer crescer mais e se prepara para um dia abrir o capital da empresa.

“Não ligo para faturamento, o que conto são pessoas. Sei que poderia me especializar em destinos mais caros, mas eu gosto mesmo é do número de passageiros. Nesse quesito, somos a maior empresa de turismo da América Latina e queremos ser a maior do mundo. Esse é o sonho da CVC. Para alcançar

este sonho, temos de estar muito atentos ao mercado. A competição existe – precisamos portanto acertar e, se possível, torcer também para os concorrentes errarem. Sou competitivo e tenho muita ambição – uma qualidade que julgo fundamental para quem está à frente de uma empresa. Quero sempre crescer e ser melhor. Melhor hoje do que fui ontem.
Mesmo sendo assim competitivo, é curioso notar que um dos momentos profissionais mais difíceis por que passei foi a quebra da Soletur, uma das maiores concorrentes que a CVC já teve. Aconteceu em 2001 e, para mim, foi um verdadeiro baque. Difícil e inesperado. Eu tinha um relacionamento muito bom com o dono da empresa, Carlos Guimarães, e ele me ligou à noite dizendo: 'Olha, Guilherme, amanhã eu não vou abrir'. O choque foi enorme. 'Se aconteceu com ele ontem, pode acontecer comigo amanhã. Onde será que ele errou?', eu pensava. O fato é que a quebra da empresa aconteceu depois da queda das Torres Gêmeas, num momento em que praticamente 90% do movimento da Soletur era internacional. Ela já tinha sido uma grande operadora nacional, mas acabou migrando para o mercado internacional. Quando tentou reverter a situação, não teve tempo. Fiquei chocado. ”

Da difícil experiência vivida pelo concorrente e amigo, Paulus destaca a importância da diversificação das frentes de atuação e de lembrar que um negócio que se baseia no dólar e no mercado externo está sempre sujeito às flutuações internacionais. A exemplo disso, cita os cruzeiros, nos quais vem investindo desde 2003: "Representam um bom negócio apenas nos períodos em que o dólar está com bom preço".

TUDO, NÃO TERÁS

Desde o início de 2007, Guilherme Paulus não participa mais das decisões diárias da CVC. O sócio-fundador ficou com a presidência do Conselho de Administração do Grupo CVC, *holding* presidida por seu filho Gustavo Paulus e que atua em diversas frentes – sempre relacionadas ao turismo. Há a GJP, empresa que atua na administração hoteleira e entrou em 2009 à frente de sete empreendimentos; a CVC Operadora, que ficou nas mãos de Valter Patriani, braço direito de Paulus que trabalha com ele desde 1978; a CVC Cruzeiros que, como diz o nome, dedica-se exclusivamente a esse tipo de viagem; e a companhia aérea Webjet, que, adquirida em 2007, já reúne mais de dez Boeings 737-300 em sua frota.

Mesmo tendo as empresas profissionalizadas e executivos de sua total confiança à frente de cada uma delas, Paulus tem o trabalho muito vinculado à sua realização pessoal e nem pensa em deixá-lo de lado. Segundo brinca, "quanto mais ele trabalha, mais sorte tem". Ainda assim, o empreendedor procurou se aproximar dos sessenta anos com um ritmo de trabalho um pouco mais suave. Ele evita trabalhar aos finais de semana e, na medida do possível, tem reservado mais tempo para viajar. O paulistano, que já visitou 99% dos destinos oferecidos pela CVC, continua apaixonado pelas distâncias e, com satisfação, lembra-se de alguns dos destinos que mais o encantaram.

"Minha chegada a Porto Seguro, na Bahia, foi impressionante. Eu via o mar, pensava que Cabral havia desembarcado por ali... Quando me vi diante daquele cenário, pensei que aquele lugar era uma meca do turismo brasileiro. E comecei a pensar como poderia fazer para levar pessoas para conhecê-lo. Outro lugar que me marcou demais foi Jerusalém. Mexeu comigo pensar que o maior homem de todos os tempos havia estado ali. Não importava se havia sido aqui, ali ou do outro lado da rua, mas o fato é que ele havia passado por onde eu estava passando. Aquilo mexeu demais comigo. Foi um dos grandes sentimentos que tive na vida."

Católico, Guilherme Paulus é devoto de São Judas. Acredita em Deus e na importância da fé e se pergunta o que seria do mundo não fossem os dez mandamentos. Para ele, que teve um filho de 17 anos tragicamente morto em um assalto, a religiosidade é o freio da agressividade e é ela que invoca os homens a se amarem, e a não se odiarem.

“Sou feliz, graças a Deus, apesar do golpe muito grave que tivemos. Fica uma grande ferida, uma dor, mas, mesmo a dor ficando, procuramos superar. É o destino? É a vida? Problema só não tem quem não conta. Temos felicidades, temos momentos de alegrias, até de euforia, mas temos também nosso trauma, nossa dificuldade. ‘Tudo, não terás’, já disse São Judas.
Convivi muito com meus filhos. Todo final de semana estava com eles, viajávamos juntos. Os momentos em que convivi com eles foram fantásticos e, como pai, eu me considero uma pessoa realizada. Digo isso com orgulho, dois filhos maravilhosos... Certa vez, disse a meu filho que estava cansado e que ele se preparasse para tocar o negócio, para assumir tudo aquilo. Ele respondeu: ‘Pai, você não está velho; só é velho quem quer’. Essa é uma frase que fica comigo. Se você para de sonhar, as coisas perdem o sentido. E eu sonho.”

ROBINSON SHIBA

Nasceu em Maringá, no Paraná, em 27 de junho de 1967. Em 1992 criou a primeira loja de entrega de comida chinesa China in Box, que rapidamente se multiplicou. Quase 18 anos depois, a rede reúne mais de 130 lojas no Brasil e, ao lado das bandeiras Gendai, Owan, Domburi e Brevità, integra o Grupo Trend Foods, especializado em restaurantes, *fast-food* e *delivery*.

ÉTICO

Descendente de japoneses, Robinson Shiba tem a ética muito presente em sua formação. Para ele, ter essa qualidade é questão de honra e quem trabalha com Shiba sabe nitidamente que ele faz cumprir o que diz. Diante de um franqueado, nunca precisou sacar um contrato para apontar uma cláusula. No trato com fornecedores, por sua vez, Shiba não tem sequer um papel assinado. Com seu operador de logística que movimenta milhões de reais, ele também não tem contratos.

"Comigo, tudo é resolvido olho no olho. Tenho cuidado e respeito extremo com meus franqueados, por exemplo, e uma das minhas questões de honra é que eles ganhem dinheiro. Muitos colocam no negócio um projeto de vida e, especialmente no início da rede, havia entre os franqueados vários descendentes de japoneses, pessoas que tinham trabalhado um período no Japão e voltado para o Brasil com capital para abrir um negócio. Colocavam no China in Box o dinheiro da vida deles e eu não poderia deixar, de jeito nenhum, que ficassem no prejuízo. Sempre fiz questão de entregar o que prometi e, nos poucos casos de lojas que não deram certo, eu as comprei de volta."

A loja de materiais de construção estava pronta. Considerando-se o tamanho do empreendimento, pai e filho não poderiam administrá-la sozinhos. Era certo que precisariam de ajuda – e por que não procurá-la em família? Diante da necessidade, o avô materno de Robinson Shiba convidou seus genros para se mudarem com as famílias para São Paulo e ajudarem-no nos negócios. A ideia foi bem-aceita e, com isso, São Paulo ganhou duas novas famílias de comerciantes, recém-chegadas do Paraná.

Robinson Shiba tinha apenas três anos de idade. Seu pai, que até então atuava no Paraná como dentista, montou em

São Paulo um consultório que conduziu por quatro ou cinco anos em paralelo à loja. Algumas vezes na semana, ele se distanciava dos sacos de cimento, das ferramentas e da argamassa, para se dedicar às obturações, aos tratamentos de canal e à limpeza dos dentes de seus pacientes. Robinson Shiba era menino, mas tem recordações desse tempo. Anos depois, escolheria a odontologia como curso superior.

Shiba passou a infância toda em São Paulo, até que nos anos de faculdade decidiu passar uma temporada nos Estados Unidos, na companhia de um colega de classe. Estudariam inglês por dois meses, em um programa próprio para férias. E não custou para que os jovens, sedentos por viajar e aprender, arrumassem emprego e conseguissem se sustentar naquele país. Adiaram a volta em um ano, que lhes foi suficiente para conhecerem Miami, Flórida, Arizona, Los Angeles, San Francisco, Nova York e Seattle.

Trabalhando em restaurantes como ajudantes de cozinha, os futuros dentistas iam aperfeiçoando o inglês e também o espanhol, já que conviviam com muitos latinos nos ambientes que frequentavam. Apesar de Shiba não ter trabalhado em nenhuma rede de comida chinesa, foi grande consumidor dessa culinária. Chamava-lhe a atenção o hábito de tantos americanos consumirem-na em caixinhas próprias para refeições para viagem. O olhar empreendedor, que na época nem ele próprio sabia ter, não o deixou passar batido pelo filão que, conforme intuía, tinha tudo para dar certo em seu país.

De volta ao Brasil, Shiba retomou a odontologia. Gostava da área. Era aquele o trabalho, a formação e o ganha-pão do jovem que, recém-formado, já estava casado e com um filho. Mesmo seguindo bem em sua carreira, as caixinhas de comida chinesa não lhe saíam da cabeça. E, a exemplo do que vira o pai fazer por alguns anos, ele acreditava que seria prudente ter um negócio paralelo à odontologia, algo que lhe garantisse uma receita, especialmente perante contextos em que eventualmente não pudesse trabalhar – fosse um problema de saúde, um pequeno acidente nas mãos ou mesmo uma breve paralisação por conta de férias. Colocando em prática seu lado empreendedor, Shiba até chegou a montar dois consultórios extras, nos quais colocava colegas para trabalhar. Mas queria mais. Um serviço de entrega de comida chinesa realmente lhe parecia atraente. Não bastasse o gosto pelo produto em si, ele entendia o conceito de comida *delivery* como algo muito adequado à sociedade que se formava. Observador, percebia o movimento das mulheres saindo dos lares, ingressando no mercado de trabalho e afastando-se cada vez mais da cozinha e dos afazeres domésticos.

“Minha mãe, minha tia e minha sogra eram donas de casa, assim como as mães de todos os meus amigos e conhecidos. Entre as mulheres da geração da minha mãe que eu conhecia, havia uma única que trabalhava fora. Entre as meninas da minha geração, por outro lado, não exista uma sequer que tivesse a intenção de ser dona de casa. Todas diziam que o último lugar onde queriam ficar era em casa, já que não viam o estilo de vida de suas mães como um modelo a seguir.
Contemplando o cenário que se formava, eu pensava: ‘Se essas mulheres que serão esposas e mães não estão dispostas a trabalhar em casa, quem vai cozinhar na casa delas? De onde virão as refeições dessas famílias?’. Eu percebia que a comida congelada começaria a vender bem, assim como a comida pronta, entregue em casa. Seria o fim das donas de casa nos moldes que até então conhecíamos e isso para mim se mostrava como um movimento muito claro e muito óbvio. Diante de tantos argumentos e indicadores de um possível bom negócio, fui às ruas pesquisar os restaurantes de comida chinesa de São Paulo.”

INVESTIGANDO O MERCADO

Com olhar de investidor, Shiba visitou praticamente todos os restaurantes de comida chinesa da cidade. Constatou que as pessoas procuravam muito tais restaurantes, mas, ao contrário do que acontecia nos Estados Unidos, os estabelecimentos daqui não faziam entregas em domicílio. Havia muitos que vendiam em embalagens próprias para viagem, mas nesses casos eram os clientes os encarregados de buscar e levar suas refeições. Nos finais de semana, especialmente, o índice de pedidos para viagem parecia ser grande.

A frequência dos restaurantes também despertou a atenção de Shiba: a comida chinesa mostrava-se muito bem-aceita pelos ocidentais, que eram notadamente a maioria nos salões de restaurantes. Ele estimava que cerca de 80% dos clientes eram ocidentais, o que demonstrava uma enorme aceitação dessa culinária por parte dos brasileiros. Enfim, para o investigador e aspirante a empresário, as evidências mostravam que o negócio tinha potencial para dar certo.

Shiba pesquisou cozinha, público, hábitos dos consumidores, preços, tipos de embalagens e materiais. De sua volta ao Brasil, em 1988, à abertura do primeiro China in Box, foram três ou quatro anos de pesquisas, análises e amadurecimento do conceito do negócio, sempre agindo com cautela e pés no chão. Em todos esses momentos, contou com o apoio do pai, uma figura notadamente importante na história da rede e na veia empreendedora de Robinson Shiba.

“Meu pai sempre me apoiou. Quando comentei com ele minhas observações e intenções, ele também achou que existia uma carência em relação a esse tipo de serviço no Brasil e participou ativamente da criação da rede. Ele acreditava no projeto, ia muito comigo aos restaurantes e me ajudou a montar o negócio. Para angariar a verba necessária para a abertura do primeiro restaurante, ele chegou inclusive a vender um apartamento que tinha. Somando este dinheiro com o da venda de dois dos meus consultórios, conseguimos inaugurar, em 1992, nossa primeira loja.

Por cerca de seis meses, toquei a loja paralelamente ao consultório que me restou – afinal, se tudo desse errado, eu ainda teria uma fonte de renda. Em pouco tempo, porém, por conta do bom andamento do China e da intensa dedicação que ele exigia, achei mais adequado me desvincular logo da odonto. Cheguei a trabalhar trinta horas por dia! Além do horário de funcionamento do restaurante, eu ia ao Ceasa fazer compras de madrugada, voltava ao restaurante para guardá-las, dormia um pouquinho, acordava, limpava os itens e preparava tudo para o almoço. À tarde, ia a bancos e organizava os tíquetes. Fazia isso todos os dias, de segunda a segunda. Nas horas vagas, ainda tinha que clinicar – e atendia meus pacientes com a cabeça no restaurante. ”

O primeiro restaurante da rede pertencia a Robinson Shiba, a seu pai e à sua irmã. Como nenhum dos três sabia cozinhar, contrataram um cozinheiro que, no período da experimentação, julgaram ser o mais adequado para o que imaginavam para o estabelecimento. Baseando-se nos vinte pratos mais consumidos em restaurantes de comida chinesa, Geraldo de Souza desenvolveu um cardápio para Shiba. O responsável pelo sabor China in Box é hoje dono de quatro lojas da rede. Não participa mais do dia a dia da cozinha, mas faz questão de colocar a mão na massa em ocasiões especiais, como festas e jantares oferecidos por Shiba a amigos.

Outro personagem importante na criação da rede foi Renato Watanabe. Designer, criou em companhia de seus sócios o logotipo da loja, convenceu Shiba a dar um biscoitinho da sorte em cada prato e montou a fábrica dos tais biscoitinhos, da qual é proprietário. Esses biscoitos, vale dizer, são uma criação americana que nada tem a ver com a cultura oriental. Na China, não existem sequer referências sobre eles. No Brasil, no entanto, tornaram-se tradição e muitos clientes os consomem como sobremesa.

Como intuía Shiba, o China in Box revelou-se desde o início um bom negócio. Depois da inauguração, seu fundador nunca precisou aportar capital. Foram seis meses de maturação e, em seguida, um rápido retorno do investimento. Logo Shiba se deu conta de que existia uma grande possibilidade de expansão e, em apenas um ano, o dinheiro adquirido com a primeira loja lhe permitiu inaugurar um segundo estabelecimento.

Não demorou para consumidores e amigos de Shiba procurarem-no interessados em abrir franquias. A fim de entender melhor o funcionamento daquela prática, Shiba foi estudar o sistema de franquias que, na época, era relativamente recente. Depois de um ano formatando a franquia da rede, em paralelo com a inauguração de algumas lojas próprias, de familiares e de amigos, ele participou, em 1994, de uma grande feira de franquias promovida em São Paulo. Foram dezenas de interessados em montar restaurantes China in Box, que geraram naquele ano a inauguração de 35 novas lojas e a solidificação da rede como tal.

"Cada loja que eu abria se tornava melhor do que a minha primeira. Talvez isso ocorresse pelo fato de, em vez de ficar na minha loja, eu atuar na rotina mais como franqueador, ao passo que os outros donos atuavam única e exclusivamente em seus estabelecimentos. Meu foco não estava na loja e isso mostrou fazer toda a diferença.
Outro fato curioso foi que desde o início meu principal meio de divulgação foram panfletinhos distribuídos nas ruas. Eles mostravam fotos dos pratos e se destacavam diante dos panfletos de concorrentes, que tinham apenas listas de preços e produtos. Também fiz anúncios na revista Veja São Paulo, *que na época eram vendidos a preços acessíveis e me ajudaram bastante.*
Nas ruas, chamavam muita atenção também as mochilas dos nossos motoqueiros, que traziam logotipo e telefone do restaurante. Foi outra novidade da época, criada inclusive por um dos nossos motoqueiros."

O CRESCIMENTO DA REDE

Conforme as novas lojas eram montadas, o cozinheiro Geraldo de Souza contatava amigos que julgava competentes, treinava-os e, ao término das obras, encaminhava-os para as novas unidades. Era um trabalho contínuo. Shiba, que não operava mais lojas, dedicava-se a escolher e aprovar pontos, acompanhar as obras dos franqueados e cuidar dos fornecedores. A demanda era grande, muitos dos fornecedores não conseguiam atendê-la por completo e, em muitos casos, era preciso ter vários fornecedores de um mesmo produto. Os tantos relacionamentos que iam então se estabelecendo, tinham sempre a confiança como pilar. Era a ética desse descendente de japoneses que, desde o início, dava o tom do negócio.

Para Helen Shiba, irmã de Robinson e diretora de marketing da rede, o princípio da ética dentro da rede é algo absolutamente natural, uma vez que essa virtude é praticamente uma marca em sua família. "Em casa, fomos todos sempre muito unidos e sempre estivemos cercados por pessoas muito trabalhadoras. Nossos pais lutaram muito para conquistar o que conseguiram e sempre agiram com muito caráter, índole e princípios. A ética do Robinson vem do berço, dos muitos bons exemplos que ele teve. Como irmã, posso dizer, ele foi sempre superprotetor, muito presente e atencioso. Para os franqueados, da mesma forma, ele tem uma postura que chega a ser até paternal".

Baseada nesse espírito ético e acolhedor, a rede teve um crescimento bastante rápido e com muita coisa acontecendo no improviso. Shiba reconhece que teria sido bom se tivesse aprendido desde o início mais conceitos e indicadores, que lhe teriam permitido antecipar vários problemas e soluções. Diz ter contado com a sorte para resolver uma série de questões e assume que essa sorte, felizmente, nunca o deixou na mão – foi o universo agindo a favor daquele que dentro de si tinha um sonho, um ideal, muita garra e a visão de um negócio que tinha tudo para prosperar.

Com o passar dos anos, a rede se estruturou melhor, de modo que o trabalho diário dos franqueados ficou um pouco mais fácil. As carnes passaram a chegar às lojas cortadas, os camarões limpos, os molhos prontos para serem cozidos e as massas prontas para serem empanadas. Em 2006, a implantação de restaurantes físicos substituindo o esquema exclusivo de *delivery* começou a dar nova cara e dimensão à rede. A iniciativa fez crescer a receita não só pelo número de refeições servidas nas unidades, mas também por ter gerado um aumento na demanda do *delivery*. Os restaurantes passaram por reformas e mudanças de imóveis, ficaram mais bem localizados, com uma apresentação melhor e boa visibilidade, aspectos que repercutiram em aumento das vendas. Antes dessas mudanças, pode-se dizer que 90% dos clientes nunca tinham visto um China in Box nas ruas.

Os franqueados, por sua vez, passaram a conhecer "a entidade, o cliente", estabelecendo um contato e um relacionamento cara a cara muito positivos para o negócio. Nas unidades, o cara a cara foi posto em prática, ninguém mais se esconde atrás do telefone, e os clientes começaram a se dar conta de que o telefone toca sem parar e de que a comida tem de ser feita depois do pedido. Desde então, compreendem que há um grande trabalho por trás das caixinhas que recebem em casa.

A instalação dos restaurantes culminou na substituição de vários pontos físicos das franquias, o que se fazia mesmo necessário, já que a maioria das unidades tinha de dez a 12 anos e estava em imóveis carentes de melhorias. Em 2008, 40% das lojas já haviam se transformado em restaurantes, e Shiba pretendia seguir aumentando esse percentual.

Vale dizer que, como tantas vezes acontece na vida de um empreendedor, nem todas as inovações e investidas de Shiba estouraram no mercado e, no final dos anos 1990, ele teve suas dificuldades ao mergulhar na ousada empreitada de internacionalização da rede.

“Decidimos começar pela Argentina e, para isso, abrimos duas lojas em Buenos Aires: uma minha e uma de um franqueado. Tudo havia fluído tão bem no Brasil, que eu achava que teria facilidade em introduzir nossos conceitos para os argentinos. Na época havia a paridade de 1 peso para 1 dólar e não fui precavido a ponto de conversar com especialistas e averiguar se essa paridade era fundamentada. O primeiro ano da operação foi bom, chegamos a vender 70 mil pesos, tivemos alguma rentabilidade. Mas aí, quando a loja estava operando havia um ano, a economia da Argentina começou a entrar em colapso. A crise era geral. Nas ruas, começaram a se estabelecer clubes de troca, à semelhança do que ocorria na economia feudal. Tentamos tanto quanto possível nos manter, até que em 2001 decidimos vender as lojas. Vendemos o negócio por 50 mil dólares, cifra oito vezes menor que nosso investimento inicial.”

Apesar do prejuízo, Shiba não se deu por vencido. Desde a saída da Argentina pôs-se a analisar os erros cometidos e após retomar o fôlego levou sua marca para o México, em 2003. Começou por Guadalajara, cidade-teste mexicana, e colocou à frente do negócio um profissional local. Contratou uma empresa de consultoria para fazer ajustes relacionados ao paladar e, por seis anos, manteve três unidades nesse país.

Apesar de as unidades mexicanas terem tido certa rentabilidade em alguns períodos, os esforços não justificaram a continuidade, muito menos a expansão nesse país. Shiba se deu conta de que, apesar da proximidade física existente entre americanos e mexicanos, os costumes desses povos são muito diferentes entre si. Mais que isso, percebeu que os mexicanos têm profunda aversão aos vizinhos e que especialmente o povo de Guadalajara, bastante regionalista, destaca-se em tal sentimento. No que se refere ao conceito de *delivery* de comida chinesa no México, mesmo sendo tão comum nos Estados Unidos, ele nem sequer aparece em Tijuana, cidade mexicana que faz fronteira com Los Angeles. É como se a tênue linha política fronteiriça representasse uma muralha no que se refere à cultura e aos hábitos alimentares.

A internacionalização para Shiba mostrou-se realmente uma experiência penosa, tanto em relação a investimentos financeiros quanto à dedicação pessoal. No México, visitas sistemáticas eram necessárias e os ajustes precisavam ser frequentes. Ele percebeu que para os habitantes de um país estrangeiro a bandeira e o investidor de fora nada significam – e decidiu, enfim, pela saída, sem pensar em novos planos além do território brasileiro.

OUTROS NEGÓCIOS

Além da bem-sucedida China in Box, Shiba tem outros negócios no ramo alimentício. Na rede de comida japonesa Gendai, por exemplo, embora nunca tenha atuado nas operações, ele tem participação como investidor desde a inauguração, que aconteceu no mesmo ano do China in Box.

Por ocasião da inauguração, o Gendai foi aberto com o nome de Ginza e ficava em um *shopping center* de São Paulo, o Morumbi Shopping. Era uma loja que vendia uma série de produtos orientais, como arroz, panela, cerâmica, queijo de soja, tofu, *shoyo*, temperos, e tinha também um balcãozinho onde se vendiam *sushi* e *sashimi*. Os consumidores eram em sua maioria ocidentais, e as vendas eram razoáveis.

Até que o fator sorte mais uma vez se apresentou na trajetória do empreendedor: o desenrolar de uma novela da Rede Globo revolucionou a visibilidade do empreendimento. Dentro da academia onde se passava o enredo da chamada Malhação foi montado um sushi-bar. As vendas de *sushi* e *sashimi* estouraram, principalmente entre os jovens, e o sucesso culminou na abertura de um *fast-food* de comida japonesa. Como havia uma questão relacionada à marca Ginza, que estava sendo pleiteada por outros empreendedores, os acionistas resolveram abrir o *fast-food* sob uma nova bandeira, a Gendai. O restaurante se transformou em rede e, em 2007, passou por um processo de fusão com o China in Box, que praticamente dobrou a capacidade de crescimento da empresa.

Além do China in Box e do Gendai, Shiba detém outras três bandeiras vinculadas à alimentação (Brevità, Owan e Domburi), todas pertencentes ao grupo Trend Foods.

“*Sempre encaramos a alimentação como um conjunto de proteínas, carboidratos e fibras. Se preparamos os alimentos de um jeito, esses produtos se tornam comida chinesa; de outro jeito, eles formam a culinária japonesa; e assim por diante. Em nossas bandeiras, compramos itens dos mesmos fornecedores de bovinos, dos mesmos de suínos, de carboidratos etc. Com isso, conseguimos ter sinergia nos processos. Chegamos a ter 13 bandeiras, mas percebemos que 13 estratégias distintas era coisa demais e já estávamos começando a misturar os vários conceitos entre si. Cada operação precisa ter sua particularidade e decidimos vender muitas delas, ficando com as que estavam com melhor desempenho e maior sinergia. E, para garantir o bom andamento de cada bandeira, colocamos à frente dela um bom sócio operador.*”

O objetivo de Shiba é ter uma unidade de seus restaurantes em todo local onde houver potencial de consumo. E, para isso, ele colocou a abertura do capital da empresa como meta. Sabe que dessa maneira vai conseguir perpetuar a rede e atingir o máximo de profissionalismo possível nas operações. Embora reconheça que há uma longa estrada a percorrer, já está implantando vários conceitos com esse fim.

A HIERARQUIA NECESSÁRIA

Shiba cresceu em São Paulo, morando nos fundos de uma grande loja de materiais de construção. Embora não ajudasse no estabelecimento, o garoto vivia por lá observando tratores, caminhões, produtos, clientes e o modo de trabalhar de seu pai, de seu avô e de seus tios. Seu espírito empreendedor, sua extrema ética e seu modo de administrar ele atribui à vivência adquirida na loja.

Vendo seu pai atuar no departamento comercial, Shiba observava o ótimo relacionamento que ele tinha com os funcionários. Por parte do tio, com tino mais comercial, as lições eram ligadas à arte de vender. Shiba aprendeu coisas práticas, como fazer controle e balanço, e descobriu a importância de cada indivíduo ser direcionado para aquilo que faz melhor. Fora isso, via a honestidade sempre presente e, no que se referia à hierarquia, percebia que em um negócio era imprescindível existir uma voz mais forte, uma pessoa que tivesse o poder de decidir, a palavra final dentro da equipe. Na loja de materiais de construção, onde a hierarquia não existia, era comum impasses se estenderem demasiadamente, custando para os envolvidos encontrarem uma solução acatada por todos.

Carismático e capaz de transitar bem nos mais diversos ambientes e classes sociais, Shiba vê essa qualidade como grande aliada em seu trajeto profissional. Relaciona-se tão bem com presidentes de empresas, gerentes e diretoria quanto com seus funcionários. No China in Box, ninguém o chama de "senhor" e, quando visita os restaurantes, ele adora almoçar na cozinha, servindo-se da comida que os funcionários fazem para eles próprios.

Com os franqueados, o relacionamento também é estreito. Conforme descreve a irmã Helen Shiba, existe tanta ética e confiança no relacionamento que o aperto de mãos e o que é verbalmente acertado valem muito mais do que os contratos. Todos confiam plenamente em Robinson Shiba, que chega a ter um relacionamento quase paternal com os franqueados. Prova disso é que, ao comentar passagens especiais vividas na rede, ele rapidamente se lembra de uma convenção na qual uma franqueada veio contentíssima lhe contar que havia comprado para o pai o primeiro carro de sua vida, um Ômega automático. Shiba, que conhecia desde a infância toda a família da franqueada, de origem muito simples, lembra ter se emocionado com o relato.

“Tenho pouco mais de oitenta franqueados e a maioria deles está comigo desde meados dos anos 1990. Quando me conheceram, eu ainda atuava como dentista. Eles investiram em um projeto de vida, acompanharam o desenvolvimento da rede e melhoraram de vida ao nosso lado. Há os que compraram a casa e pagaram os estudos dos filhos por conta da China in Box. Eles têm uma enorme gratidão em relação a mim e eu sinto o mesmo por eles. Eles apostaram em mim em um tempo em que eu não tinha nada e nada sabia. Todos conhecem meu filho pelo nome e viram-no crescer. É inegável que temos uma relação bem familiar, não posso dizer que se trata de um negócio exclusivamente profissional. Sou o presidente, mas temos uma história juntos. Há ocasiões em que preciso repreender algumas pessoas e não consigo. Recentemente, com a fusão com o Gendai, tivemos a entrada do Carlos Sadaki Kaidei na rede. Ele não participou de todo esse processo e por isso tem mais facilidade para fazer as colocações necessárias. Isso é ótimo para o negócio.”

Entre os donos de loja, Shiba cita com orgulho vários ex-funcionários. Há gerentes, cozinheiros e até mesmo um ex-motoboy que passou a comandar uma loja de Campo Grande, no Mato Grosso. Havia lá um franqueado que tinha a intenção de se desfazer da loja. Shiba organizou um fundo de investimentos entre franqueados e saiu à procura de um operador para o negócio. O motoboy da loja se apresentou. Com algum capital em mãos e disposto a vender algumas vaquinhas que tinha, ele entraria como investidor e também operador. Começou com 10% da loja, logo dobrou sua participação e, em seguida, solicitou a compra do percentual restante.

Mesmo permanecendo à frente da empresa, Shiba tem hoje uma rotina mais flexível do que no início. Além de trabalhar, joga tênis com regularidade e é integrante de uma banda de rock. Nos ensaios semanais, toca guitarra e sua esposa canta, acompanhados por fornecedores e prestadores de serviços que se dividem em outros instrumentos. Por motivos profissionais, faz cursos de gastronomia, mas, quando se trata de preparar refeições, o que gosta mesmo é de fazer um bom churrasco. Ele, que adora trabalhar em família, se satisfaz por ter a irmã, o pai e a esposa ao seu lado nos negócios – e com eles relaciona-se, claro, com base na transparência, na franqueza e no respeito sempre praticados em casa.

“*Assim que começamos o negócio, eu me sentei com meu pai e disse: aqui não existe pai, irmã, nem nada: quem manda aqui sou eu. Eu sabia que, se não fizesse isso, o negócio viraria uma bagunça. E eles concordaram. Muitas vezes concordamos, mas pode acontecer de termos opiniões diferentes. Independentemente do contexto, aqui eu sou respeitado por todos – e acho ótimo tê-los ao meu lado. Dos meus familiares envolvidos com a rede, a única que não entrou no negócio desde o início foi a Márcia, minha mulher. Ela havia estudado administração de empresas na Fundação Getúlio Vargas e economia na Faculdade de Economia e Administração da USP, e trabalhava num banco, em controladoria. Conforme nosso negócio foi crescendo, pedi a ela que saísse do banco para me ajudar. Atuando no financeiro da China in Box, sua primeira atitude foi estabelecer um pró-labore para cada um de nós, pois até então o caixa da empresa era único e até as fraldas do meu filho e o condomínio do meu pai se misturavam às nossas contas. Ela chegou, determinou que cada um teria um salário como pessoa física e implantou vários conceitos necessários para nossa organização financeira. Ela pôs ordem na casa, me ensinou muita coisa e deu uma cara mais profissional ao negócio. Com sua entrada na empresa, nosso relacionamento também foi beneficiado.*

Até então, ela não entendia por que eu passava tanto tempo fora de casa. Quando chegou à empresa, viu o tamanho da encrenca e entendeu melhor meus horários."

Sempre prezando pelos valores familiares, Shiba não atenta apenas para sua própria família, mas também para as famílias dos franqueados. Antes de fechar negócio com um franqueado, ele marca uma entrevista com a família. Conversa especialmente com o cônjuge do interessado, geralmente a esposa, para que tome conhecimento do árduo trabalho que haverá pela frente. Ele diz ao franqueado que o mesmo juntará dinheiro, porque não terá tempo para gastar. A preocupação existe, pois Shiba sabe que quem mexe com alimentação trabalha de segunda a segunda e tem uma rotina extenuante. Se a esposa não concorda, se ela não aceita as ausências do marido, tanto o relacionamento quanto o negócio podem ser prejudicados. Ele considera digno e honesto deixar clara essa situação antes de o franqueado fechar negócio com a rede. E, para quem quer mergulhar em família no negócio, esse líder, com conhecimento de causa, dá todo o apoio possível:

"*Nesse ramo, ninguém consegue nada sozinho. Tive sempre muita ajuda, que foi bem-vinda. Amigos, parentes ou quem mais quiser entrar no negócio para somar será sempre bem-vindo. A meu ver, parentes e amigos podem dar muito certo nos negócios, contanto que as regras do jogo sejam bem explicadas desde o início, e que a ética e o profissionalismo estejam acima do parentesco. O China in Box cresceu com meus parentes, amigos de bairro e de escola. Pessoas que conheço desde os 12 anos de idade, com quem brinquei na rua de casa e com quem tenho a felicidade de hoje compartilhar sucessos e projetos futuros.*"

ABRAHAM KASINSKY

Nascido em 11 de julho de 1917, na Argentina, chegou ainda bebê ao Brasil, país onde viria a criar e liderar, por mais de quatro décadas, a maior indústria de autopeças da América Latina, a Cofap. Depois da venda desta empresa, criou, aos 82 anos de idade, a fábrica de motos Kasinski, a qual venderia dez anos mais tarde, para então se dedicar à Fundação Abraham Kasinsky.

UM SÍMBOLO DE OUSADIA

A loja de peças automotivas do pai ele transformou na maior rede de lojas deste setor no Brasil. Mas não foi o suficiente. O ousado Kasinsky queria mais e decidiu montar com o irmão uma fábrica de autopeças: ele não iria mais apenas comercializar, passaria também a produzir itens como aqueles que tanto lucro vinham lhes proporcionando por meio das vendas. Sem temer a concorrência estrangeira, Kasinsky transformou a Cofap na maior fábrica de autopeças da América Latina. Vendeu seus produtos em quase uma centena de países, montou fábrica na Europa e, aos oitenta anos de idade, por uma série de fatores, viu-se obrigado a se desfazer do filho chamado Cofap.

Deixando para trás aquela enorme engrenagem, o ousado empreendedor, que já somava mais de oito décadas vividas, percebia que a ociosidade não era obra para ele. E foi então que decidiu, aos 82 anos de idade, e sem experiência prévia no ramo, fabricar motos. Nasceu assim a Kasinski, redigida assim mesmo, com a letra *i* no final, a conselho de um numerólogo. Daí a o octogenário posar de garoto-propaganda das novas motocicletas fazendo piruetas em um globo da morte com uma loira na garupa foi um pulo. E lá estava ele, em horário nobre, nas telas do Brasil todo – sua ousadia era exibida em cores, sem truques nem segredos, para quem quisesse conferir.

Rosa tinha apenas 15 anos, Leon tinha 16 e, recém-casados, decidiram deixar a pequena aldeia russa onde viviam com suas famílias. A Rússia passava por um momento difícil, que precedia a Revolução de 1917. Tentariam a vida bem longe dali, e o primeiro destino alcançado pelo casal, naquele início de século, foi Buenos Aires. Na capital argentina, Leon abriu uma barbearia. Trabalhava nela durante a semana e, aos finais de semana, ganhava um extra tocando violino em festas familiares.

Os dois ofícios haviam sido aprendidos na longa viagem de barco à América. Para ajudar no orçamento, Rosa lavava roupa para fora. Os imigrantes sabiam que, para ganhar a vida no país estrangeiro, tinham que dar a cara para bater, aprender, agir, experimentar e, se possível, não errar.

Em pouco tempo, Leon percebeu que seria um bom negócio transformar a barbearia em drogaria. Tateando o filão dos produtos importados, ele revelava seu talento para as vendas e o comércio. O padrão de vida ia crescendo, ao mesmo tempo que a família ia se tornando mais numerosa. O casal já vislumbrava um bom futuro para seus quatro filhos (Abraham era o caçula), quando a Primeira Guerra Mundial fez cair por terra o tão próspero negócio de Leon. Ao mesmo tempo que ele não conseguia mais ter acesso aos produtos estrangeiros, suas prateleiras esvaziavam e os clientes sumiam. Com prejuízo significativo, o comerciante russo resolveu tentar a sorte em um país vizinho. O Brasil seria a parada seguinte. Abraham Kasinsky, que chegou ao país ainda bebê, mais tarde se naturalizaria brasileiro.

Na capital carioca, Leon trabalhava como mascate e, na medida do possível, recebia alguma ajuda dos filhos mais velhos. Insatisfeito, decidiu tentar uma investida em São Paulo, onde, conforme se dizia, as possibilidades eram maiores. No bairro do Brás, ele abriu uma lojinha de peças para automóveis. Seria ele o revendedor dos tantos itens automotivos que se desgastavam com o uso e que com frequência precisavam ser substituídos. Dividia o estabelecimento com um senhor que se dedicava à limpeza de chapéus. Não levou muito tempo para este desistir do ponto, de modo que Leon pôde se estabelecer definitivamente em São Paulo e trazer a família, que aguardava no Rio de Janeiro.

O fundo da loja Três Leões seria o novo lar da família Kasinsky. A uma pequena cozinha, um banheiro, um quarto para o casal e outro para os filhos mais velhos, somaria-se um cômodo pequenino onde dormiria o caçula Abraham. Dali em diante, ele seria chamado de Abrão. Um garoto que aprenderia a andar apoiando-se em um balcão, que distribuiria os primeiros sorrisos aos clientes que frequentavam a Três Leões e encontraria em parafusos e rolamentos os seus primeiros brinquedos. As lições que aprenderia dali em diante pareciam ser inevitáveis. O tilintar das peças metálicas pinçadas das prateleiras ecoava no modo de ser daquele garoto, que ia solidificando, dia após dia, uma personalidade ousada, empreendedora e vencedora.

“*Eu era menino e uma das minhas brincadeiras preferidas era fazer patinetes. Um cliente vinha à loja, comprava rolamentos novos e deixava os velhos. Eu os fixava a uma tábua de madeira, usava dobradiças disponíveis e ali estavam meus patinetes. Depois de prontos, eu os vendia. Meu sonho mesmo era usar as peças da loja para fazer um carro grande, um carro de verdade. Eu dizia à minha mãe que poderíamos guardá-lo na cozinha e que, quando ela quisesse fazer o jantar, poderíamos colocá-lo no quarto ao lado. Eu tinha aquele sonho e, dentro de mim, isso era o suficiente para que um dia eu pudesse transformar o tal carro em realidade.*”

TRÊS LEÕES: É PROIBIDO DIZER *NÃO*

Assim que Abrão amadureceu, Leon, que desde o início tinha a ajuda dos filhos mais velhos, passou a contar também com o trabalho do caçula em sua loja. O pai lhes ensinava que atender um cliente, satisfazê-lo e resolver seus problemas eram os deveres de quem estava lá dentro. Dizer *não* para quem entrasse lá era terminantemente proibido.

“*Eu ficava atrás do balcão, entrava um freguês e pedia uma peça. Muito vivo e inteligente, meu pai dizia: ‘Se você não tiver o que o cliente precisa, dê um jeito. Aqui não existe a palavra* não. *Cliente nenhum pode sair da loja de mãos vazias. Resolva o problema dele’. Quando não tínhamos a peça pedida, ou eu ou um dos meus irmãos saíamos à procura dela nas lojas concorrentes mais próximas. Meu pai dizia ao cliente que íamos buscar em nosso depósito... Corríamos, conseguíamos a peça e a pessoa acabava comprando conosco. E eu, menino, já começava a entender o significado da ousadia.* ”

Foi assim que Kasinsky aprendeu a lidar com os clientes, foi assim que moldou sua mentalidade acerca dos negócios. Diante do pedido de um item que estivesse indisponível até mesmo nos concorrentes, ele tratava de pegar uma peça similar e orientar o mecânico para que a adaptasse e a tornasse tão funcional quanto a peça original. Jamais deixava clientes saírem de lá sem resolver seus problemas.

As últimas lições passadas por Leon a Abrão ocorreram quando o filho estava com 23 anos de idade. Era 1940 quando Leon faleceu. Àquela altura, ainda era este quem tocava a loja, e Abrão apenas o auxiliava, junto com o irmão Bernardo. Chegara a hora de decidirem o que fazer com o negócio. O caçula lançava mão de um sem-fim de argumentos para tentar escapar do estilo de vida que mais lhe parecia imposto do que escolhido. O que sonhava e vislumbrava para a vida estava bem longe daquele balcão.

“ *Eu queria ser médico – que figura fascinante! Lembro-me de quando o médico ia em casa examinar um de nós. Minha mãe chegava na sala com uma chaleira de água quente e uma bacia para ele lavar as mãos. Para ele, havia um sabonete novinho, aberto naquela hora. Ele secava as mãos usando também uma toalha limpinha. Recebia uma higiene especial, afinal, vinha para salvar a vida. Minha mãe lhe oferecia o que havia de melhor. Que honra era ter um médico em casa! A última coisa que se fazia era falar do doente. O médico era um gênio, um homem de instrução superior, alguém que merecia um sabonete novo, uma entidade que não podia usar algo já utilizado por outros. Era um salvador. Eu queria ser médico, mas o que me fascinava realmente não era a medicina. Me encantava a inteligência do médico... Aquela figura onipotente.*"

Não obstante os encantos construídos em torno do personagem, Kasinsky nunca sequer se aproximou dessa realidade. Nasceu cercado de paredes com prateleiras abarrotadas de peças. Em vez de sala de estar, tinha um balcão a alguns passos de seu quarto. E o irmão Bernardo o convenceu: a Três Leões passaria a ser deles, metade de cada um, e ambos a tocariam. Com mais de noventa anos de idade, Kasinsky reconhece que sua vida acabou tomando um rumo absolutamente distinto do que na juventude imaginava para si. E atribui essa responsabilidade "a um camarada lá em cima, que olha bem, decide e traça o rumo de quem está por aqui".

Por obra de Deus ou pelo poder de persuasão do irmão mais velho, Kasinsky permaneceu na Três Leões que, à época, consistia em duas lojas de autopeças. Em uma delas, no entanto, havia uma divisão de rádios. Diante da ausência do pai, Bernardo tomou como primeira providência demitir um funcionário dessa divisão, acusando-lhe de vir roubando a família nos últimos tempos. Em resposta à acusação, o funcionário não pensou duas vezes antes de ir à polícia e denunciar irregularidades nos negócios. As dores de cabeça que viriam dessa demissão seriam muitas. Mesmo sendo o caçula, foi Abrão quem tomou a dianteira da questão – destemido, ele se dispôs a assumir as responsabilidades dos descuidos cometidos pelo pai. Foi submetido a uma breve prisão e, em liberdade, passou quase dois anos entre idas e vindas para o Rio de Janeiro, onde respondeu a um extenuante processo judicial.

Em meados da década de 1940, a questão judicial foi concluída e Kasinsky pôde finalmente direcionar seus sonhos e tomar providências para o crescimento da Três Leões. Como o desejo por expansão existia em suas veias, as novidades, sob seu comando, começaram a se apresentar umas após as outras. Ele começou agregando um negócio de refrigeração à loja de rádios, depois comprou terrenos vizinhos a uma de suas lojas e cuidou de fazer reformas e reestruturações um tanto ousadas para seu tempo, para seu setor e especialmente aos olhos do irmão e sócio. Enquanto Bernardo cuidava das finanças e dos números, Abrão se encarregava das estratégias, do marketing e dos novos negócios. Hábil ao negociar, destacava-se tanto nas vendas quanto nas compras. Ousado e ambicioso, queria ter a maior loja de autopeças do país e não media esforços para consegui-la. Certa vez, chegou a erguer uma loja tão imponente, que os mecânicos não a frequentavam, intimidados de circular em meio a tamanha suntuosidade. Depois da distribuição malsucedida, perceberam que as prateleiras do andar principal deveriam ser destinadas a outros produtos; para as autopeças, reservaram então o subsolo do imóvel. Aí sim os mecânicos voltaram a comprar.

As investidas nas lojas foram muitas, sendo a maioria delas em São Paulo. Em paralelo, com os esforços voltados para os estabelecimentos, os irmãos agregavam uma série de inovações e investimentos em promoção e publicidade, que faziam a Três Leões prosperar e se fortalecer mais e mais como marca. Enquanto isso, silenciosamente, o ousado lojista ia arquitetando o sonho de um dia fabricar peças ao estilo das que vendia – e tornar-se o maior concorrente dos seus fornecedores.

“Para crescer é preciso subir degraus, dar a cara pra bater. Sempre fiz isso sem hesitar. Sempre cresci, sempre subi meus degraus e continuo querendo ir adiante. A escada é longa e é preciso ter cautela – o tamanho-padrão de um degrau é de 18 centímetros e, se eventualmente você encontrar um degrau de 19 centímetros para subir, vai estranhar, não vai pisar direito, vai correr o risco de tropeçar. É preciso subir nos passos certos, na medida certa. E sempre.”

COFAP: NO ALTO DA ESCADARIA HAVIA UMA PORTA FECHADA

Depois de uma infância observando e participando da Três Leões administrada pelo pai e mais dez anos tocando o negócio na companhia do irmão Bernardo, Kasinsky decidiu dar a cartada mais ousada que já havia experimentado até então. Aos 33 anos de idade ele criou, em sociedade com o irmão, sua própria indústria de autopeças. Apesar de ter se deparado com grande resistência de Bernardo para investir uma fortuna em um setor que lhes era até então desconhecido, Kasinsky, determinado e destemido, bateu o pé e conseguiu convencê-lo. Mais que tudo, ele queria crescer e, naquelas circunstâncias, ninguém conseguiria detê-lo. E foi assim que, em 1951, os irmãos fundaram a Companhia Fabricadora de Peças, a Cofap, uma empresa nacional, de capital aberto, que começaria suas atividades fabricando anéis de pistão.

Travando importantes parcerias profissionais – como com o engenheiro Mauricio Grinberg e o mestre dos cálculos Georges Hanna Khalil –, Kasinsky enfrentou uma série de desafios no novo negócio. Depois de vencidas as etapas de instalação da fábrica, obtenção da tecnologia e produção, por exemplo, teve de enfrentar um mercado acostumado a usar apenas itens importados. Realizando muitas viagens pelo Brasil e fazendo uma verdadeira catequização entre os mecânicos, Kasinsky acabou conquistando o mercado nacional. E isso foi, é claro, o suficiente para ele querer ir adiante. Na década de 1970, sua marcante ousadia permitiu que sua produção cruzasse fronteiras, de modo que itens Cofap passaram a ser vendidos no Uruguai e na Argentina. Em seguida, vieram dezenas de outros países, de modo que nos anos 1990, quando a globalização enfim acontecia, já havia 98 nações para as quais a Cofap exportava.

Enquanto assistia às exportações indo de vento em popa, o arrojado empresário já vislumbrava a implantação de fábricas em outros países, fato que se consolidou em Portugal, tornando mais ágil e econômico o fornecimento de peças na Europa. Os Estados Unidos também foram um forte candidato para a instalação de uma fábrica, mas a venda da Cofap aconteceria antes de esses planos serem postos em prática.

Ao todo, Kasinsky esteve à frente da Cofap por 46 anos. Ao término desse período, a empresa, que inicialmente dedicava-se apenas a produzir anéis de pistão, já fazia componentes para motor, amortecedores, escapamentos e outros itens. Empregava 22 mil funcionários e havia faturado, em 1996, 750 milhões de dólares. Era a maior fábrica de autopeças da América Latina, a terceira maior fábrica de anéis do mundo e a quinta maior do mundo em amortecedores.

Embora continuasse na direção da empresa, o fundador a essa altura já não era seu principal acionista. Longe disso. Haviam lhe restado apenas 11,7% das ações, contra 40% que tinha doado a seus filhos (com os quais tinha importantes problemas de relacionamento). Além disso, outros 40% da empresa, anteriormente pertencentes a Bernardo, foram para as mãos dos filhos desse sócio-fundador, por ocasião de seu falecimento. Para a surpresa de Abrão, seus filhos e sobrinhos jamais se mostraram parceiros à altura do irmão Bernardo. Depois de quatro anos de conflitos vividos com os familiares acionistas, Kasinsky se entregou e decidiu vender a empresa. A negociação foi fechada em julho de 1997, a menos de uma semana de ele fazer oitenta anos. A maior parte da empresa foi adquirida pela Magneti Marelli, empresa italiana do grupo Fiat, ao passo que a Mahle, da Alemanha, ficaria com a unidade de componentes de motor. O dia da venda foi definido pelo empresário como o pior de sua vida.

“Ao longo dos anos, recebi incontáveis ofertas de compra da empresa. Mas daquela vez, enfim, eu disse: ‘Vendo!’. E sabe por que fiz isso? Porque fui burro, essa é a verdade! Foi muito triste. Nenhum motivo que eu tivesse justificaria aquela venda. O fato é que aceitei

aquela proposta e, quando me dei conta do que tinha feito, tomei um susto: o que eu faria no dia seguinte? O que eu faria com a audácia que havia me movido ao longo de toda a minha vida?"

AOS 82 ANOS, ELE CRIA UMA FÁBRICA DE MOTOS

Por mais que ele tenha tentado, não adiantou. O dinheiro parado no bolso, o tempo livre e o dia a dia pacato não combinavam com a personalidade de Kasinsky, com sua inquietude por realizar, construir e ousar. Ele sentia falta da fábrica, de um escritório no qual fizesse algo mais do que atender aos bancos interessados em investir seu dinheiro ou consumir suas horas lendo praticamente três jornais inteiros por dia. Para uma personalidade tão audaz, a ociosidade era um pesadelo – e Kasinsky chegou a um ponto em que até o obituário e os classificados de encontros amorosos ganhavam espaço em suas leituras. Ciente de que aquela vida o mataria aos poucos, Kasinsky resolveu jogar para o alto aquele cenário, arregaçar as mangas e dar vida a um novo negócio. Para uma alma empreendedora, não existe momento que não aceite um recomeço.

Contando com alguns antigos funcionários da Cofap ele montou uma pequena equipe e passou a correr o Brasil e o mundo em busca de novas oportunidades. De seu estudo, levantou 12 possibilidades de negócios, entre as quais a produção de motos foi a eleita. Para não precisar erguer a fábrica do zero, Kasinsky optou por adquirir uma instalação já existente. Comprou a referida fábrica no polo industrial de Manaus, modernizou-a, emprestou seu nome ao negócio e começou a produzir. Era 1999; ele estava com 82 anos.

"Resolvi vender motos. Mesmo os brasileiros estando acostumados a comprar Honda, resolvi que queria fazer e vender motos. E venderia. Eu não tinha a Honda, mas faria a Kasinski. E venderia. Fiz o que me propus a fazer e passei a vender motos no

Brasil. Não vendi Honda, vendi Kasinski, e fiz isso por dez anos. E sabe por que fiz isso? Por puro atrevimento. Não tinha nenhum conhecimento sobre o assunto. Tinha vontade e muito atrevimento. Para crescer, é preciso mais do que uma ideia e uma suposta vontade. É preciso ter coragem, querer de fato e agir. E sendo atrevido, sendo realmente ousado, você vence."

E se atrevimento é vitória, Kasinsky tem tudo para se manter sempre na dianteira. Sua ousadia é tamanha que, aos 85 anos, foi garoto-propaganda de seu próprio negócio, fazendo acrobacias em uma moto Kasinski, levando uma loira na garupa dentro de um globo da morte. O comercial criado pelo amigo publicitário Washington Olivetto – e protagonizado por Kasinsky sem dublê algum – deu o que falar e colocou, mais uma vez, seu nome e sua marca em evidência.

Com essa maneira irreverente e audaciosa e aproveitando os conceitos e práticas empregadas na Cofap, este verdadeiro empreendedor fez sua marca crescer nos mercados de motos econômicas de baixa cilindrada, de modelos esportivos de média cilindrada e também de motos de grande porte. Em meados de 2009, então, optou pela venda da empresa para o grupo CR Zongshen e anunciou a todos o desejo de se dedicar à Fundação Abraham Kasinsky, a qual coordena o Parque Ambiental de Lavras (MG), um colégio em Mauá e um centro técnico de cultivo de orquídeas nessa mesma cidade.

SOU EU, KASINSKY, COM MUITO ORGULHO

Se abrir um negócio aos oitenta anos parecia arrojado, quem diria casar-se nessa idade... Pois foi aos oitenta que Kasinsky oficializou sua segunda união, com Yvonne Schvartzman, com quem estava junto já fazia aproximadamente dez anos.

No corpo deste gigante de 1,62 metro, o espaço para paixões parece ser infinito. Não bastasse o fascínio que lhe exerce o trabalho, ele sempre se interessou – intensamente – por mulheres, viagens e arte, com destaque para a música e as artes plásticas. Nos tempos em que ainda não tinha dinheiro, economizava para frequentar concertos e o fazia nas poltronas mais econômicas. Nas artes plásticas, além de colecionar, já nutriu amizade por artistas do porte de Di Cavalcanti. Kasinsky também é um nacionalista assumido, que em suas tantas visitas ao exterior sempre fez questão de enaltecer o Brasil e mostrar suas peculiaridades, fosse apresentando uma fruta, uma música ou, é claro, uma peça aqui fabricada.

Também as orquídeas encantam seus sentidos e estas, que inicialmente representavam para ele um hobby, acabaram recebendo, da Fundação Kasinsky, um centro técnico de pesquisas para seu cultivo e clonagem. Trata-se do Parque Ecológico Quedas do Rio Bonito, localizado em Mauá, no estado de São Paulo, que reproduz diversas espécies de orquídeas, contribuindo para evitar a sua extinção. São oitenta mil exemplares de orquídeas do tipo Catleia, que envaidecem o colecionador.

“Do momento em que você adquire uma orquídea até ver no que ela vai dar, passam-se cerca de dez anos. Comecei a cultivá-las aos setenta anos e desde então sempre que posso frequento exposições. Existem algumas verdadeiramente raras e confesso que, ao vê-las, fico com inveja dessas raridades. A inveja existe em todos e propulsiona as pessoas. Você encontra algo melhor do que aquilo que tem e fica com vontade de ter também. Quando isso acontece, você procura melhorar e acaba evoluindo. A inveja, se for bem direcionada, pode fazer a pessoa evoluir muito.”

Toda segunda-feira Kasinsky recebe novas orquídeas em seu escritório. As mais bonitas ficam sobre a mesa “de jacarandá maciço da Bahia”, conforme enfatiza. Esse móvel, do qual se gaba, acompanha-o há mais de sessenta anos e abriga, além de miniaturas de motos, um retrato de sua mãe. Em sorriso silencioso, é como se Rosa observasse e acompanhasse cada gesto de seu caçula, naquela sala decorada com as orquídeas, algumas minimotocicletas e uma dezena de quadros, fotos e painéis, que estampam nas paredes um Kasinsky assumidamente incansável e encantado por sua própria história.

“*Minha vida foi muito norteada por um ditado que meu pai dizia: 'Quem guarda tem'. Eu sempre quis guardar, sempre quis juntar. E consegui. Juntei futuro, juntei vontades, juntei tudo o que sonhei ser e, especialmente, juntei trabalho. Como consequência, acabei juntando também dinheiro. E disso tudo eu tenho muito orgulho. Trabalhei muito, tudo o que fiz foi juntando pauzinho por pauzinho. O trabalho torna as pessoas mais inteligentes, mais bonitas, mais evoluídas e as transforma em gente. Aprendi a ser gente e quero continuar assim. Não quero ter título nem ser chamado de doutor. Com minhas qualidades e meus defeitos, sou muito feliz por tudo que fiz.*”

Bem-humorado e brincalhão, Kasinsky, questionado sobre alguns de seus defeitos, logo avisa que suas qualidades os superam – e diz preferir não falar de tais defeitos, diz preferir “ser perfeito”. E ri. Com orgulho dos seus mais de noventa anos, não permite que o andar pausado, a voz rouca e a audição em parte comprometida ganhem espaço em seu viver. Agradece a Deus por não ter preguiça, por ser capaz de caminhar com as próprias pernas, por ser ativo, vivo, inteligente e por trabalhar diariamente. Mesmo tendo vendido a empresa depois de seu nonagésimo segundo aniversário, Kasinsky não pensa em se aposentar – e satisfaz no trabalho diário a sua maior ambição.

“*Eu? Me aposentar? Deus me livre e guarde! A vida é uma continuidade. Por que interromper a vida? Você quer saber qual é hoje meu maior sonho? Eu quero ficar atrás dessa mesa por mais cinquenta anos... Será que é viável? Podem me chamar de atrevido, podem me chamar de ousado, de pretensioso – mas é esse o meu sonho.*”

WASHINGTON OLIVETTO

Renomado publicitário brasileiro, nasceu em São Paulo em 29 de setembro de 1951. É sócio-fundador e atual *chairs man* da W/Brasil, uma das maiores agências de propaganda do país. A agência, que coleciona mais de mil prêmios recebidos, já conquistou mais de cinquenta Leões em Cannes e o Grand Prix do Clio, o mais cobiçado prêmio da publicidade mundial.

ABSOLUTAMENTE LEAL

Tudo começou em 1978. Em seu papel de redator publicitário, Washington Olivetto trabalhava na DPZ fazendo dupla com o catalão Francesc Petit, diretor de arte e um dos sócios da agência. A DPZ acabara de conquistar a conta da Bombril e aos dois caberia a tarefa de criar uma campanha que fortificasse a líder brasileira no mercado de lã de aço e que fizesse crescer a fatia de outras marcas do cliente ainda não tão estabelecidas, como o detergente líquido Limpol e o desinfetante Pinho Bril.

Era final dos anos 1970 e, para os comunicadores, o momento era de revolucionar a maneira como a mídia vinha se dirigindo ao público feminino. Os criativos, então, decidiram que o personagem principal da campanha seria um homem doce, acanhado, nada pretensioso, que se apresentaria como químico responsável pelos produtos em questão. O anti-herói chegaria a se desculpar à dona de casa, caso estivesse incomodando. E se aproximaria do homem sensível que vinha surgindo nas telas de cinema. Carlos Alberto Bonetti Moreno, o Carlinhos Moreno, seria o intérprete.

De 1978 a 2004, o ator gravou mais de trezentos comerciais para a Bombril. O número o levou ao *Guinness*, o livro dos recordes, como garoto-propaganda por mais tempo presente em uma campanha publicitária. Após seu 25º aniversário, com o intuito de retirá-la do ar ainda em seu auge, a campanha foi supostamente finalizada. Passados dois anos, no entanto, Washington Olivetto e a direção da Bombril decidiram colocá-lo de volta ao ar. "Volto por conta de inúmeras cartas recebidas e pedidos", dizia Moreno no comercial de retorno, ao som de *Outra vez*, de Roberto Carlos.

"No fenômeno da durabilidade da campanha do Bombril, além do componente óbvio, que é o talento do Carlinhos Moreno, destaca-se o fator lealdade. Em tamanha durabilidade, neste

trabalho que ultrapassa os 25 anos de vida, tivemos, em todos os comerciais, minha presença como redator, a do Carlinhos como ator e a do Andrés Bukowinski como diretor. Foi ele quem dirigiu os 334 filmes que fizemos até hoje para a Bombril. Não há dúvida de que isso é um atestado de lealdade. Eu de fato tenho um alto nível de exigência de lealdade – comigo e com os outros. Quando alguém quebra tais códigos, sinto drasticamente e, embora perdoe, raramente esqueço. Sou um cara obsessivamente leal aos amigos, ao trabalho e às pessoas que trabalham comigo. ”

O publicitário Alexandre Machado, que em 1994 desembarcou em São Paulo para trabalhar na W/Brasil, assina embaixo do depoimento do amigo: "Nunca trabalhei com alguém tão leal quanto o Washington. Ele trouxe esse ingrediente inédito para a propaganda: a fidelidade aos princípios. Isso transparece, inclusive, nos grandes conceitos que ele criou para centenas de produtos durante sua carreira. Ou seja, o Washington oferece o maior diferencial da categoria: a confiabilidade. É um publicitário que trabalha duro e com honestidade e, mesmo sem ser esta a sua intenção, acho que imprimiu um certo 'código de honra' à profissão".

Em homenagem ao ex-presidente da República, o vendedor Virso Olivetto e a dona de casa Antonia decidiram chamar seu primogênito de Washington: Washington Luís Olivetto. No ano de 1951, quem diria, o menino nasceu em 29 de setembro, dia de são Gabriel Arcanjo, o anjo anunciador, aquele que contou à Virgem Maria que ela daria à luz o filho de Deus.

Descendente de italianos, Olivetto levou a vida de uma criança normal da classe média paulistana até os quatro anos de idade, quando um problema de saúde, nunca totalmente esclarecido, manteve-o de cama por cerca de um ano. Ele ficou impossibilitado de andar e supunha-se que o garoto havia contraído paralisia infantil, mesmo porque, àquela época, não havia vacina contra a doença. Não bastassem as limitações físicas com que Washington estava lidando, não se sabia se a doença era contagiosa. Diante da ameaça de ela atingir a irmã recém-nascida do garoto, a família – especialmente por orientação e insistência de uma tia chamada Lígia – optou por "removê-lo" de casa. Ele passaria, então, uma temporada hospedado justamente na casa da tal tia Lígia.

Lígia não tinha filhos. Era casada com Armando Meloni e o casal tinha muito afeto por Olivetto, já antes da longa hospedagem. Enquanto ela cobria o sobrinho de mimos – materiais ou não –, seu tio o apresentava ao universo do futebol, uma das grandes paixões que Olivetto levaria para a vida adulta. Desse modo, seu ano de reclusão, além de ter sido marcado por brinquedos importados, presentes e catequizações corintianas, foi também o período em que Olivetto, conduzido por sua tia, foi apresentado ao mundo das histórias, dos livros e das canções. Para que as horas lhe fossem mais agradáveis, Lígia ensinou o garoto a ler ainda antes dos cinco anos. E foi assim, bem cedinho, que ele leu os 12 volumes de Monteiro Lobato, um marco em sua vida.

Pouco depois dessas conquistas, aos cinco anos de idade, Olivetto estava em uma consulta rotineira em seu médico, quando espontaneamente se pôs a andar. *Uau!* Era hora de o garoto, aos olhos do pai já suficientemente mimado, voltar para casa e ir para a escola. Àquela altura, no entanto, já tinha inserido novas paixões em seu repertório, como a leitura, a música e os esportes (estes últimos, impulsionados pela sede de movimento que a imobilidade lhe despertou).

QUANDO EU CRESCER, QUERO ESCREVER E VENDER

"Acredito que todas as pessoas nascem para fazer uma determinada coisa na vida – não que tenham obrigatoriamente um único caminho, mas certamente um que seja mais fácil e mais

prazeroso. Acontece que são poucos os que têm a sorte de descobrir que caminho é esse – e mais raros ainda os que o descobrem ainda jovens. Por isso é que são poucas as pessoas felizes e bem-sucedidas profissionalmente. Pois tive a sorte de descobrir muito cedo para que eu servia na minha vida. E isso aconteceu por um somatório de fatores.

Meu pai era representante de uma fábrica de pincéis, Fábrica de Pincéis Tigre. Era um grande homem de vendas e fornecia suas mercadorias para depósitos de materiais de construção. De vez em quando, arrastava-me com ele. Ele me pegava na escola e íamos juntos. O que mais me impressionava era a credibilidade que ele tinha com os clientes. Ele não precisava vender: ao chegar aos estabelecimentos, os lojistas logo diziam: 'Veja o que está faltando e mande pra gente'. A confiabilidade que ele tinha me fascinava. Ele era tão bom vendedor, que chegou num ponto em que já não precisava mais vender. Eram os clientes que compravam dele.

Apesar do fascínio que esse relacionamento despertava em mim, eu sabia que não era exatamente aquilo o que eu queria fazer.

Por ter aprendido a ler muito cedo, sempre li muito e fui tendo cada vez mais prazer por isso. Então eu queria escrever, de alguma forma. Eu gostava muito de rádio, tevê, jornal, revista e nem sabia que se tratava de 'mídias' – nem sequer conhecia essa palavra. Mas sei que, curiosamente, ainda adolescente, eu me dei conta de que os comerciais de televisão e os anúncios que via impressos conciliavam a escrita com as vendas. E constatei: 'Ah! Então é isso que eu quero fazer!'. ”

E foi supostamente para treinar a venda através da escrita que, aos 18 anos de idade, Olivetto ingressou no curso de Publicidade e Propaganda da Fundação Armando Álvares Penteado (FAAP), em São Paulo. Sua permanência na faculdade durou pouco, já que o envolvimento e a paixão pelo trabalho o seduziram de tal forma, que logo passaram a ocupar a maior parte de seu tempo.

O primeiro estágio, Olivetto conta, foi conquistado em março de 1971 graças a um pneu furado em seu Karmann Ghia vermelho. O carrão havia sido um presente do tio Armando, diante de insistentes pedidos da esposa Lígia, aquela tia tão querida de Olivetto, que não aguentava mais ver o marido circulando pela cidade naquele automóvel extravagante. Reza a lenda que Olivetto aproveitou o pneu furado em frente à agência de publicidade HGP (Harding Gimenez Publicidade) e tomou coragem para entrar e pedir um estágio – iniciativa que vinha ensaiando havia algum tempo.

Por seus primeiros e já tão criativos textos, o novato foi presenteado com diversas garrafas de licor. Isso porque, à época, o colunista de um jornal paulistano vinha fazendo uso dessas bebidas para premiar o redator do melhor anúncio da semana. Olivetto sequer imaginava que, em pouquíssimo tempo, no lugar de garrafas de licor, ele começaria a colecionar estatuetas talhadas em Cannes, na Riviera Francesa, berço de um dos mais importantes prêmios da publicidade mundial.

Bastou um mês para que o publicitário Juvenal Azevedo, chefe de Olivetto na HGP, o contratasse. E mais alguns meses para que ele chamasse o jovem redator e o aconselhasse a procurar emprego em outro lugar. "É um pecado um cara como você ficar perdido por aqui", justificou, e passou a liberar Olivetto uma hora antes do final do expediente, para que ele pudesse visitar outras agências, mostrar seu trabalho e conquistar um novo emprego.

Ao cabo de algumas visitas, Olivetto recebeu duas propostas e terminou contratado pela Lince Publicidade, uma agência que havia sido criada vinte anos antes e que o colocaria em estreito contato com o publicitário Sérgio Graciotti, bastante respeitado, especialmente pelos comerciais de tevê que criava. Foi sob a orientação deste que Olivetto produziria seu primeiro filme publicitário. Enquanto uma gota ameaçava cair da torneira, um locutor em *off* explicava que a partir daquele momento as torneiras Deca viriam com borrachinhas de vedamento passíveis de serem substituídas sempre que estivessem gastas, de modo que as torneiras permaneceriam eficientes por anos. "A partir de agora, se sua torneira Deca vazar, é porque você esqueceu de fechar", concluía o locutor. Dito isso, aparecia em cena a mão de uma pessoa fechando a torneira, que por sua vez sugava de volta a tal gota d'água. O filme renderia a Olivetto um Leão de Bronze no Festival de Cannes. Era a criatividade e o talento do jovem que muito cedo anunciavam um futuro repleto de conquistas.

A trajetória de Olivetto na Lince duraria até 1973. Antes disso, a agência se fundiria a outra – Júlio Ribeiro/Mihanovich –, dando origem à JRM/Lince, posteriormente denominada Casabranca. Nela, o publicitário viria a conhecer o diretor de arte Gabriel Zellmeister, futuro parceiro de trabalho na DPZ e um de seus sócios na criação e direção da W/Brasil.

DPZ: A ESCOLA

Foi em 1973 que Olivetto chegou à DPZ. Apesar de ter apenas cinco anos de existência, a agência já se destacava no meio publicitário pelo alto padrão criativo e estético que imprimia a seus trabalhos. Aos vinte anos, Olivetto havia sido contratado para fazer dupla com Francesc Petit, um dos sócios da agência, o P da DPZ. Em mais de dez anos de parceria, os dois constituiriam uma das melhores duplas de criação do Brasil – ou a melhor delas, na opinião do próprio Petit. Pelas mãos deles passariam campanhas de clientes como Nestlé, Itaú, Souza Cruz, General Motors, Sadia e a própria Bombril. E as primeiras condecorações de peso não custariam a chegar.

Fazia cerca de dois anos que Olivetto trabalhava na DPZ, quando Roberto Duailibi, o D da DPZ, lhe deu a notícia: um de seus comerciais, que inclusive fora criado em decorrência de um problema enfrentado pelo pai de Olivetto, havia sido condecorado com o primeiro Leão de Ouro da propaganda brasileira. Virso Olivetto, depois de anos atuando em vendas, havia se formado em direito. Era 1974 e, aos 48 anos, ele desabafou com o filho sobre a dificuldade de encontrar emprego – nos classificados, as empresas logo alertavam: "Idade máxima: quarenta anos". Comovido com a queixa do pai, o publicitário foi à procura de Petit propor que contatassem o Conselho Nacional de Propaganda, para fazerem uma campanha de utilidade pública contra a tal "idade máxima" presente nos anúncios. Pelo que constataram, a ressalva na época estampava 70% dos classificados de emprego. Aprovada a ideia, Olivetto fez um filme de noventa segundos dirigido por Andrés Bukowinski, no qual eram mostradas sucessivas imagens de personalidades – como Gandhi, Jorge Amado, Picasso, Neruda e Einstein –, enquanto uma voz falava do preconceito existente em relação a homens mais velhos, da suposta incapacidade de produzirem, da dificuldade de serem contratados etc. Finalizando, o locutor afirmava que todas aquelas personalidades vistas no comercial haviam começado suas realizações bem depois dos quarenta anos. Ei-lo: Leão de Ouro para Olivetto.

“Se você faz sucesso profissional muito garoto, você fica deslumbrado. Aconteceu isso comigo e – que bom! – fiquei bobo na idade certa. Minha vida profissional foi tão acelerada, que mal tive tempo de pensar: 'E agora? E se eu não tiver mais ideia nenhuma e descobrirem que eu sou um engodo?'. Pensamentos como esse são comuns entre publicitários, quando você já fez algumas coisas em quantidade suficiente para alguns te considerarem um bom profissional, mas não tantas a ponto de você ter essa certeza. Tive realmente sorte, pois, se essa ideia vinha na minha cabeça, ela rapidamente era suplantada por mais um prêmio ou boa campanha.”

Os prêmios, campanhas e títulos de Olivetto por si sós fariam um livro. Da Associação Latino-Americana de Publicidade, recebeu em 1999 o prêmio O Publicitário do Século; pela Rede Globo, em 1998, foi apontado o Profissional de Criação mais Premiado nos vinte anos do Profissionais do Ano; em 2001, recebeu o Grand Prix do Clio, um dos prêmios máximos da publicidade mundial, e desde 2006 foi eleito três vezes consecutivas O Publicitário Mais Confiável em pesquisa promovida pela revista *Seleções Reader's Digest*. Isso só para citar alguns. Falando especificamente dos Leões em Cannes, Olivetto já recebeu mais de cinquenta deles, dos quais houve até um de ouro assinado com pseudônimo. "George Remington" ganharia o prêmio por um comercial realizado para o Banco Bamerindus. Era de uma peça de utilidade pública, falando de segurança no trânsito, e, embora estivesse na DPZ, Olivetto redigiu-a no papel de *freelancer* (prática comum naqueles tempos) para a Umuarama, uma agência do Paraná – daí a inscrição ter sido feita sob pseudônimo. O trabalhinho extra lhe rendeu mais uma estatueta e, claro, uma boa história para sua coleção.

ALÔ, ALÔ, OLIVETTO

“*Só saí da DPZ porque seria descabido eu tentar implantar lá dentro o modelo que eu queria empreender. Primeiro porque a empresa não era minha e, segundo, porque ela já estava pronta daquele jeito, já funcionava do jeito que era. Mas eu tive que sair em segundos, da maneira como se tira um Band-Aid: se eu não tirasse rapidamente, iria doer ainda mais.*”

Para fazer uma reviravolta na filial brasileira da agência suíça GGK, Olivetto receberia um salário equivalente ao que ganhava na DPZ, além de metade das ações da tal filial, avaliada na época em 5 milhões de dólares. Meses depois, quando a agência estivesse operando a seu modo, o publicitário poderia, na Europa, tomar a frente de qualquer agência da GGK que quisesse dirigir. Era 1986 e Olivetto não resistiu à saborosa proposta dos suíços que tanto acreditavam em sua criatividade. E, com o coração apertado, o leal publicitário deixou para trás a agência com a qual havia compartilhado realizações por longos 13 anos.

Nascia assim a W/GGK, em anúncio feito em coletiva de imprensa, às 14h de uma terça-feira, 8 de julho de 1986. Em pouco tempo, a agência, que reunia em sua carteira 11 clientes razoavelmente discretos em relação a investidas publicitárias, ganhou contas de peso, incluindo Grendene e Bombril, até então atendidas por Olivetto na DPZ. Conforme cresciam o leque de clientes e o volume de negócios, o condutor da nova agência ia afiando sua equipe, reunindo criadores de peso, como Nizan Guanaes e Gabriel Zellmeister.

A qualidade do trabalho e o sucesso mais uma vez chegaram a todo vapor. Em seis meses de existência, a W/GGK tinha 16 novos clientes, foi apontada Agência do Ano pelo júri do Prêmio Colunistas, e Olivetto foi o Publicitário do Ano pelo Prêmio Caboré. Junto com as condecorações, vinham resultados numéricos que deixavam os clientes rindo à toa: a Grendene vendera dois milhões de pares da sandália Melissa Cristal em dois meses de campanha, enquanto a gravadora CBS, em resposta a uma campanha feita em um único dia pelo lançamento de um CD do Roberto Carlos, conquistou o recorde de um milhão de exemplares vendidos no dia de lançamento. O que ele tocava virava ouro. Tamanho sucesso ele atribui, em parte, à sua aguçada intuição:

“*Sou muito intuitivo e isso quebra um galhão na minha profissão. Posso dizer que sozinho sou uma comitiva de mulheres.*”

Pela W/GGK, o intuitivo publicitário ainda criou a célebre campanha com o *slogan* “O primeiro Valisère a gente nunca esquece” – comercial condecorado pela Nippon Television, do Japão, como “O melhor filme do mundo” – e abocanhou contas do porte de Unibanco, Sadia, Souza Cruz, SBT e jornal *Folha de S. Paulo*. "A criatividade do Washington Olivetto é tamanha que, não contente em criar o *slogan* 'O primeiro Valisère a gente nunca esquece', ele ainda foi capaz de, anos depois, escrever um livro revelando a penetração que essa frase passaria a ter na linguagem do povo!", opina André Midani, renomado profissional da indústria fonográfica brasileira e amigo de Olivetto.

Voltando à W/GGK, em três anos de existência ela já ocupava o sétimo lugar entre as agências do Brasil, contra um modesto 46º na ocasião em que Olivetto a assumiu – e chegara o momento de ele propor à sede na Suíça a compra das ações a ela pertencentes. Na contramão da internacionalização, a W/ perderia o sobrenome suíço GGK para ganhar o nome "Brasil". Lá estava o criativo publicitário, mais uma vez dando um passo à frente, sem medo de ousar. Na nova agência, 60% das ações pertenceriam a Olivetto, 20% seriam do diretor de arte Gabriel Zellmeister e os outros 20% ficariam para Javier Llussá Ciuret, a quem caberiam os cuidados administrativos e financeiros.

"Durante o período da ditadura militar, os símbolos de brasilidade foram contaminados por um ufanismo e as pessoas passaram a ter vergonha do verde e amarelo, da bandeira, do nome Brasil nas empresas etc. Quando montei a W/Brasil, e disso eu me orgulho, as pessoas começaram a revisitar a valorização dos nossos símbolos, percebendo que eles pertenciam a elas e não ao governo.
Adoro o Brasil. Tanto é que inúmeras vezes fui convidado para trabalhar fora, mas nunca aceitei. Por mais que eu adore viajar, adoro também voltar. Hoje, penso em esperar meus filhos crescerem e viver um período com eles no exterior, ensinar geografia para eles viajando. Mas quero esperar até que tenham cerca de dez anos e já estejam, como brinco, 'irreversivelmente corintianos'. É uma maneira de sofisticar o raciocínio e dizer que sejam solidamente brasileiros. Acho isso fundamental."

A agência 100% brasileira, quem diria, só trabalha para a iniciativa privada. Não obstante as várias propostas com possibilidades de fartos cachês, Olivetto, sempre leal a seus princípios, se recusa a fazer campanhas políticas e a atender contas do governo. Ele credita a decisão à antipatia que teve pelo governo militar em seus anos de juventude e ainda alega que para fazer um bom trabalho precisa de interlocutores que tomem decisões profissionais independentemente de questões políticas.

Na W/Brasil, Olivetto atravessou mais de duas décadas acumulando glórias e polêmicas, muitas vezes mediadas e acaloradas pela mídia. Foram dispensas públicas de clientes como Staroup e Valisère (cuja verba publicitária em determinados momentos não justificava as horas dispensadas pelos tão bem pagos profissionais da agência), guerras de comerciais entre concorrentes (como o sabão em pó Quanto, da Bombril, contra o Omo, na época nas mãos da agência Lintas) e até protestos públicos de Olivetto contra o Festival de Cannes, numa época em que este permitia a inscrição e premiação de filmes não veiculados na mídia.

A agência, que recebeu em sua trajetória tantas propostas de compra e associações, também experimentou, na década de 1990, tornar-se ela própria uma multinacional. No exterior, foram abertas a W/USA, a W/Espanha e a W/Portugal, que, apesar de terem tido resultados positivos, não foram continuadas, já que não se mostraram tão eficientes como a operação do país de origem. Os esforços dedicados ao exterior, de qualquer modo, nunca abalaram o desempenho criativo, comercial e administrativo da agência no Brasil.

Se existe um episódio que abalou a W/Brasil, este sim, foi a tragédia que acometeu Washington Olivetto no final de 2001. Um grupo de homens armados e vestindo coletes da Polícia Federal arrancou-o de seu automóvel num final de tarde de uma terça-feira. Foi no dia 11 de dezembro e, por mais de cinquenta dias, Olivetto, seus familiares, amigos, agência e clientes testemunhariam o período mais cruel e dramático de sua história. No cubículo, a música permanecia ligada ininterruptamente; não havia resquício de luz natural e a palavra falada não existia – os sequestradores, todos chilenos, comunicavam-se com Olivetto por bilhetes, evitando que o sotaque denunciasse suas identidades.

“Pensando naquele espaço físico e no jeito como fiquei, eu diria que jamais suportaria ficar ali. O que me salvou foi minha formação, as muitas coisas que eu tinha na cabeça e que ocupavam meu tempo. Fiquei lá por 53 dias. Mas eu tinha minha formação e tinha para quem, para onde e por que voltar. Terminado o episódio, senti que tinha trinta segundos para tomar uma decisão. Eu precisava decidir se ia mudar ou não, pois, se eu deixasse, naquele momento eu passaria a ter uma ressaca que interferiria na minha vida o tempo inteiro. E fiz uma opção, no fundo fria, pouco emocional e necessária. Decidi que não ia mudar, que continuaria trabalhando, fazendo minhas coisas. E voltei ao trabalho que me realimenta, que me permite conhecer pessoas, ter informações que eu não teria e me cercar de coisas que me fascinam.”

Em fevereiro de 2002, o publicitário voltou para casa, retomou a rotina e passou mais cinco anos à frente da W/Brasil. E foi em 2007, aos 21 anos da W/Brasil e aos 56 de Olivetto, que este deixou a presidência da agência para ocupar o cargo de *chairs man*, ou “homem das cadeiras”. Ele se liberou do dia a dia da criação para interagir com todas as áreas da agência, podendo participar mais de reuniões, convenções, aproximar-se mais do processo criativo e do relacionamento com os clientes.

Trabalhando quase 12 horas por dia, Olivetto quer ver a W/ andando com as próprias pernas, capaz de seguir sem sua presença, já que, por volta de 2016, pretende efetivamente deixar o dia a dia da agência para viver no exterior sua temporada familiar. Seu desejo é ver a W/ prosseguir com a mesma história, postura de vanguarda, tentativa de invenção e de renovação que ele sempre procurou colocar em prática. É o sonho de dar continuidade a uma realização que se estabeleceu de maneira muito natural e espontânea. É o sonho de perpetuar a agência e sua história, mantendo a lealdade aos valores que a construíram.

UM LÚCIDO AVENTUREIRO

"Sou da opinião de que todos nós acordamos diariamente para escrever nossa biografia, seja ela publicada ou não, sem nenhuma pretensão no sentido autobiográfico. E parto do princípio de que, quanto menos bobagem fizermos, melhor será essa biografia. Procurei pautar minha vida assim."

Olivetto, como ele próprio descreve, é o tipo de pessoa que tem um bom humor insuportável. Um homem capaz de despertar satisfeito no meio da madrugada para assistir a jogos das Olimpíadas e ainda acordar a esposa para lhe mostrar como determinado atleta é bom no arremesso de dardo. Com incrível capacidade de rir de si próprio, é raro ele ficar de mau humor. Embora goste de pessoas com bom humor e intuitivamente acabe procurando-as para trabalhar com ele, confessa gostar também de pessoas que define como tendo senso de mau humor. "Tive um amigo, o brilhante jornalista Murilo Felisberto, que tinha um senso de mau humor maravilhoso. Ele fazia cada piada sarcástica... Era fantástico".

Desde a criação da W/Brasil, as atitudes e o discurso de Olivetto nunca esconderam seu maior desejo: "Vamos fazer a agência com o mais alto índice de felicidade *per capita* para quem trabalhar nela e para quem trabalhar com ela". O publicitário Alexandre Machado confirma: "Trabalhei durante muitos anos a poucos metros da mesa do Washington e acho que não houve um só dia em que ele não me surpreendesse de alguma maneira. A criatividade dele, sinceramente, é o de menos. O ímpeto em viabilizar as ideias criativas, a habilidade de não se aborrecer com problemas, a inteligência de usar a força da positividade associada ao senso de humor – isto sim é raro e impressionante. Se você chega de uma reunião com notícias ruins, o Washington as absorve em poucos segundos e logo já está fazendo piadas a respeito. Reuniões desastrosas, com clientes desastrosos, passam sem grandes traumas, como um almoço indigesto. Além disso, o Washington faz questão de se divertir trabalhando – exigência que contamina o ambiente da agência e faz da W/Brasil uma *sitcom* em tempo real. Algo como uma mistura entre *The Office* e *24 Horas*".

E se o clima interno é por ele valorizado, Olivetto faz questão de se desculpar informalmente quando reconhece estar exigindo da equipe uma velocidade de produção acelerada demais. Distribuir picolés entre os funcionários ao som de Zeca Pagodinho, por exemplo, é uma ação que equivale a lhes dizer: "estamos chatos e queremos melhorar". É um carinho, uma ordem de descontração dada por quem acredita que a administração do astral é tão fundamental quanto a administração do caixa, por um profissional que sabe que a publicidade criada em um ambiente murcho simplesmente não consegue o viço que ela precisa ter. "No fundo, nós, publicitários, somos muito intrometidos. Mas, já que vamos entrar na casa e na vida das pessoas, é bom sermos no mínimo conquistadores, pessoas legais e com alto-astral", justifica Olivetto.

O publicitário, que desde garoto se virou e aprendeu muitas coisas na prática, refere-se a ele próprio como um avião sempre concertado em pleno voo. Exemplificando, conta ter aprendido a falar inglês, italiano e espanhol viajando e fazendo palestras, de modo que hoje é capaz de falar todas essas línguas "perfeitamente mal". Seu senso de humor corre solto quando fala de si. E ele que se orgulha de colecionar ensinamentos e amigos de diversas religiões, sorri ao se definir como um típico católico apostólico corintiano, com quadro de fé voltado para a fé nas pessoas. Falando do ser humano, de modo geral, faz questão de enfatizar sua crença de que, por mais óbvio que um indivíduo possa ser, resta-lhe sempre a capacidade de surpreender.

Apaixonado pela publicidade, diz que a propaganda é a coisa mais divertida que alguém pode fazer vestido e, embora já tenha escutado essa frase em várias outras ocasiões, ele confessa ter a sensação de que seja de sua autoria. Outra paixão do publicitário são as manifestações culturais. Tendo convivido com elas desde menino, ele acredita que, se não fosse um publicitário, teria se tornado um jornalista ou profissional ligado à música. E suas maiores ambições profissionais, revela, vão além das funções básicas de vender produtos e construir imagens de empresas. Seu fascínio é ver suas peças entrando na cultura popular do país, o que na opinião dele as torna mais efetivas e mais persuasivas como comunicação. Ícones como o Garoto Bombril, o primeiro sutiã ou o cachorrinho Dachshund, que passou a ser denominado "Cofapinho" depois de estrelar em campanhas dos amortecedores Cofap, são para ele importantes realizações. Além, é claro, do lugar marcado pela própria W/Brasil na música brasileira, na voz de Jorge Ben Jor cantando *Alô, alô, W/Brasil*.

Devorador de livros e notícias desde a infância, não foi à toa que Olivetto conquistou tamanha habilidade criativa e destreza com as palavras. Na adolescência, ele saía de casa na alta noite para comprar o jornal do dia seguinte e fazer sua leitura antes de dormir. Com intimidade com a linguagem e o talento persuasivo se revelando desde cedo, foram raras as vezes em que ele ouviu um não em sua vida pessoal. Sua capacidade dialética, ele assume, permite-lhe se passar por entendedor profundo de diversos assuntos, por pelo menos 15 minutos. "Posso fingir horrores e me policio para não fazer isso", diz, sorrindo.

Além do universo cultural, social e profissional que envolvem Olivetto, este que se diz um enxerido ainda encontra tempo para nadar, andar de bicicleta, jogar basquete e fazer diversas outras coisas que gosta, sem nenhum tipo de compromisso, disciplina ou organização. Como aliado, conta com um traço hereditário, que consiste em dormir pouco e ainda assim se sentir bem. Cinco ou seis horas por noite lhe são suficientes, permitindo-lhe que ganhe um tempo considerável para tantos extras.

“Sou um cara que faz muita coisa ao mesmo tempo. Sob o ponto de vista profissional, tenho que ser criativo e atrevido e de fato o sou, mas sou também muito organizado. Sou o tipo de pessoa que guarda a chave sempre no mesmo lugar. E não faço isso por neurose, mas porque, se eu não fizer dessa forma, sei que não vou encontrar a tal chave quando precisar dela. Com as pessoas, nos relacionamentos, também sou muito correto. É a tal da lealdade que sempre me acompanha. Certa vez li uma frase, que me chamou muito a atenção. É de um escritor latino-americano de bom porte, talvez seja do Gabriel García Marquez, não sei ao certo. Mas sei que me define. Dizia ele: ‘A aventura pode ser louca, desde que o aventureiro seja lúcido’. E é justamente assim que eu me sinto: um aventureiro lúcido, que leva adiante suas loucas aventuras.”

LAÉRCIO COSENTINO

Paulistano, nascido em 11 agosto de 1960, é fundador e presidente da Totvs, empresa de *software* de gestão empresarial integrada e prestação de serviços relacionados ao setor. Criada em 1983 sob o nome de Microsiga, incorporou inúmeras empresas, atua em 11 segmentos, está presente em 23 países e é líder absoluta no Brasil com 38% do mercado.

PERITO EM PLANEJAR

Setembro de 1983. Haviam se passado exatos cinco anos desde que o paulistano Laércio Cosentino ingressara na Siga, um *datacenter* (na época denominado *bureau* de serviços) pertencente a Ernesto Haberkorn. Cosentino, inicialmente estagiário, já tinha subido de cargo diversas vezes e, àquela altura, ocupava a cadeira de diretor-geral da empresa.

O convite de Cosentino pareceu despretensioso. Ele queria almoçar com o chefe Ernesto Haberkorn e pediu que o acompanhasse a um restaurante no bairro da Mooca, em São Paulo. A Siga atuava em sistemas de computadores de grande porte e tinha grandes clientes. Paralelamente, a microinformática estava ganhando força e Cosentino enxergava um importante potencial no desenvolvimento de *softwares* voltados para a microinformática. Ao que Cosentino propôs: "Você tem conhecimentos incríveis em informática de grande porte. Essa nova tecnologia que está chegando é uma aposta futura e eu gostaria de lhe propor uma sociedade: a criação de uma nova empresa, voltada para o desenvolvimento de *softwares* a serem utilizados em microinformática".

Haberkorn pareceu gostar da ideia. Ao longo do almoço, aprofundaram-se no assunto, discutiram sobre o mercado, sobre a dificuldade que teriam para encontrar mão de obra, e coisas do gênero. O único senão para fecharem o negócio estava sendo o percentual da sociedade. Se Cosentino queria metade da empresa, Haberkorn queria 90%. Chegou a propor 80% contra 20% de Consentino, 70% contra 30% e até 51% contra 49% para o ex-estagiário, alegando que ele tinha o nome, o reconhecimento no mercado. Cosentino, em contrapartida, dizia que iria abdicar do que havia conquistado na Siga, já que treinaria um sucessor e passaria a se dedicar à nova empresa. Ao término do almoço, à hora do cafezinho, finalmente fecharam a sociedade em metade das ações para cada parte. Haberkorn então levantou alguns temas para discutir com Cosentino, como nome da empresa e possíveis clientes. O jovem abriu uma pasta preta com o contrato prontinho, contendo nome da empresa, logotipo, contrato social e a oficialização dos 50% para cada sócio. E revelou que já havia inclusive fechado negócio com o primeiro cliente da futura empresa.

Haberkorn leu o contrato, assinou-o na mesa do restaurante e, naquela tarde, os dois se tornaram sócios. Ao final do almoço, ainda fizeram um acordo de cavalheiros: "Se tudo der certo e essa empresa que fundamos hoje ficar maior que a Siga, juntamos tudo e montamos uma única empresa", sugeriu Cosentino, e o ex-chefe concordou. Cosentino, por sua vez, acertou que caso isso ocorresse ele também passaria para a empresa as consultorias e outros trabalhos que vinha tocando como pessoa física.

"Todo empreendedor assume riscos. Estes, por sua vez, costumo qualificá-los em riscos intransponíveis ou riscos possíveis de serem vencidos. Quando existiu a opção de montarmos a Microsiga, havia riscos, mas eles estavam perfeitamente avaliados. Já tínhamos o primeiro cliente, eu tinha consultorias independentes como pessoa física e, para tocar minha vida, eu não dependia do emprego na Siga. A criação da Microsiga consistia na construção de uma coisa nova, na geração de um patrimônio. E isso diminuía meu risco inicial."

Bastaram quatro ou cinco anos para que a empresa novata já tivesse proporções maiores do que a "empresa-mãe". Cumprindo o acordo, Microsiga e Siga tornaram-se uma só empresa.

"Eu havia passado de três a seis meses silenciosamente preparando o negócio, buscando clientes, formatando tudo. E pensava: 'Quando a história não está escrita, é possível mudá-la ou escrevê-la'. E eu sabia que podia interferir naquela história.

Eu tinha um objetivo claro, determinação e garra e, portanto, tinha tudo para fazer acontecer. Eu via uma incrível oportunidade e, quando você vê uma oportunidade dessas, precisava forçar a situação para sua história se desenrolar. E foi o que aconteceu. Eu me sentei com o Ernesto e lhe propus uma sociedade. Eu precisava ouvir seu sim e no momento seguinte estar com tudo pronto, caso contrário, poderia haver a possibilidade de o negócio patinar. E foi o que fiz. Mesmo antes de ter o aval dele, comecei a escrever a história. Independentemente do que ele dissesse, estaria com tudo pronto. Ainda bem que ele disse sim.

Sempre que quis fazer algo, eu me preparei com antecedência. Acho que para fazer algo benfeito, a preparação é fundamental. Na pior das hipóteses ela te dá uma dianteira naquilo que você está propondo. Quem se prepara não age no impulso, não trabalha simplesmente na reação, mas sim na geração de uma demanda. Mesmo que precise ter algumas reações na hora, mesmo que imprevistos aconteçam, é importante estar preparado para o que se vai fazer, seja um discurso, uma reunião ou qualquer outra coisa. É como desenvolver o simples hábito de pensar antes de falar. ”

Era final da década de 1960 e no litoral sul paulista, região ainda muito rudimentar, não havia sequer luz elétrica. Graças à estrada de ferro que ligava a região ao interior do estado, muitos sorocabanos frequentavam aquelas praias. E a Mongaguá Magazine, situada na cidade litorânea de mesmo nome, provia turistas e locais com de tudo um pouco. Seria a primeira grande escola de Laércio Cosentino. Pertencente a seu avô até 1969, a loja passou para as mãos de José Maria Cosentino, pai de Laércio, quando o avô faleceu em decorrência de um acidente de carro. Desde então, o garoto começou a passar todas as férias escolares no estabelecimento, ajudando a preservar o local e manter viva a memória do avô, um senhor muito respeitado e bem relacionado na cidade.

Laércio vivia com a família em São Paulo e em quatro meses do ano (correspondentes às férias de meio de ano e de verão) iam todos para lá, com o intuito de trabalhar em Mongaguá. Para um garoto de nove anos, o trabalho confundia-se com brincadeiras: colocar preço nos produtos, fazer compras, vender, embalar... Conforme crescia, Laércio adquiria responsabilidades maiores, como fechar o caixa e levar ao banco o dinheiro recebido.

Foram quase cinco anos dessa forma, até que, em 1974, o pai de Laércio optou por fechar a loja. Até lá, no entanto, as oportunidades e o desenvolvimento do garoto foram bastante expressivos. Por ocasião do falecimento do avô, por exemplo, Laércio lembra-se de ter saído às ruas de bicicleta com uma cadernetinha em punho, com os débitos dos clientes – o Zé da Praia, o açougueiro e assim por diante. Com sua pouca idade, lá foi ele em busca dos devedores a fim de cobrar-lhes as dívidas. Batia de porta em porta, dizia que o avô havia falado muito da pessoa e que, antes de falecer, havia lhe contado sobre determinada dívida. Laércio era incisivo e as pessoas acabavam lhe pagando, mesmo sendo apenas um garoto.

Depois do fechamento da loja, ele continuou exercendo algumas atividades profissionais, fosse em períodos de férias ou durante as aulas. Em geral, eram tarefas não remuneradas, mas que lhe conferiam aprendizados e responsabilidades. Todas elas foram importantes experiências, que somaram muito à maneira de Laércio se posicionar profissionalmente nos anos que viriam.

FACULDADE E SIGA

Engenharia eletrotécnica foi o curso superior escolhido por Cosentino. Aos 17 anos ele ingressou na Escola Politécnica da USP e, meses depois, perguntou ao pai se conhecia alguém para quem pudesse indicá-lo, alguém com quem ele pudesse trabalhar. José Maria Cosentino falou com o amigo Ernesto

Haberkorn, dono da Siga, Sistema Integrado de Gerência Automática, dando início a uma parceria que, em algumas décadas, faria surgir uma das maiores empresas de microinformática do mundo. Ernesto Haberkorn, vale dizer, é o pai do sistema integrado no mundo. Visionário, enxergou no início da década de 1960 que era possível pegar uma máquina (então a válvula), que mal tinha um sistema, e pensar em um sistema integrado. Falava em colocar um departamento financeiro, um departamento contábil, fazer um lançamento automático de um para outro... E escreveu um livro em 1969, *Introdução à análise de sistemas*, no qual descrevia os tais lançamentos automáticos em sistemas de computação. Não bastasse essa visão, Haberkorn tinha também talento empresarial.

Em setembro de 1978, na empresa de Haberkorn, Laércio Cosentino começou sua maratona profissional-universitária. Para quem conhece São Paulo, ele morava no bairro de Santana, assistia aulas na Cidade Universitária, no Butantã, e trabalhava na Mooca, o que o obrigava a cruzar a cidade no mínimo três vezes por dia (sem contar os dias em que ia para a faculdade, saía de lá para trabalhar e, ao final da tarde, voltava para assistir mais aulas!). Apesar do corre-corre, o estagiário era insaciável. Desde os primeiros dias na Siga adotou como estratégia resolver rapidamente tudo o que lhe fosse solicitado, a fim de receber mais tarefas e, consequentemente, mais aprendizados. Listagens de milhares de programas para ele organizar não lhe eram suficientes. Ele se apressava em requerer mais e mais trabalhos até que em cerca de um ano muita coisa estava arrumada na empresa e decidiram dar-lhe mais espaço, ensinando-o a programar.

Cosentino como programador não decepcionou mais uma vez. No ano em que exerceu a função, resolveu uma série de problemas da empresa em relação ao assunto. Passado um período, sentiu que havia muita gente programando na empresa, mas que faltava alguém que pensasse no que exatamente estava sendo feito. Ele então se dirigiu a Haberkorn e lhe disse que a empresa não precisava mais de um programador e sim de um analista de sistemas. E teve início mais um ano de trabalho, em um novo cargo para Cosentino.

Depois de um ano como analista, é claro, viria outra requisição. Dessa vez ele disse a Haberkorn que a Siga precisava de um gerente-geral, cargo até então inexistente por lá. Diante da negativa do chefe, o ex-estagiário partiu para a argumentação. Entre outras coisas, disse que era necessário alguém que colocasse ordem na casa, eliminasse determinados vícios da empresa e fizesse as coisas acontecerem da forma devida. Por fim, ele se ofereceu para o cargo e Haberkorn concordou, com a condição de que o garoto dobrasse o faturamento da empresa em até três meses. Condição cumprida, cargo conquistado e, depois de um ano e meio, transformado para o cargo de diretor-geral da empresa.

Aos 23 anos, ao se ver formado em engenharia eletrotécnica e ocupando a posição máxima da Siga (exceto pela presidência), Cosentino recebeu uma oferta de emprego muito bem remunerado em uma multinacional. Havia chegado a hora de tomar uma decisão. Ele poderia seguir carreira na multinacional, ficar com Ernesto Haberkorn (que tinha uma empresa fantástica, mas com vários desafios a serem vencidos) ou montar um negócio próprio. Acabou optando por um negócio próprio em parceria com o chefe.

“*Sou muito grato ao Ernesto. Ele é uma pessoa sensacional, que me deu a oportunidade de trabalhar na empresa dele praticamente como se fosse um laboratório. Ele sentia que precisava avançar e que precisava de alguém que realmente fosse lá na frente e puxasse aquela engrenagem. Em todas as nossas conversas, eu dizia: ‘Se eu fizer isso, quero tal coisa’, e ele respondia que, se eu fizesse o estabelecido, teria o que estava pedindo. E eu de fato consegui colocar um lado profissional na Siga. Mesmo como estagiário, eu via um monte de aberrações por lá e me propunha a acertá-las. Naquela época eu já detestava serviços malfeitos.*

O grande mérito do Ernesto é que ele conseguia entender onde estavam as deficiências. Ele percebia que eu via o que estava acontecendo, percebia que eu estava a fim de fazer e que eu era capaz de fazer. 'Sendo assim, por que não deixá-lo agir?', ele pensava. Acho isso sensacional, porque podia ter acontecido de ele querer manter a empresa do modo dele. Mas ele topava e assim foi surgindo uma relação de confiança mútua. A verdade é que ele é um profissional totalmente desprovido de vaidade e, em qualquer sociedade, isso ajuda muito. Somos sócios até hoje, nunca brigamos e nos respeitamos muito. É uma história de sucesso. ”

MICROSIGA

Fundada em 1983 para vender uma tecnologia ainda desconhecida, a Microsiga enfrentou o desafio de desbravar um mercado incipiente. Já nos primeiros anos, a empresa se desenvolveu bastante, de modo que no final da década de 1980 já tinha conquistado bons clientes, estabelecido importantes parcerias e incorporado a Siga, a empresa que lhe deu origem.

Para crescer, porém, Cosentino achava importante ampliar a atuação da empresa no país e, embora as franquias em seu setor fossem raras, a Microsiga resolveu ousar e, mais uma vez, tomar a dianteira da concorrência. Depois da formatação do projeto, as três filiais então existentes da empresa (no Rio de Janeiro, em Belo Horizonte e em Recife) transformaram-se em franquias. O endereço seguinte foi Porto Alegre, a primeira franquia que começou do zero, implantada por um cliente que acreditou na exploração da empresa na região Sul do Brasil. A partir dessas vieram várias outras, tanto no Brasil quanto no exterior, repercutindo no aumento da empresa e de seu faturamento.

Em 1998, 15 anos após sua criação, a Microsiga estava bem posicionada no mercado brasileiro, mas esbarrava em uma incômoda notícia que havia tomado conta do mercado: o instituto de pesquisa Gartner, mundialmente reconhecido na área de tecnologia da informação, apontou que o mundo seria constituído exclusivamente pelas empresas BOPS – Baan, Oracle, People e Sap Desde que esse parecer veio à tona, a Microsiga, no papel de empresa de *software house* genuinamente brasileira, foi bastante prejudicada, já que se tornou generalizada a descrença em relação ao futuro dela e das concorrentes de mesmo porte. Frente a esse cenário, Cosentino decidiu unir-se a uma empresa norte-americana de investimentos. Ele não precisava do dinheiro em si, mas de um sobrenome, de um aval que lhe servisse de argumento perante eventuais questionamentos sobre o futuro da Microsiga. Depois de tentar em vão negociar com 12 fundos, ele conheceu o Advent International, fundo para o qual conseguiu finalmente vender 25% do seu negócio. Ao assinar esse contrato, Cosentino conseguiu o sobrenome desejado e, paralelamente, foi dada a largada rumo à profissionalização da empresa.

A Microsiga passou a fazer auditoria e a se submeter a outros procedimentos que, pouco a pouco, a tornariam apta a fazer uma abertura de capital. A abertura mostrava-se em um momento muito favorável: a internet vivia seu auge e a Microsiga seguia um período de bom crescimento, especialmente depois de ter conseguido o respaldo do fundo Advent. Cosentino vinha caminhando nesse sentido, até que em uma manhã de 2001, enquanto falava ao telefone com um banco de Nova York a fim de marcar a data para um *road show*, os americanos, do outro lado da linha, pediram que adiassem a conversa para mais tarde, já que alguma coisa estranha parecia estar ocorrendo na cidade. O tal banco era sediado em Nova York. Era o dia 11 de setembro de 2001 e as Torres Gêmeas naquele momento desmoronavam. Poucos minutos depois de a conversa ser interrompida, Cosentino ligou a tevê e tomou conhecimento do atentado. Adormeceriam os projetos de abertura de capital. Era a hora de deixar de lado aqueles planos e colocar em prática um plano B.

"Na Microsiga sempre trabalhamos com dois planos – enquanto um ainda não deu certo, o outro caminha. Se em 11 de setembro de 2001 o sonho do IPO caiu, no dia 12 já estávamos implementando outra estratégia. Diante do atentado, no entanto, qualquer plano B encontraria dificuldades. Quem compraria tecnologia naquele momento? Reunimos nossa equipe e logo anunciamos as dificuldades que estariam por vir. Repensamos estratégias, fizemos algumas mudanças e, apesar dos contratempos, conseguimos crescer em 2002. No final daquele ano, quando a poeira já havia baixado, voltamos a pensar na abertura de capital. Fizemos um road show *em São Paulo e no Rio de Janeiro, ao que uma pessoa do Banco Safra me alertou: 'Adoramos sua empresa, mas falta massa muscular. Você tem que incorporar, precisa juntar. Até a queda das torres, as pessoas investiam em uma boa ideia. Hoje é preciso mais que isso. É preciso ter margem, resultado, crescimento. Ninguém vai investir em uma empresa de 50 milhões de dólares. Você está diante de investidores que lidam com bilhões de dólares. Quanto você acha que eles vão colocar na sua empresa? Vão colocar 40 milhões? Vão comprar 80% da tua posição? Para chegar em quem realmente investe, você precisa crescer'."*

O sinal estava dado. Cosentino começou a analisar o mercado de aquisições e fez a primeira delas no México, em 2003. Segundo admite, optou por começar com uma aquisição internacional, pois, caso houvesse erros, estes aconteceriam em outros ares, sem afetar o mercado principal da Microsiga. Pouco depois, foi a vez de estudarem a compra da Logocenter, uma concorrente catarinense que se posicionava então como terceira maior empresa brasileira do setor.

Em meio às negociações com a Logocenter, expirava o acordo com o Advent International. O resultado do aporte havia sido positivo, e eles expressaram a intenção de revender sua parte e sair do Brasil. Chegara o momento de Cosentino e

Haberkorn optarem por uma venda estratégica (que ninguém queria), pela abertura de capital (mas o mercado não estava propício naquele momento) ou por uma recompra dos sócios-fundadores. E foi o que aconteceu. Os norte-americanos propuseram um valor e Cosentino e Haberkorn fecharam negócio, pedindo um tempo para pagar.

Enquanto ocorriam as conversas com a Advent International e com a Logocenter, o governo Lula estabelecia que a indústria de *software* seria um dos pilares do desenvolvimento econômico do país, de modo que o BNDES (Banco Nacional de Desenvolvimento Econômico e Social) estava bastante disposto a investir no setor. Um ano de conversas e negociações culminou em três grandes negócios simultâneos, fechados em uma mesma sexta-feira de 2005: Cosentino e Haberkorn compraram a posição da Advent, a Microsiga comprou a Logocenter e o BNDES entrou como sócio do investimento. Cada uma das partes conhecia o restante das negociações e, para que o negócio se tornasse viável, as três tinham de acontecer simultaneamente. A assinatura desses contratos representou, aos olhos de Cosentino e Haberkorn, um importante marco na empresa. Ela enfim tinha adquirido massa muscular e entrava em um novo momento. Havia chegado a hora de rebatizá-la com um nome que expressasse a essência da nova fase. Foi então que a Microsiga passou a se chamar Totvs (pronuncia-se *totus*), termo latino que significa todos, tudo ou totalidade.

Enfim musculosa, a Totvs tinha tudo para voltar ao IPO: o mercado se abria novamente, e o Brasil estava recomeçando em um circuito virtuoso de abertura de capital. Em setembro de 2005, então, a empresa fez um novo *road show*, dessa vez em São Paulo, no Rio de Janeiro, em Paris, Amsterdã, Washington e Londres. Foram ao todo duas semanas, na qual conversaram com 120 investidores, muitos dos quais se mostraram dispostos a investir na Microsiga. Ainda não era o IPO em si e a Totvs, de qualquer forma, continuava investindo nesse passo. Estavam preparados para isso desde 2001, com *book*, prospecto, tudo pronto. Um material que ia apenas sendo atualizado e uma operação que, ao todo, já tinha representado para a empresa um investimento de 1,8 milhão de dólares. Até que em 9 de março de 2006, finalmente, a abertura de capital aconteceu.

"Foram cinco anos desde o primeiro momento em que decidimos fazer o IPO. Tínhamos os fundamentos corretos, estávamos bem preparados e, por mais que perdêssemos uma onda, sabíamos que surfaríamos em outra. Tendo um bom negócio, um bom produto, uma boa estratégia em mãos e confiando no seu taco, as coisas acontecem."

VAMOS FECHAR NEGÓCIO?

Para um Cosentino que não descansa, imediatamente após a conclusão do processo de abertura de capital, seguiu-se um telefonema a Rodrigo Mascarenhas, então dono da RM Sistemas, uma *software house* que Cosentino vinha namorando havia quase dez anos. Embora o negócio estivesse custando para ser fechado, de conversa em conversa Cosentino passava para a empresa conceitos da Totvs, de modo que, nas palavras dele, a RM estivesse aos poucos ficando com um DNA muito parecido com o da sua empresa.

"Vamos fechar negócio?", questionou Cosentino, ao que Mascarenhas, do outro lado da linha, pediu cerca de 200 milhões de dólares. Mesmo com o ok do comprador potencial, o líder da RM pediu dois dias para pensar. "Então me responda mesmo em dois dias, já que, se eu acabar comprando outra empresa, não terei dinheiro para comprar a sua", respondeu Cosentino. Trinta dias depois, a RM Sistemas fazia parte da Totvs.

"No processo de IPO, prometi uma estratégia para o mercado que incluía a aquisição de outras empresas. Fomos lá, fizemos,

prometemos e rapidamente cumprimos, entregamos o acordado. A ideia de fazer da Microsiga uma grande empresa sempre havia existido. Não vou dizer que estava tudo 100% planejado, mas, em linhas gerais, era esse o nosso objetivo: crescer e nos consolidar cada vez mais no mercado."

Em 2008, foi a vez de a Totvs adquirir a Datasul, até então líder brasileira em *software* de gestão. Com o ousado passo, as empresas reunidas assumiram a segunda posição em participação de mercado na América Latina, passaram a ser a nona maior empresa de *software* de gestão no mundo e superaram os 21 mil clientes. O objetivo de Cosentino é dar ainda mais massa a essa potência e, para isso, não descarta a possibilidade de realizar futuras aquisições também em outros países.

"*Não é fácil fundir empresas e mesclar culturas diferentes. A Totvs possui cerca de nove mil funcionários diretos, vindos de várias empresas diferentes. Em um cenário tão diversificado, pensamos na importância de transmitir e divulgar nossos valores, nossa missão, o DNA da empresa e nossos mandamentos. Em um material impresso denominado* Totvs gente, *divulgamos o que pensamos e o que esperamos de quem está conosco, com o intuito de não perder justamente o que fez o sucesso da empresa. E deixamos claro que tudo pode mudar, exceto nossos valores, entre os quais estão o fato de sermos um grupo baseado em pessoas, de nos basearmos em governança corporativa (pagando sempre os devidos impostos e pensando em negócios de longo prazo), de buscarmos constantemente a inovação, de termos bom atendimento e relacionamento e de termos paixão pelo empreendedorismo.*"

Além de enfatizar os valores da empresa, Cosentino também faz questão de que seus milhares de funcionários conheçam e pratiquem os dez mandamentos da Totvs. Entre outras coisas, estes ressaltam que a percepção sobre uma atitude é tão importante quanto a própria atitude; que, quando a tecnologia é comum, quem faz diferença é o ser humano; que toda estratégia deve ter no mínimo dois planos; e apontam a valorização de conceitos como transparência e importância dos resultados. Falando ainda dos funcionários, Cosentino revela contar também com o bom senso de cada um, se possível com o estar de bem com a vida e, finalmente, com o brilho no olhar, que julga essencial para se fazer as coisas benfeitas.

FAZER BEM É MUITO BOM

"Detesto coisas malfeitas. Trago esse sentimento desde o tempo em que fui funcionário do Ernesto na Siga. Eu via muitas coisas erradas, tanta coisa que tinha de ser melhorada... Eu não conseguia ver uma coisa pela metade ou deixar uma tarefa malfeita. Naqueles anos, descobri que é preferível não fazer a fazer malfeito. Descobri que, quando falta o pontinho final, a trama toda descostura, se abre e se perde. Tudo por falta de um pontinho final."

O jovem que era impulsionado pela desordem para buscar o impecável foi sempre atento às pessoas e ao ambiente, a fim de absorver o que pudessem lhe ensinar. Desde a infância e a adolescência, Cosentino garante que extraía coisas positivas de várias pessoas e evitava repetir os erros que via outras cometendo. A essas observações atribui sua garra de trabalhar, seu bom senso e empenho em se preparar para tudo o que faz.

Bastante racional, Cosentino garante não deixar de lado a emoção. Segundo defende, "razão sem emoção é frieza e emoção sem razão pode virar burrice – é preciso dar espaço para ambos, lembrando sempre de priorizar a razão".

Se lhe perguntam qual é seu guru, ele aponta a somatória de pequenas coisas vividas, de passagens das quais conseguiu tirar proveito tanto pelo lado positivo quanto pelo negativo.

Admite reconhecer um conjunto de pessoas que contribuiu com sua formação e modo de atuar profissionalmente; diz inclusive identificar quem contribuiu com o que, mas esses são segredos que ele prefere não revelar. E, com brilho no olhar, faz um paralelo de seu sonho de infância com a vida que conseguiu construir:

"Quando era pequeno, eu falava que seria um fazendeiro e que trabalharia até os trinta anos de idade. Hoje, já perto dos cinquenta, tenho o trabalho como um lazer e dedico a ele de oito a 12 horas do meu dia. Ao sair daqui, de qualquer modo, eu me desligo completamente e toco minha vida pessoal. Acho fundamental separar as coisas e consigo viver intensamente esses dois lados sem que um interfira no outro.
Fora do trabalho, sou uma pessoa eclética. Gosto de cozinhar, de andar de bicicleta, de ler livros de História e, dentro disso e de outros passatempos, diversifico meu lazer, o que acho importante para a evolução. Enquanto tanta gente pensa em se aposentar para fazer coisas diferentes e agradáveis, eu consigo ter tudo isso em minha rotina. Sou tão satisfeito com tudo o que faço que posso até me considerar um aposentado em exercício."

ELÓI D'ÁVILA DE OLIVEIRA

Nasceu em 12 de fevereiro de 1951, na cidade de Esteio, no Rio Grande do Sul. Estudou até a terceira série primária e passou grande parte da infância nas ruas. Aos 23 anos criou a agência de turismo e emissora de bilhetes aéreos Flytour, que, presidida por ele, consolidou-se como a maior emissora de bilhetes aéreos da América Latina. No Brasil, é a empresa com maior rede de agências de viagens.

FIRME E PERSEVERANTE

— Toma esse dinheiro, garoto! E vê se não demora com meu cigarro, minha pinga e minhas laranjas.

Ainda menino, Elói morava com Tina, irmã mais velha casada com um sujeito um tanto rude e agressivo. Aos finais de tarde, ao voltar do trabalho, ele não falhava: entregava o dinheiro a Elói e ordenava que comprasse logo os itens que sustentavam seus vícios. Ele fumava, bebia aquela pinga toda e umas tantas vezes terminava a noite agredindo a esposa. Além de carregar essas dores, Tina ainda convivia com a tristeza de tempos antes ter sido obrigada a doar um filho, por imposição de tal marido.

Diariamente, depois da escola, Elói passava em casa e buscava os pastéis recém-preparados pela irmã. Ela dizia onde ele deveria vendê-los, chamando a atenção para que o menino não se distanciasse muito, para que não fosse além do local combinado. Experimentando o gostinho da ousadia, porém, o irmão menor costumava burlar os limites propostos, e, em um determinado final de tarde, resolveu ir muito além. Depois de comprar a pinga do cunhado, o garotou desistiu de levá-la para casa – ele arremessou a garrafa longe, pegou o dinheiro que lhe restava e fugiu de casa pela primeira vez. Estava com oito anos de idade, já revelava sua personalidade arrojada, e foi assim parar em Porto Alegre.

Por uma curta temporada, o centro da capital gaúcha tornou-se seu lar. Elói dormia em bancos de praças, vendia jornais e, com o dinheiro, conseguia se alimentar. Mas o medo de ser pego pelo juizado de menores era uma constante. Temia que o descobrissem e o levassem de volta para casa. Quando o juizado de fato o encontrou, o destemido garoto deu um nome falso, acreditando que no papel de "Valter Alves Pinto" jamais seria encontrado pela família. Por cerca de três meses o disfarce mostrou-se eficiente, até o pai do garoto visitar o abrigo à sua procura. No que o homem gritou pelo nome Elói, o menino instintivamente virou-se em sua direção e denunciou sua verdadeira identidade. De volta à casa de Tina, então, foram apenas seis meses até o persistente Elói fugir novamente.

Décimo quarto filho de um casal bastante pobre, Elói D'Ávila de Oliveira nasceu em um sítio localizado nas proximidades da cidade de Esteio, no Rio Grande do Sul. Antes de completar dois anos, ele assistiria ao nascimento do irmão caçula e, logo em seguida, ao falecimento da própria mãe. Elói se lembra do lençol com sangue sendo levado junto com ela.

Seu pai era um andarilho. Aposentado, sofrera um acidente e tinha uma série de problemas. Após a morte da esposa, deixou a casa do sítio onde viviam e distribuiu os filhos para irmãs e outros conhecidos. Decidiu ficar com o pequeno Elói, que até os três anos de idade o acompanhava em suas andanças.

As refeições e noites de sono aconteciam cá ou lá. Algumas vezes ficavam na casa de uma irmã de Elói, outras, na da avó. Houve uma manhã em que o pai foi buscar a aposentadoria e deixou Elói na casa de Tina. O menino estava sujo, com fome e malcuidado. Depois de dar um banho no garoto, cortar seus cabelos e lhe dar comida, Tina disse ao pai que, dali em diante, Elói viveria com ela.

Tina ficou com Elói até os oito anos de idade. Este, porém, não suportava as agressões físicas e emocionais que sentia no convívio com o cunhado e, depois de algumas fugas malsucedidas, conseguiu enfim se distanciar da família. Por mais que fosse uma criança e não tivesse alguém que o guiasse, Elói sabia que aquele não era seu lugar, sabia que naquelas condições jamais se sentiria bem. E foi buscar algo mais. Seu destino foi São Paulo.

Elói chegou à capital paulista pegando carona. De cidade em cidade, dizia aos motoristas que encontraria uma tia que vivia na cidade seguinte. Chegando ao seu destino, viveu uma temporada na Estação Rodoviária do Tietê até, mais uma vez, ser pego pelo juizado de menores. Foi colocado em um ônibus de volta a Porto Alegre – o motorista tinha instruções para não deixar que descesse antes do ponto final. Chegando à capital gaúcha, o perseverante garoto entrou em uma concessionária autorizada Volkswagen, falou que era de São Paulo, que tinha ido para a cidade à procura de uma tia e que não a havia encontrado. Disse estar sem dinheiro e expressou seu desejo de voltar para sua suposta casa. Os funcionários fizeram uma vaquinha e o garoto voltou a se recolher na metrópole.

Em São Paulo, dessa vez, Elói encontrou conhecidos do Sul. Passou um período na casa de um casal amigo da família, cuja filha, mais tarde, veio a se tornar funcionária da Flytour. A essa aventura, seguiu-se uma nova tentativa de adaptação à vida na casa da irmã (que havia se mudado para Porto Alegre), outra fuga e um ano de estudos em uma escola técnica rural do interior gaúcho. Elói estava com cerca de dez anos, cursava a terceira série primária e aquela seria sua última investida na vida escolar. Viveria daí outra passagem pela casa da irmã (que a essa altura já tinha quatro filhos), mas os recorrentes atritos com o cunhado instigariam Elói a partir mais uma vez em direção a São Paulo. A determinação era uma marca do garoto, que mostrava que simplesmente não sossegaria enquanto não conseguisse se estabelecer em um ambiente com alguma paz e dignidade.

A viagem de Porto Alegre para São Paulo contou com escalas um tanto longas. Entre as paradas de Elói, destacou-se uma ocorrida na cidade catarinense de Mafra. Nessa parada, trabalhou em uma padaria e recebeu como saldo alguns trocados, umas tantas refeições e uma briga com o chefe, que o fez perder todos os dentes da frente. Com a fisionomia e o moral abalados, retomaria seu caminho para São Paulo. Houve mais uma parada devido a um trabalho – dessa vez sem reveses, em uma peixaria de Curitiba – e, enfim, ele chegou ao seu destino.

Instalado no centro da cidade, o menino de Esteio passou meses lavando carros, engraxando sapatos na praça da Sé, vendendo jornais e dormindo em albergues situados sob viadutos da avenida 23 de Maio. Em certa ocasião, vagava pelas ruas bastante angustiado, quando um senhor fardado se aproximou dele. Quis saber quem ele era, de onde vinha e o que fazia por ali. Elói contou parte de sua história e o senhor, prestes a se aposentar pela Aeronáutica, convidou-o para morar em sua casa e ajudar em trabalhos domésticos. O militar era casado, tinha três filhas e alguns netos. Em sua casa, Elói passou cerca de dois anos lavando roupa, lavando louça, areando panelas, limpando o chão, levando as crianças para a escola e ajudando a cuidar delas. Em companhia desta família, passou a frequentar a Igreja Adventista, ganhou disciplina e uma prática religiosa que o acompanharia por toda a vida, fosse na própria Igreja Adventista ou, mais tarde, na Católica.

Aos 12 anos, o garoto sonhava em ter um emprego e tirar carteira de trabalho – o que na época era possível para crianças. Como não tinha medo de ir atrás dos seus desejos, Elói batalhou e logo conseguiu uma vaga em uma loja de malas da estação rodoviária. Ele deixou a família do militar e, pouco tempo depois, conheceu dois garotos mais velhos que o convenceram a seguir com eles para o Rio de Janeiro. Conforme prometiam, eles encontrariam mulheres ricas caminhando com seus cachorrinhos em Copacabana – e bastaria que se casassem com uma delas para, enfim, se tornarem ricos.

O perseverante garoto, no entanto, não deixava adormecer o sonho da carteira assinada. Ele não queria viajar antes de tirar os documentos e isso atravancou seus planos por cerca de três meses. Angustiado com a vontade de partir e a necessidade de esperar a morosa comunicação entre os cartórios de São Paulo e de sua cidade natal, Elói pensou em suicídio algumas vezes. Mas ele sustentou as fraquezas, conseguiu os tão esperados papéis, pegou um ônibus com os amigos e partiu. Chegando ao Rio de Janeiro pela manhã, foi à praia tirar uma soneca. Em seu primeiro final de tarde na Cidade Maravilhosa, Elói despertou na areia da praia com o corpo todo queimado. Foi direto para um hospital, onde passou duas semanas internado.

A tão almejada praia de Copacabana, enfim, pôs-se diante de seus olhos tão logo ele teve alta. Em frente ao Copacabana Palace dos anos 1960, Elói começou a guardar carros e a cultivar amizades com funcionários do hotel. Foi lá que ele conheceu Paulo Geraldo Silveira Tavares, um guia turístico da agência Stella Barros, que costumava levar grupos de Los Angeles para o Rio de Janeiro. Ele perguntou a Elói se este se interessaria por um emprego de *office boy*. Diante da afirmativa, o guia apresentou-o para Stella Barros, que rapidamente o contratou.

STELLA BARROS: O TURISMO COMO TRABALHO

Elói trabalhou na Stella Barros dos 12 aos 17 anos. O garoto, que entrou como *office boy*, agarrou a oportunidade com unhas e dentes e, com o passar do tempo, foi promovido para atendente e posteriormente emissor. Assim que Stella Barros descobriu que o menino não tinha onde morar, permitiu que ele se instalasse na própria agência. À noite, Elói dormia em um sofá de dois lugares que havia por lá. Em lembrança desses tempos, todas as agências da Flytour possuem hoje um sofá do mesmo estilo. Na Stella Barros, ele aprendeu a comer, a beber e a se vestir. Dona Stella, como ele chamava a proprietária da agência, conseguiu ainda que ele arrumasse os dentes, atuando como voluntário de estudantes de Odontologia da Universidade Federal do Rio de Janeiro.

A estabilidade na agência durou até Elói completar 17 anos. Sua irmã havia se mudado para São Paulo, então com seis filhos e o cunhado, que permanecia com o comportamento de sempre. Sensibilizado com as dificuldades pelas quais ela passava, o jovem deixou o Rio de Janeiro a fim de morar com Tina e tentar ajudá-la. Foram vários os endereços nos quais a família viveu em sua passagem por São Paulo. Estiveram no Tremembé, na Casa Verde, em Carvalho, na Barra Funda, morando ora em hotéis, ora em cortiços. Na capital paulista, o cunhado de Elói faleceu, embriagado, de derrame. E Elói, que estava desempregado, alistou-se no Exército.

“*Quando menino, eu sonhava em ser militar, mais especificamente, eu queria ser um general. Todos nós temos uma visão de líder na vida e eu, mesmo tendo nascido e crescido em condições tão adversas, queria ser um líder. Como bom gaúcho, visualizei essa liderança na carreira militar. Não sei dizer se o que me despertou esse desejo foi minha vivência nas ruas, mas sei que várias vezes pensei em ser general. Minha experiência nesse setor, no entanto, foi bastante breve e frustrante. Cheguei a entrar no quartel, mas, no segundo dia em que estava lá, descobriram que eu tinha sífilis. Eles me deram uma caixa de Benzetacil e me mandaram embora. Saí de lá arrasado, com meus sonhos destruídos.*”

De volta à casa de Tina, Elói beneficiou-se de sua experiência na Stella Barros e conseguiu um novo emprego. Na Bradesco Turismo, começou a ganhar o suficiente para pagar o aluguel, alimentar seus sobrinhos e sua irmã. Era 1969 e ele estava com 18 anos.

Foi no Bradesco que conheceu sua esposa. Casou-se aos 21 anos de idade e, antes de fazê-lo, chegou a trabalhar simultaneamente em três lugares diferentes. Além das seis horas que cumpria na Bradesco Turismo, o persistente jovem atuava por três horas diárias como promotor de vendas nas Linhas Aéreas Paraguaias (LAP) e por três horas diárias como fiscal de plataforma na estação rodoviária. Depois de casado, passou a trabalhar exclusivamente na LAP.

“Aprendi muito na LAP. A empresa tinha uma incrível dificuldade financeira e precisava vender passagens para um público que não queria ir ao Paraguai. Eu era um bom vendedor, já tinha vendido de tudo na vida (pastéis, jornais, carnê do Silvio Santos, Páginas Amarelas etc.). Os dirigentes da LAP eram generais muito rígidos e entrávamos frequentemente em conflito porque eu costumava vender bem mais assentos do que a quantidade disponível. Essa atitude, inclusive, fez com que eu fosse demitido da empresa quatro vezes! Mas eles sempre me recontratavam... Até que, em 1974, um general da LAP decidiu me dar a representação deles no Brasil. A EDO Representações funcionava dentro de um hotel da avenida São João, em São Paulo. Foi uma vitória e tanto, uma coroação depois de tantas batalhas travadas. Eu tinha 23 anos e nascia, naquele momento, o embrião da Flytour.”

DE VENDEDOR A EMPREENDEDOR

A EDO, por ocasião de sua criação, resumia-se a duas pessoas: Elói e um *office boy*, que por sinal seguiu com ele na Flytour. Depois vieram outras duas funcionárias, que também fizeram carreira na empresa. Além das Linhas Aéreas Paraguaias, a EDO representava inicialmente um hotel paraguaio.

Apesar de o início não ter sido fácil em termos financeiros, o crescimento das operações era uma constante. Com cinco anos de atuação, a EDO tinha escritório próprio, funcionários capacitados e uma série de novas representações, incluindo companhias aéreas do porte de Ibéria, Aerolíneas Argentinas, Varig e PanAm. Àquela altura Elói já tinha seus quatro filhos e, enquanto fazia a empresa crescer, o destemido empreendedor assumia uma série de dívidas que ele mais tarde definiria como um mal absolutamente necessário para o crescimento do negócio. E foi em 1979, quando a Embratur exigiu que as empresas que tivessem mais de duas representações se tornassem uma agência de viagem, que nasceu a Flytour.

O negócio que surgiu nos anos 1970 com apenas dois funcionários chegou em 2008 com 1.350 funcionários e um faturamento de 1,6 bilhão de reais. Atingiu essas cifras fornecendo bilhetes aéreos para quatro mil agências de viagens e, desde 1996, passou a ocupar a posição de maior emissora de bilhetes aéreos da América Latina. Mas nem tudo são flores e, em sua trajetória, a Flytour ainda colecionou um apanhado de crises. Foram crises aéreas, oscilações econômicas e outros problemas de conjuntura internacional, que tantas vezes afetaram seriamente o andamento de seus negócios. A mais importante crise, no entanto, aconteceu em 1990 em decorrência de duas empresas que surgiram vendendo bilhetes no atacado a pequenas agências de turismo. A Flytour quase quebrou.

“O turismo é um lugar em que muitos aventureiros, tendo algum dinheiro em mãos, embarcam. Eles enxergam um fluxo de caixa e acham que podem ganhar dinheiro com facilidade. Concorrentes desse tipo quase me quebraram em 1990.
Eles compraram funcionários da Varig e, com poder de caixa, começaram a vender bilhetes a preços muito mais atraentes do que os praticados no mercado. Operando legalmente, eu não tinha a menor condição de concorrer com eles. Trabalho com 3% de rentabilidade, e eles davam esse valor em desconto para as agências. Meus clientes me ligavam, desculpavam-se, diziam que estávamos juntos fazia vinte anos, mas que fechariam o negócio pelos melhores preços. Percebi que quando o assunto é dinheiro não existe fidelidade.
Em pouco tempo eles quebraram – e quase me levaram junto. Vendi imóveis, precisei pedir dinheiro a amigos e passei a dever 3 milhões de dólares para bancos! Em meio a esse turbilhão, percebi que precisava partir para outros negócios. Foi então que abri o mercado de franquias e o de agência direta. De lá para cá, outros aventureiros já chegaram ao mercado, mas daí em diante eu já estava vacinado.”

Regina Barrionuevo Sakamoto, atual *ombudsman* da Flytour, está há 25 anos na empresa e se lembra perfeitamente dessa passagem. Para ela, o momento refletiu claramente a perseverança desse líder. "Na ocasião da criação da empresa franqueadora da Flytour, nosso mercado estava extremamente instável, a concorrência era desleal, nossa situação era muito delicada e a resposta do sr. Elói ao cenário foi a criação da empresa franqueadora. Digo que a cada crise ele nos surpreende, tamanha sua capacidade de se ajustar, de buscar alternativas e até mesmo de ousar, quando tantas outras empresas se retraem." A própria Regina recorda-se também da postura um tanto determinada e perseverante de Elói diante da queda das Torres Gêmeas, em 11 de setembro de 2001 – ela relata que, em um momento em que o mercado parou e umas tantas empresas demitiram ou fecharam as portas, Elói optou por fazer um acordo com os funcionários e o sindicato da classe, reduzindo as horas de trabalho, ao mesmo tempo que implementava ações de fomentação dos negócios. A estratégia foi bem-sucedida e, em dezembro, a operação da Flytour já havia retomado a carga horária, sem que a equipe nem a estrutura da empresa tivessem sido abaladas.

Voltando a falar da empresa franqueadora da Flytour, criada em 1992, vale citar que com pouco mais de uma década de existência ela já reunia 140 unidades distribuídas pelo Brasil. Em 2005, foi condecorada pela Associação Brasileira de Franchising como Franqueadora do Ano – e dois anos mais tarde repetiu o feito. Mas o crescimento e os méritos não pararam por aí. O desejo de Elói de crescer em várias frentes e se proteger em eventuais crises se refletiu na abertura de uma agência voltada para negócios e também na implementação de um portal para a emissão de bilhetes eletrônicos para agentes de turismo. Revelando sua ambição, determinação e persistência, Elói já foi bastante longe – e quer mais.

“Depois de termos nos consolidado como maiores emissores de bilhetes aéreos da América Latina, lutei para nos tornarmos a maior rede de agências de viagens do Brasil – e chegamos lá. Não tenho hotel, não tenho companhia aérea. Trabalhamos com prestação de serviços – nós somos o produto. Em poucos anos, pretendo dobrar minhas unidades de negócios. E estou investindo nisso. Quero crescer e, neste plano de crescimento, está a abertura do capital da empresa. Sabemos que é um trabalho longo, mas estamos nos preparando. Coloquei isso na cabeça e vou realizar. Para mim, sonhar é realizar.”

UM SOBREVIVENTE

Simpático a analogias, Elói compara sua estrutura de *hardware* a varas de pescar, seus softwares a iscas e seus colaboradores a pescadores. As conquistas, ele as compara com os peixes. Afirma pescar diariamente peixes dos mais variados portes, sendo todos eles muito importantes para a empresa. No teto do restaurante da sede da Flytour, em Alphaville, ele dispôs um enorme tubarão de fibra, que define como o predador, aquele capaz de devorar os peixes antes que sejam pescados pelos colaboradores da empresa. “O tubarão existe para alertar os colaboradores, fazê-los ficarem atentos. A ameaça pode estar tanto dentro quanto fora da empresa: pode ser um concorrente ou um colaborador insatisfeito que destrata um cliente e provoca sua fuga”, explica o empreendedor, que enfatiza permanentemente a importância da harmonia entre os colaboradores, seja em relação a eles próprios ou ao ambiente que os cerca.

Este homem, que se declara “levemente autoritário”, tem plena consciência do importante papel que seus pescadores cumprem no crescimento da empresa, especialmente considerando as poucas oportunidades de estudo que ele, o líder do negócio, teve na vida. Assumidamente, investe no relacionamento com essas figuras que o auxiliam no andamento e crescimento do negócio.

“Tenho uma equipe excelente, devo muito a essas pessoas e me dedico a elas. Quando tenho um prêmio na empresa, elas também têm o delas. Não me acho digno de pegar um prêmio antes delas. Eu me sento numa sala aberta, com outras pessoas ao meu lado, e me dou muito bem com todos. Valorizo meus colaboradores e os coloco em primeiro lugar, pois sei que com colaboradores satisfeitos consigo clientes satisfeitos. Se o colaborador tem dúvidas, aí o negócio está perdido...
Mesmo tendo essa conduta, já perdi funcionários com mais de cinco, dez anos de casa, para trabalhar em concorrentes, ganhando o mesmo salário, mas por fora, sem o pagamento de impostos. É curioso, pois com o tempo, mesmo nessas condições, muitos acabaram voltando. Para mim, trazer as ovelhas de volta é um desafio e um orgulho. Muita gente já saiu da Flytour e retornou. E eu adoro isso.”

Em tão tortuoso e, finalmente, bem-sucedido caminho, Elói considera fundamental ter sido humilde para aceitar ajuda, entrando nas portas que se abriam sem se prender ao orgulho nem à vaidade. Nesse momento, é ele quem abre as portas para terceiros e se contenta em poder retribuir a tantos que o ajudaram.

O guia que o apresentou à Stella Barros, por exemplo, chegou aos oitenta anos cego de uma vista e com risco de ficar cego da outra. Elói, que se manteve em contato regular com ele, envia-lhe mensalmente uma ajuda de custo. Para a irmã Tina, Elói deu uma casa em Joinville e dá, também, uma contribuição mensal. Muitos dos irmãos já faleceram e, dos restantes, Elói ajuda os que têm necessidade. Nenhum deles estudou, mas houve um que ainda assim conseguiu se sair bem profissionalmente. Seus funcionários, enfim, estão entre os personagens por quem sente a maior gratidão.

“Já fui muito ajudado na vida, mas eu falaria especialmente dos meus colaboradores, que foram meus grandes idealizadores. Minha visão não tem limites e foram eles que sempre concretizaram minhas loucuras, fazendo minhas ideias acontecer. Tem gente que está comigo há vinte, trinta anos, sempre me ajudando. Meus colaboradores são meus santos.”

E já que ele citou os santos, cabe aqui dizer que Elói é bastante religioso. Depois de frequentar a Igreja Adventista por cerca de dez anos, ele se casou na Igreja Católica e, a partir de então, passou a frequentá-la. Todo dia 16 vai à igreja, já que é este o dia de santa Edwiges, de quem é devoto. Protetora dos pobres e endividados, ela nasceu na Alemanha na segunda metade do século XII. Depois de assistir à morte de alguns filhos e do marido, renunciou a toda sua riqueza para se dedicar aos necessitados. Certa vez, em visita a um presídio, descobriu que muitos homens estavam lá porque tinham dívidas e não tinham como pagá-las. Ela então saldava as dívidas e os colocava em liberdade. Elói acredita que ele – assim como todas as pessoas – possui um grande endividamento pessoal.

Apaixonado por viagens, esse empreendedor do turismo saiu do país pela primeira vez aos 16 anos, levado à Disney pela Stella Barros. Voltou a fazer viagens internacionais em 1974 e, desde então, nunca mais parou. Conhece muito do Brasil, da Europa, das Américas, além de alguns países da África e do Oriente Médio. Desembarcando nos mais distintos aeroportos do mundo, foi apresentado às tantas culturas, povos e paisagens naturais que não teve a chance de visitar nos livros escolares. Presenteando-o com o gostinho do mundo, sua estrela-guia é o trabalho.

“Com tantos anos vivendo nas ruas, percebi muito cedo que trabalhar é ter dignidade. Quantas vezes fui abordado com um ‘Moleque, você trabalha? Onde estão seus documentos?!’.

O trabalho permitiu que eu recriasse minha vida, que eu fosse alguém, que usasse minha criatividade e direcionasse meus pensamentos para coisas produtivas. Já trabalhei muito – em alguns períodos, até em exagero. Criei um plano para a minha vida e tenho a impressão de que conheci meu filho mais velho quando ele tinha dez anos de idade. Antes disso, houve momentos em que eu trabalhava o dia todo na LAP, depois ia para Viracopos às nove da noite e voltava pra casa às três horas da manhã. Quando eu acordava, meu filho já tinha ido pra escola, e eu não o via. Ainda hoje, há dias em que faço minhas 16 ou 17 horas de trabalho. Adoro isso e não penso em me aposentar. Não acredito no parar; preciso desenvolver algo sempre. Para mim, parar de trabalhar é ser enterrado, é morrer precocemente. ”

Quando passa por momentos profissionais difíceis, o ex--menino de rua se abala profundamente e procura se afastar do escritório. Ele se retira e se fecha em casa. É no lar que consegue fôlego para resolver problemas que eventualmente se mostrem complicados demais no ambiente profissional. Em seu refúgio procura a calma, a tranquilidade e a clareza que os momentos de crise lhe roubam.

E, quando o assunto é responsabilidade social, Elói revela o sonho de administrar um projeto que ajude as pessoas a encontrar seu caminho profissional. Por meio da Academia Flytour de Ensino, que há mais de vinte anos treina colaboradores, clientes e fornecedores da empresa, ele pretende começar a capacitar também pessoas da comunidade, fornecendo ferramentas para os menos privilegiados poderem ir atrás dos seus desejos.

“ *Não fui à escola. Estudei somente até o terceiro ano primário e hoje falo inglês e espanhol. Aprendi no dia a dia, aprendi no meu trabalho. Antes disso, trabalhei na rua, passei fome, tomei muita porrada, fui pego pelo juizado, fiz tudo o que podia fazer. Minha educação foi essa, minha escola foi essa. Uma escola onde não existiam férias, isso posso garantir. Um dia, terei um sossego maior na Flytour e, então, poderei fazer uma universidade. É um sonho que tenho. Acho que seria um desfecho e tanto para tudo o que aprendi na rua, na vida e no trabalho.*”

Depois de entrevistar Elói D'Ávila de Oliveira, trouxe a gravação para casa e me pus a transcrever nossa conversa. Enquanto escutava os depoimentos do entrevistado, meu filho de quatro anos entrou na sala e me perguntou de quem era aquela voz, quem estava conversando comigo na fita. Disse a ele que era um homem chamado Elói. Ele me respondeu: “Mamãe, parece herói”.

PETER GRABER

Nasceu em Campinas, no interior de São Paulo, em 18 de novembro de 1953. Em 1982, fundou a Graber Sistemas de Segurança, uma empresa especializada em alarmes e monitoramento. Depois de vender a principal divisão da empresa para a multinacional Siemens, em 2000, manteve-se com outras divisões do Grupo Graber, também relacionadas a segurança.

INOVADOR

Meados de 1981. A sede da fazenda do pai de Peter Graber é assaltada. Nenhuma vítima, nenhum ferido. Se haviam lhe roubado poucas coisas, era o que menos importava. O filho mais velho assumiu a responsabilidade de tornar o local mais protegido. Um sistema de alarmes lhe pareceu boa solução. Mas onde poderia adquirir esse sistema?

Recém-chegado de seu MBA em administração em Harvard, Graber estava sedento por levar à prática a teoria tão avistada, visitada, estudada e aprofundada. Ele procurava um alvo para enfim empreender e – *bingo!* – o sistema de alarmes se mostrou praticamente inexistente no Brasil. Seu novo negócio batera à sua porta – ou melhor, arrombara sua porta.

Diante do incipiente e primitivo mercado brasileiro de alarmes, Graber embarcou para os Estados Unidos, onde procurou compreender melhor a dinâmica desse mercado. Visitou uma feira de equipamentos de segurança, analisou balanços de empresas do segmento e encontrou respostas que o estimularam. Constatou que se tratava de uma indústria muito difundida naquele país e que 8% das residências americanas já contavam com alarmes e dispositivos do gênero. Havia empresas bem-sucedidas no ramo e boas marcas, o que o fez acreditar que no Brasil também poderia haver um bom mercado.

De volta à sua terra natal e impossibilitado de importar alarmes por conta da economia fechada então praticada no Brasil, Graber decidiu desenvolver e produzir os alarmes que comercializaria. Contou com a habilidade técnica de Sávio Ferreira de Melo, um amigo dos tempos de faculdade, e em cerca de um ano estava com o produto pronto para ser comercializado.

“Gosto de coisas novas, elas me atraem. Tenho muito mais prazer em implementar uma novidade do que em cuidar de algo que já está andando. Isso pode ser um perigo. Tenho mais prazer

em fazer uma visita para um cliente do que em me sentar com o financeiro para fazer o fechamento do último mês. Eu chamaria isso de uma vocação mais superficial e social do que administrativa e introspectiva. Mas, ao lidar com novidades, é importante ter atenção, pois, ao mesmo tempo que elas podem representar ótimas oportunidades, também podem trazer à tona grandes riscos.
No caso da Graber, acredito ter cometido um importante erro do ponto de vista estratégico, que foi entrar no negócio cedo demais. O país não estava preparado para isso. Por mais que um produto venha a ser adequado para o mercado, se ele for lançado antes do tempo, a empresa tem muita chance de morrer na praia. Felizmente nós não quebramos, mas, se eu tivesse entrado mais tarde no mercado, teria sido mais acertado. Depois da criação da Graber, passaram-se quase dez anos até o mercado decolar."

Peter Graber nasceu em Campinas, a cerca de 100 quilômetros da capital paulista, em 1953. Filho de suíços, foi educado sob firmes princípios éticos e disciplinares, totalmente incorporados e absorvidos por ele. Os pais vieram para o Brasil para uma temporada de um ano. Como engenheiro mecânico, seu pai havia sido contratado para começar uma indústria para cerealistas de Campinas. Adaptou-se bem à empresa, à região, teve os filhos por aqui e, anos mais tarde, decidiu montar uma indústria própria, na qual produziria itens voltados para as indústrias de autopeças. Ao lado da esposa, mãe de Peter, acabou ficando no Brasil até o fim da vida.

Fazia cerca de um ano e meio que os pais de Peter Graber estavam no Brasil, quando ele nasceu. O garoto que passou a infância brincando nas ruas de Campinas aprendeu o português com os amigos. Em casa, ele falava o alemão em dialeto suíço, uma variação bem diferente de outros tantos dialetos existentes nessa língua.

Aos olhos de Peter, seu pai era um modelo de comportamento. Um homem muito duro na educação, mas ao mesmo tempo afetivo, amigo, bastante profissional e competente no que fazia. Era honesto e sustentava com firmeza uma série de valores fortes e marcantes. Acreditava, por exemplo, que os homens, assim como as mulheres, não deviam ter sexo antes do casamento. Ele tinha uma fazenda, na qual o filho Peter era tratado feito gente grande. Prova disso é que aos 13 anos de idade ele já sabia manejar carpideira de burro, carpideira de tirar milho e tratores, tirar leite de vaca e fazer os mais diversos trabalhos braçais próprios da vida na fazenda.

O pai não exigia que ele fosse o mais rápido entre todos os trabalhadores, mas orientava-o, pelo menos, a se igualar à maioria. Menino, Peter Graber saía com o caminhão para buscar os boias-frias que lá trabalhavam. Ele era responsável e correto, respeitava os limites de velocidade e realizava a tarefa com toda a cautela que se mostrava necessária.

“*Meu pai me proporcionou uma infância extremamente relevante no esculpir da minha personalidade. E tive muita liberdade. Com 15 anos eu não tinha meu carro, mas ia de carro para a fazenda. Não era para bagunçar, era para trabalhar. Dirigi carros desde os 11 anos. Foram oportunidades precoces e eu correspondia. Fui um jovem muito enquadrado, um jovem* 'by the book'. *Tive uma adolescência ótima, uma infância ótima. Do ponto de vista familiar, tudo foi sempre muito bom para mim.*
Embora eu não tivesse um sonho de infância, lembro-me, adolescente, com muita vontade de ter sucesso. E na fazenda eu de fato vinha tendo esse sucesso. Nossa fazenda era de gado leiteiro, mais especificamente de genética de gado leiteiro holandês. Frequentemente nos saíamos bem em exposições e houve um ano, inclusive, em que nosso rebanho foi considerado o mais produtivo do Brasil. Eu vivia intensamente as conquistas alcançadas. Aquilo era um sonho importante que fazia parte da

minha realidade. No longo prazo, eu sabia que queria ser empreendedor e bem-sucedido. ”

Concluídos os anos escolares em Campinas, Graber foi para São Paulo e cursou engenharia mecânica na Escola Politécnica da USP. Mesmo estando na faculdade ele não se desligou da fazenda: ia para Campinas todos os finais de semana e cumpria as tarefas necessárias – durante a semana, do mesmo modo, fazia pelo menos uma visita a Campinas para acompanhar o andamento dos negócios. Muito cedo Peter começou também a fazer estágio e, ao se formar, apressou-se em trabalhar em um lugar onde não fosse o "filho de Graber". Por meio de um anúncio de jornal, conseguiu um emprego na DeVilbiss, uma empresa americana de equipamentos de pintura, fundada em Ohio em finais do século XIX e trazida para o Brasil em 1957.

A passagem de Graber na DeVilbiss durou dois anos e foi bastante significativa no que se refere à capacidade e ao reconhecimento profissional. Admitido como gerente de qualidade em um momento em que a empresa passava por processo de reestruturação, realizou inovações com importantes repercussões em relação à produtividade e conquistou rapidamente a simpatia do presidente recém-chegado. Participando ativamente do processo de *turnaround*, foi promovido em apenas nove meses de empresa para gerente industrial. Passou a ter cerca de 170 subordinados em diferentes áreas e multiplicou o salário diversas vezes. Estava com 23 anos, era recém-formado e tinha como subordinados diretos profissionais de trinta a 55 anos de idade.

A VIVÊNCIA NO EXTERIOR

Desde o momento em que optou pela engenharia mecânica, Peter Graber tinha ideia de fazer posteriormente um curso de administração. Em uma época em que pouco se falava em MBA, ele resolveu se inscrever em alguns dos mais conceituados cursos do tipo nos Estados Unidos. Diante de várias aprovações obtidas, optou por fazer o MBA em Harvard.

Era 1979, Graber estava com 25 anos, era casado e ainda não tinha filhos. Antes de começar o MBA, foi com a esposa para a Europa, onde ficaram seis meses. Nessa temporada, ele dedicou parte do tempo a viagens e parte ao estudo de idiomas. Fez cursos de imersão de francês e alemão, cuja escrita não dominava. Daí em diante, passou a falar quatro línguas estrangeiras, já que na adolescência e na juventude havia estudado, no Brasil, o inglês e o francês.

“*Como bom suíço, sempre gostei de aprender idiomas. Minha esposa também tinha interesse pelo assunto e aproveitou a temporada na Europa para estudar alemão. Já nos Estados Unidos, fiz o MBA, que era realmente um projeto que eu tinha. O MBA foi uma experiência extraordinária. Como minha formação era de engenheiro mecânico, tive um aprendizado muito intenso, uma vez que eu havia tido pouquíssima exposição à administração de empresas, especialmente do ponto de vista acadêmico. Foram ensinamentos totalmente novos para mim, ao contrário do que seria no caso de uma pós feita em uma área já dominada, uma pós que representasse uma expansão de conhecimentos. Estudei demais. O sistema colocava muita pressão e motivação. As notas eram sempre comparativas e o ambiente, extremamente competitivo. No primeiro ano do curso, para se ter uma ideia, os alunos com pior desempenho são eliminados. É preciso estudar muito fora da sala de aula e o resultado é muito rico.*”

Depois do MBA, Graber trabalhou por um breve período na consultoria McKinsey, na Alemanha, como consultor. Ofereceram-lhe oportunidade de emprego em diversos escritórios da empresa, mas, como o casal tinha planejado ter filhos após o MBA, sua esposa engravidou ainda nos Estados Unidos.

Decidiram por isso voltar ao Brasil. Do ponto de vista profissional, Graber acredita que uma experiência profissional de dois ou três anos no exterior antes de começar seus negócios teria agregado muito positivamente. Mesmo assim, preferiu levar em conta o contexto familiar e a dificuldade que seria terem um filho, sozinhos, em país estrangeiro.

RUMO AO NOVO NEGÓCIO

Trazendo na bagagem livros, conhecimentos administrativos e sede de empreender, Graber voltou ao Brasil em agosto de 1981. Poucos meses depois surgiu a ideia da criação de uma empresa de segurança e, em seguida, ele dedicou um período para pesquisa, desenvolvimento dos alarmes, locação de imóvel e implantação da fabriqueta onde os produziria. Foram ao todo sete meses para que os primeiros alarmes estivessem disponibilizados para o mercado. O investimento inicial foi o pai de Graber quem emprestou.

A Graber Segurança nasceu em 1982 e teve os primeiros anos bastante difíceis. A empresa atendia a algumas residências e pequenos estabelecimentos comerciais, em um mercado que permaneceria bastante modesto por uns bons anos. Em 1989, para se ter uma ideia, a Graber ainda era a única empresa de monitoramento do Brasil. Com sede em Campinas e filial em São Paulo, ela produzia seus próprios alarmes e realizava o monitoramento. Por conta da venda em baixa escala, os custos de produção eram altos e existia um evidente atraso tecnológico em relação aos equipamentos comercializados no exterior. De mãos atadas, a área técnica da empresa fazia o que podia, mas ainda assim era comum os alarmes apresentarem uma série de falhas e imperfeições.

“Não tinha jeito. Realmente nossa tecnologia não se igualava à existente no exterior e com frequência tínhamos problemas técnicos.

Eu me desdobrava para contornar os incômodos dos clientes e, nesse contexto, me dei conta de que um atendimento benfeito é capaz de superar problemas de qualidade existentes no produto e no serviço oferecido. ❞

Para a sorte de Graber, essa situação não seria levada adiante por muito tempo. Nos anos 1990, a abertura de mercado realizada pelo governo Collor permitiu que ele, em vez de produzir os alarmes, pudesse importar os equipamentos. A Graber passou a trabalhar com produtos de maior qualidade, vendidos a preços mais baixos. E o serviço de monitoramento, que era a galinha dos ovos de ouro do negócio, cresceu em volume, fazendo crescer o faturamento e a empresa como um todo.

O nicho finalmente se tornou interessante, a demanda cresceu, os concorrentes surgiram e a Graber, pioneira e até então líder absoluta, deslanchou sem dificuldades para se sustentar na liderança. Seu crescimento seguiu em ritmo acelerado, com números elevando-se de 30% a 50% ao ano. Com uma boa estrutura de *call center* e de serviços de manutenção, a empresa estava com grande capacidade de absorção de novos usuários, o que estimulou Graber a comprar mais de uma dezena de pequenas empresas do setor e aumentar sua carteira de clientes sem mexer nos custos fixos.

Outro importante acontecimento ocorrido na empresa no início dos anos 1990 foi a entrada de Pierre Schlumpf, cunhado de Peter Graber, como sócio do negócio. Casado com a irmã de Graber, Schlumpf era formado em engenharia na Suíça, tinha MBA em Chicago e, disciplinado e com uma maneira um tanto estratégica de agir e de pensar, imprimiu à empresa qualidades muito complementares às de Graber.

❝ *Sempre tive uma vocação comercial e desenvolvimentista, com habilidades mais voltadas para vendas. Meu fraco é a disciplina para cuidar de processos internos, contabilidade, financeiro etc.*

No início da minha vida profissional, além de não ter esta habilidade, eu não tinha consciência de ter tal ausência – e pequei por não dar mais atenção à contabilidade, à parte administrativa e financeira. Apesar de ainda me faltar essa competência, hoje tenho consciência disso e me cerco de pessoas que me complementam. Pierre Schlumpf, além de ter uma excelente formação, tem disciplina e um modo estratégico de atuar. Sua chegada à empresa no momento em que estávamos crescendo foi uma das melhores coisas que poderiam ter acontecido para a Graber. ”

Apesar dos pontos fracos e escorregões assumidos por Graber, o empresário reconhece ter feito bem mais acertos do que erros e ter traçado uma história de sucesso para sua empresa. Crescendo com base no dinheiro gerado na própria operação – em detrimento de eventuais recursos externos –, a Graber foi gradualmente ampliando sua atuação. Depois dos sistemas de alarme e monitoramento, a primeira investida foi nos sistemas de segurança eletrônica (automação predial). Em seguida vieram o mercado de vigilância e, anos depois, rastreamento de veículos e gestão de risco para roubo de cargas. Para não perder o foco, Peter Graber fez questão de criar empresas específicas para os novos serviços que se dispunha a oferecer. Na direção delas, colocava competentes líderes, demonstrando habilidade e precisão em escolher, motivar e manter pessoas-chave para o negócio.

Em 2000, ele recebeu uma oferta de compra da Graber Segurança Eletrônica, sua empresa de alarmes e monitoramento. Embora não tivesse vontade de vender sua menina dos olhos, Graber percebia o crescimento do mercado de segurança no Brasil e estava certo de que cedo ou tarde as multinacionais entrariam no setor. Imaginava como seria dura a briga diante de empresas com aportes de capital muito superiores. Nos Estados Unidos, já havia tomado conhecimento de empresas que forneciam os alarmes gratuitamente, a fim de conquistar com mais facilidade os serviços de monitoramento. Vislumbrando perspectivas de acirrada competição, acreditou ter chegado a hora de vender a empresa.

Diante da decisão, em vez de aceitar a primeira proposta recebida, Graber procurou um banco de investimentos que expôs para potenciais compradores as intenções de venda da unidade. Ele recebeu algumas propostas e terminou por fechar negócio com a multinacional alemã Siemens. A partir daí, transferiu seu foco para o desenvolvimento das empresas de segurança eletrônica, vigilância, rastreamento e gestão de risco para roubo de cargas, que permaneceram sob controle total do Grupo Graber. Juntas, as empresas entraram em 2008 empregando mais de seis mil funcionários.

SALVO POR UM SONHO CONTIDO

A fim de deixar que o dinheiro da Graber revertesse somente para ela própria, o dono da empresa levou uma vida simples durante muitos anos. Seu caixa era todo usado para fazer o negócio crescer. Aos quarenta anos de idade, somente quando a Graber já passava de seu décimo primeiro aniversário, ele cedeu aos pedidos da esposa e comprou a primeira casa da família, um imóvel muito antigo, que precisou passar por uma boa reforma antes que eles se mudassem. Para Graber, colocar dinheiro em um imóvel soava como grande desperdício, tendo em vista a importância que o capital tinha para o crescimento dos negócios.

Suas conquistas Graber credita ao fato de ter sempre corrido atrás do que acreditava, de ter sempre colocado muita energia no que fez. Para ele, valeu o mérito por tanta calma e paciência, que lhe permitiram, apesar das frustrações iniciais, esperar quase dez anos pelo desabrochar da empresa.

“Acho que consegui esperar todo esse tempo, porque na época eu tinha um sonho mais contido do que tenho hoje. Com a visão do

Brasil atual, talvez eu não tivesse tido tanta paciência. Mas eu já estava no meio do caminho, tinha que seguir com a empresa, tinha que ir adiante. Que bom que esperei e a Graber de fato adquiriu seu tão esperado desenvolvimento."

Com valores pessoais e familiares bastante fortes e arraigados, Graber se considera um brasileiro repleto de influências suíças e germânicas. Um indivíduo que se esforçou para se tornar mais latino, para ficar mais caloroso e menos formal em seu modo de ser. Embora tenha passado seus anos de pós-graduação nos Estados Unidos e tenha feito bons amigos nesse país, pouco absorveu da cultura americana. É um crítico assumido do *american way of life* e percebe uma superficialidade desse povo na maneira de lidar com o que o cerca. Graber, que após idas e vindas não hesitou em se fixar em sua cidade natal, estranha a extrema mobilidade da sociedade americana, que não se fixa nem realiza chegadas e partidas sem firmar compromissos mais duradouros.

De qualquer forma, ele guarda importantes lições de alguns personagens com quem conviveu em seus tempos de Harvard. Uma de suas referências foi Michael Porter, professor que se tornou guru mundial da administração. Ainda em início de carreira, Porter ministrou um curso intitulado Industry and Competitive Analysis, no qual analisava a estrutura de diferentes setores do negócio, diferenciando aqueles em que era possível se ter uma rentabilidade diferenciada. Graber lembra ter se entusiasmado demais com os ensinamentos de então, que muito aporte lhe deram quando decidiu abrir seu negócio.

Embora não se intitule um perito planejador ou pensador estratégico, ele deixa transparecer em detalhes de seus relatos a precisão com que planejou sua carreira e com que trata dos mais corriqueiros assuntos de sua rotina. Por ocasião desta entrevista, haviam se passado somente vinte minutos de nossa conversa quando, diante de meus comentários e questionamentos, fui interrompida por ele. Disse ter programado a conversa até as dez horas da manhã, combinou que faria seu relato, que teria como meta a finalização alguns minutos antes do tempo final e, então, eu poderia ficar à vontade para explorar outros temas que eventualmente me interessassem. E agiu com pontualidade britânica – ou suíço-germânica.

Louco por esportes, Graber cultiva o hábito de correr anualmente a meia maratona e, aos cinquenta anos de idade, aventurou-se em sua primeira maratona. Ele ainda joga tênis e, quando consegue, esquia na neve. Pelo fato de estar com a empresa profissionalizada desde 2005, considera estar levando uma vida bastante equilibrada, com tempo para viagens, contato com a família e para trabalhos voluntários que muito o atraem.

São várias as ONGs e conselhos de empresas dos quais Graber participa. Ele faz parte do conselho do Instituto Empreender Endeavor, é conselheiro do Ibmec (Instituto Brasileiro de Mercado de Capitais) e, obviamente, da Graber. Em Campinas, ainda preside a Fundação Feac (Federação das Entidades Assistenciais de Campinas), cujo trabalho consiste em apoiar sempre duas entidades sociais, com dinheiro e serviços gratuitos. Os serviços variam entre contabilidade, treinamento de pessoas, consultoria para a entidade, apoio legal e apoios técnicos com educadores, nutricionistas, pedagogos etc.

Por meio da Feac, Graber ainda corre atrás de um de seus sonhos, que é exercer um papel na transformação da qualidade da educação pública no Brasil. Sua investida está sendo feita por meio de um novo programa chamado CCE (Compromisso Campinas pela Educação), que tem como objetivo melhorar a qualidade da educação nas 220 escolas públicas da cidade. Com isso, Graber inclui Campinas na iniciativa nacional intitulada Todos pela Educação, que é presidida pelo empresário Jorge Gerdau e visa a envolver pessoas da sociedade civil em prol da educação pública brasileira. Paralelamente, ele tem atuado também como investidor.

“De maneira sistemática, tenho investido em várias frentes. Recentemente investi em açúcar e álcool, e em biodiesel... Se hoje eu coloco dinheiro no que acredito, houve um tempo em que eu depositava trabalho. Foi assim, por exemplo, com a internet. No boom *da internet, percebi que ela seria a corrida do ouro da minha geração. E pensei: 'Vou ficar fora disso? Não dá!'. Investi em dois portais, um deu certo, outro não. E faria tudo de novo. Não adianta: empreender está no meu DNA. Vejo um negócio novo, ele me atrai e eu invisto. É o que acontece.”*

Assim é Peter Graber. Depois de contar sobre suas investidas em biocombustível, ele ressalta que o setor está vivendo um momento muito difícil e pode acontecer de ele perder tudo o que apostou. É esperar e ver. A única certeza nessa história é de que um eventual deslize certamente não será suficiente para segurá-lo diante de outros investimentos que venham a cruzar seu caminho. Especialmente se forem ousados e estiverem relacionados a algum tipo de novidade.

IVAN FÁBIO ZURITA

Nasceu em Araras, no interior de São Paulo, em 8 de fevereiro de 1953. Entrou na Nestlé como estagiário, viveu 17 anos no exterior pela empresa, e desde 2001 ocupa a presidência da Nestlé do Brasil, onde revolucionou os sistemas vigentes e os números até então alcançados.

Ele sabia bem o que queria e nem o maior dos golpes seria capaz de desviá-lo do caminho que havia traçado para si. Nem mesmo a incrível da ocorrida naquele fevereiro de 1974 conseguia afastá-lo do seu grande sonho.

Eram 8 h 50 da manhã, Edifício Joelma, centro de São Paulo, quando um problema em um aparelho de ar-condicionado do 12º andar provocou um enorme incêndio. Em menos de duas horas de chamas, os bombeiros contabilizaram 179 mortes; entre as vítimas, o irmão mais velho de Ivan Zurita, um economista que trabalhava no local. A tragédia na família quase tirou Zurita dos corredores da Nestlé. Fazia menos de dois anos que ele estava na empresa.

“Meu irmão tinha 26 anos, era casado e tinha uma filhinha de um ano. Meu pai ficou muito abalado, ficou fora do ar. Os negócios da família, paralelamente, passavam por um momento difícil e eu precisava decidir se ficava na Nestlé ou se ajudava meu pai e meus outros irmãos. Decidi ficar na Nestlé e aos finais de semana eu me dedicava aos negócios da família. Foi o momento mais difícil da minha vida. Um golpe duro que recebemos, algo que afetou toda nossa família.”

Foram várias as dificuldades que tiveram de ser superadas pela família, mas Zurita resistiu e conseguiu manter-se dentro da empresa onde sempre acreditou que se realizaria profissionalmente. Muitas vezes, para atingir os planos traçados, o empreendedor tem de ser capaz de enxergar além dos cenários vigentes e nortear-se por seus projetos futuros. Zurita tinha muito claro qual era seu objetivo maior, sabia aonde queria chegar e, para isso, estava decidido a enfrentar os mais difíceis obstáculos com que se deparasse.

“Meu sonho de infância era ser um executivo internacional, em uma época em que ninguém falava nisso. Na minha geração, entre meus amigos, não conheço outro que tenha seguido esse caminho. Em casa também não foi este o exemplo que tive. O fato é que sempre fui inquieto por aprender, ver, crescer e conhecer – características muito minhas, a partir das quais o crescimento seria uma consequência natural. E eu sempre soube que na Nestlé essas realizações seriam possíveis.”

A certeza de Zurita diante do caminho a seguir não vinha à toa. A Nestlé havia estado sempre tão presente em sua vida, que sua carreira na empresa parecia inevitável. A primeira fábrica da Nestlé na América Latina tinha sido implantada em 1921 em Araras, cidade natal de Zurita. Ela estava instalada na avenida Zurita, assim denominada em homenagem a seu avô. Entre os amigos de infância, muitos eram filhos de gerentes da fábrica. E Beatrice, sua namorada de colégio e futura esposa da vida toda, era filha de um engenheiro suíço que havia se mudado para o Brasil a fim de trabalhar na Nestlé daqui.

No início dos tempos de faculdade, antes de ingressar na empresa, Zurita havia chegado a insinuar um pedido de estágio para o futuro sogro. Porém, sob o argumento de que parentes não podiam trabalhar na empresa, o pedido lhe foi negado. Mas quem disse que Zurita desistiria? Para o empreendedor, a primeira negativa representou apenas uma motivação para procurar outros caminhos rumo ao tão desejado crachá da empresa. E foi através de um processo de seleção promovido pelo CIEE (Centro de Integração Empresa-Escola) que Zurita finalmente conquistou seu posto. Ele estava com 19 anos, cursava economia na Universidade Mackenzie, em São Paulo, e passaria a ser o mais novo estagiário da Nestlé do Brasil. Quando o engenheiro suíço se deparou pela primeira vez com o namorado da filha nos corredores da empresa, logo questionou: “O que você está fazendo por aqui?”. Ao que o jovem respondeu: “Eu agora trabalho na Nestlé”.

“Entrei na Nestlé para fazer um estágio de seis meses. Estou aqui há 35 anos e sou presidente da Nestlé no Brasil. Sou muito mais ligado a conquistas do que a resultados financeiros e cada conquista me chama para uma seguinte. Minha realização é conquistar, ter um desafio e depois outra conquista. É isso o que mais gosto e nessa empresa sempre tive a chance de colocar isso em prática.”

A ascensão de Zurita na Nestlé aconteceu degrau por degrau, em passos curtos e bastante firmes. Ao término do período proposto para o estágio inicial, em vez de se desligar da empresa, o determinado jovem galgou sucessivas conquistas lá dentro. Foram cerca de dez anos nos quais adquiriu experiência como vendedor, supervisor, gerente de produtos e vendas, passou pela área comercial, fez pesquisa de mercado porta a porta pelo Brasil todo, coordenou o marketing de diversos produtos, atuou no departamento financeiro e de produção. Até que, em 1983, seu desempenho, esforço, persistência, dedicação e experiência lhe renderam um convite feito pelo suíço Alexandre Mahler, então presidente da Nestlé no Brasil, para tornar-se diretor comercial da Nestlé no Chile.

“Já havia dez anos que eu trabalhava na Nestlé e, em todo esse período, eu permanecia me dedicando aos negócios da minha família nos finais de semana. Eu tinha uma participação importante na administração desses negócios e, quando contei a meus irmãos sobre a proposta de trabalhar no Chile, eles conversaram entre si e decidiram que, se eu ficasse no Brasil, eles abririam mão dos negócios da família para que eu os tocasse. Havia chegado a hora de eu optar por seguir carreira na Nestlé ou tomar conta de algo que, financeiramente, com certeza, me traria mais benefícios.
O que eu queria mesmo, no entanto, era continuar minha carreira, investir em minha formação. Embora não se falasse em

globalização naquele período, eu já pensava que mais cedo ou mais tarde isso poderia acontecer e sabia que profissionais globalizados fariam a diferença no novo contexto. Eu estava diante de um desafio que me faria crescer e muito me atraía. Vislumbrando o futuro, portanto, deixei o país em um momento em que poucas pessoas faziam isso. ”

O futuro mostrou que a determinação de Zurita em abraçar seus verdadeiros planos foi de fato uma excelente opção. Na ocasião, sua esposa Beatrice deixou o Instituto do Coração, onde trabalhava como biomédica já havia nove anos, e, junto com a filhinha Daniela, partiu com Zurita para a experiência que se estenderia por 17 anos no exterior. Durante dois anos ele atuou como diretor comercial da Nestlé no Chile. Depois disso, ocupou o mesmo cargo na Argentina e, em seguida, tornou-se diretor-presidente da Nestlé na América Central. Dessa vez, coordenou as operações de seis países – El Salvador, Costa Rica, Honduras, Guatemala, Nicarágua e Panamá – envolvidos na época em complexas questões políticas e econômicas.

“ *Na América Central, convivi com o sofrimento do povo da Nicarágua, com guerrilhas e tanques nas ruas de El Salvador, com o toque de recolher no Chile quando o Pinochet estava em queda... Entre outros desafios, cheguei a enfrentar uma inflação com juros de 1% por hora! Em meio a esses contextos, tinha que compreender pessoas de outras culturas, conquistar sua confiança, liderá-las e fazer a engrenagem da empresa funcionar. Os desafios eram enormes e chegavam uns após os outros. As experiências foram fantásticas e pude aprender muitas coisas.* ”

Nos 17 anos de vivência no exterior, Zurita ainda teve a oportunidade de fazer especialização em marketing nos Estados Unidos, na Universidade de Nova York, trabalhar na Nestlé francesa, fazer pós-graduação em administração na Suíça, pelo IMD (Instituto de Administração e Desenvolvimento), e de estar à frente da Nestlé do México por aproximadamente quatro anos. Profissionalmente, a internacionalização lhe deu uma visão diferente dos negócios. Entre outras coisas, descobriu a importância de se ter credibilidade ante os funcionários quando o assunto é levar adiante um plano e especializou-se em transformar e mobilizar pessoas, tarefa que encara como primordial em qualquer gestão.

A experiência internacional também fascinou Zurita no aspecto familiar. Sempre acompanhado da esposa e da filha, percebeu um incrível estreitamento dos laços familiares, especialmente nos momentos difíceis pelos quais passaram. Atribui a essas tantas experiências parte da formação da filha, que mais tarde cursaria uma faculdade, faria escola de artes na Suíça e chegaria à vida adulta com ampla cultura, forte base familiar e dominando, além do português, outros cinco idiomas.

NA SALA DA PRESIDÊNCIA

"No ano de 2001, depois de tantos anos que eu vinha vivendo longe do meu país, o presidente mundial da Nestlé me chamou para ser presidente da Nestlé do Brasil. O convite foi uma das maiores surpresas da minha vida, um sonho de carreira. Senti uma satisfação enorme e uma sensação de dever cumprido. Dividir isso com meus amigos e familiares foi maravilhoso. Chegara a hora de eu aplicar na Nestlé do Brasil os conhecimentos acumulados em quase duas décadas no exterior."

Se Zurita não teve problemas para se readaptar ao Brasil, toda a equipe da empresa, então líder de mercado no país, teve de fazer malabarismos para enveredar pela revolução interna que ele logo viria a provocar. Com o objetivo de rejuvenescer a companhia e duplicar seu tamanho, ele criou um plano drástico de mudanças que destruiria o cenário sonolento e cansado com que se deparou em sua chegada. Lá vinha sua sede de conquistas pronta para revolucionar o andamento da empresa.

Para começar, Zurita refez a equipe, organizando um time que considerava de primeira. Substituiu 16 dos 18 diretores e um quarto dos 16 mil funcionários da empresa – alguns foram demitidos e outros optaram por sair, acreditando que a empresa estava se tornando incompatível com seu modo de trabalhar. O fato é que, a seu ver, ficaram pessoas identificadas com o plano de crescimento. Ele queria um time aguerrido, colaboradores "de corpo e alma vencedora", conforme define, e profissionais empenhados em fazer parte desse plano. Quando um líder com alma vencedora consegue montar uma equipe com o mesmo espírito, cria-se um conjunto capaz de revolucionar qualquer ambiente, método e mercado. E foi o que aconteceu.

"Se você consegue mobilizar um transatlântico deste porte, ele pode ser um pouco lento na arrancada, mas depois pega uma velocidade de cruzeiro e vai embora. E é isso o que aconteceu nessa organização."

Passado o turbilhão de reformulações, as distâncias internas na Nestlé diminuíram consideravelmente. Os diretores antes estabelecidos em um andar exclusivo do prédio da avenida Luiz Carlos Berrini, em São Paulo, separaram-se uns dos outros para serem alocados perto de suas respectivas equipes; na presidência, as portas passaram a ficar sempre abertas e a agilidade tornou-se lema das unidades de negócios. Zurita queria facilitar as tomadas de decisão e afastar a Nestlé do estigma da lentidão própria das grandes empresas ou de um aspecto ultrapassado tantas vezes vinculado ao tradicional. Com esse mesmo intuito, modificou também sistemas, critérios e modos de operação.

Os quatro pilares no qual seu plano se baseou foram: eficiência da organização, comunicação diferenciada, visibilidade (no caso, distribuição) e inovação (de produtos, de atitude e *modus operandi*). Para dar andamento ao plano, fez uma análise aprofundada do mercado brasileiro, levando em conta as diferenças regionais, diversidades e adversidades do país. Após constatar que 72% do consumo nacional vinha das classes C, D e E, decidiu expandir a participação da Nestlé nesse mercado, trabalhando regionalmente essas classes e buscando um custo-benefício melhor para a população de baixa renda.

Sem seguir nenhum modelo externo, Zurita e sua nova equipe arregaçaram as mangas rumo à expansão. Uma das iniciativas foi desenvolver produtos que facilitassem a compra por parte do público de baixa renda. Pensando, por exemplo, em pessoas que têm problemas com custo de eletricidade, eles criaram um sorvete que congela em apenas 15 minutos e que, portanto, pode ser consumido sem que a geladeira fique ligada horas a fio. Antes de ser aberto, o produto pode ser conservado em temperatura ambiente, o que reduz os custos de distribuição e de armazenamento, assim como seu preço final. Lançaram também biscoitos em embalagem menor, café solúvel já adoçado e itens com embalagens econômicas, totalizando vinte novas opções para o mercado de baixa renda, sem redução da qualidade. Para diminuir os custos de produtos comercializados no Nordeste, desenvolveram uma fábrica na cidade baiana de Feira de Santana, focando a produção no público de baixa renda. Na periferia de São Paulo, enfim, colocaram em prática um sistema de vendas porta a porta.

“*Nós regionalizamos os consumidores com base em seu perfil e não na geografia do país, já que podemos ter um goiano com hábitos muito semelhantes aos de um paulista. Investimos muito em conhecer isso, em compreender o fluxo de caixa do consumidor de baixa renda, e a partir daí criamos uma plataforma de desenvolvimento. Percebemos, por exemplo, que este consumidor não tem recursos para fazer uma compra mensal e que o desembolso unitário é importante para ele, já que recebe seu dinheiro a cada sete dias. Descobrimos também que, apesar de a renda* per capita *ser baixa, a renda familiar costuma ser boa, uma vez que muitas casas são compartilhadas por tios, primos etc. Encontramos uma escala de valores muito própria deste mundo e nos empenhamos em redescobri-lo com profundidade, com o objetivo de desenvolver produtos afins e atendê-lo da melhor maneira possível. Hoje, temos funcionários qualificados que vivem em favelas e têm como objetivo nos ensinar realmente como funcionam essas famílias. Crescemos muito nos locais onde aplicamos esse trabalho e, tão logo atingimos objetivos propostos, vislumbramos outros ainda maiores para serem alcançados. É uma grande oportunidade e estamos fazendo um trabalho pioneiro, sem seguir modelos previamente realizados.* ”

Para mobilizar os funcionários e despertar neles um gostinho dessa sede de conquista, Zurita implementou em 2004 o programa Develop People, que convoca as pessoas para atitudes mais proativas, dá abertura para tomada de decisões, desestimula a centralização e a tirania. Cuidado com as pessoas, determinação na atitude e transparência nas relações internas são outros aspectos que foram trabalhados, mobilizando a companhia e fortalecendo equipes e funcionários, que passaram a se sentir mais confortáveis dentro da organização.

“ *Nossos colaboradores têm total liberdade de pedir uma mudança de área se não estiverem satisfeitos onde estão. O funcionário tem que se sentir bem aqui, tem que estar feliz e motivado na companhia. Se no elevador eu cruzo com um funcionário que não está bem, procuro conversar e compreender o que está acontecendo. E é esta a postura que espero também daqueles que me cercam.* ”

O que era um plano em 2001, em pouco tempo tornou-se uma realidade. A empresa rejuvenesceu e em resposta às ações e mudanças radicais por ele conduzidas, em um período de cinco anos, ela mais que duplicou seu faturamento, melhorou sua eficiência e sua performance e praticamente duplicou a produção e os resultados. Para Zurita, esta é uma prova de que os limites dentro de uma empresa desse porte são infinitos e acabam sendo estipulados pelas próprias pessoas. Para esse líder, no entanto, quem acha que já ganhou está começando a perder. E, quando se viu diante de tão bons resultados, ele logo se apressou em traçar um novo plano com desafios ainda maiores para os anos seguintes.

"Na medida em que o tempo passa, a natureza humana nos torna acomodados com as situações. Para mim, no entanto, tão logo esta zona de conforto começa a surgir, é hora de procurar novos objetivos."

AOS FINAIS DE SEMANA, MAIS NEGÓCIOS

Não bastasse a semana um tanto intensa, Zurita usa os finais de semana para continuar nutrindo sua natureza empreendedora, sua busca por novos desafios e conquistas. Todas as sextas-feiras, portanto, depois de deixar o prédio da Nestlé, seu destino é a Fazenda Belmonte, em Araras, onde dá início a um novo expediente, dessa vez em traje esporte e mais próximo da família. É a concretização das metas, do entusiasmo pelo trabalho e pelo desenvolvimento dos negócios, atuando como oxigênio desse empreendedor.

Na Agro Zurita, o principal negócio desse líder é a pecuária. Apesar de o dia a dia ser tocado por um de seus irmãos, é Zurita quem faz o planejamento. Mensalmente, os dois se reúnem para que ele se inteire dos fatos e discutam assuntos relevantes. Zurita conhece a fazenda como a palma de sua mão e nela instaurou uma gestão empresarial totalmente profissional. O empreendedor, que não se contenta com pouco, faz questão de que seu negócio seja competitivo não apenas no Brasil e investe em suas carnes para serem vendidas também nos Estados Unidos e em países da Europa.

“Gosto de projetos que agregam valor. Desde minha infância meu pai mexe com gado e eu sempre o acompanhei. Em viagens ao exterior, sempre pensei no que poderia trazer um dia para o Brasil em termos de pecuária avançada, no que poderia fazer para agregar valor a coisas já existentes por aqui. Com isso em mente, decidi trazer para cá o gado simental sul-africano, até então inexistente no país. Comprei as melhores linhagens em diferentes países e hoje a Agro Zurita tem uma das melhores genéticas de simental sul-africano do mundo. Nossa qualidade é alta. Temos a melhor bateria de touros da raça do mundo e nada disso aconteceu por acaso. Fiz clonagem, sexagem de fêmeas... A agropecuária termina na mesa e tudo o que fazemos hoje, a verdadeira linha de produção que temos, tem como objetivo principal chegar às melhores carnes. Nossos touros têm marcadores genéticos em relação a maciez e marmoreio (gordura intramuscular) e fazemos o cruzamento para chegar às melhores carnes. Sistematicamente fazemos leilões e, em todos eles, temos como prática apresentar uma novidade. Os valores agregados estão sempre em foco, são nosso grande objetivo.”

Zurita também produz laranja, que vende para o Sul, e cana-de--açúcar, que serve de matéria-prima para a chamada Cachaça do Barão, produzida também por ele. Além de ter, nas palavras de Zurita, “seus segredos tecnológicos”, essa cachaça artesanal, produzida em quantidades restritas, traz consigo uma bela história. Reza a lenda que o fundador da cidade de Araras, o barão de Arari, servia para suas visitas bebidas que dizia serem feitas de um malte europeu. Aquilo, porém, tratava-se na verdade de uma cachaça envelhecida em barril de carvalho em temperaturas permanentes, com luminosidade constante. Zurita comprou a casa do tal barão, restaurou-a, conseguiu a velha receita e, a partir dela, vem produzindo a Cachaça do Barão. O saldo, desta vez, foi se tornar proprietário da única casa antiga da praça principal de Araras, ter acesso a muitos arquivos da história local encontrados no porão do casarão e poder confeccionar uma cachaça que, além de ter seu charme histórico, tornou-se um tanto cobiçada entre apreciadores da bebida.

Nos negócios particulares assinados por Zurita, os eventos, o marketing e a área comercial ficam a cargo de sua filha Daniela, com destaque para os leilões da Agro Zurita e a promoção da Cachaça do Barão. A esposa Beatrice também gosta da fazenda e nela prefere dedicar-se a uma horta orgânica, à produção de ovos caipira e à criação de galinhas-d'angola que controlam carrapato. Leite e queijo também são produzidos por lá e o excedente é encaminhado a um asilo de idosos. São produtos, realizações e até atitudes familiares que se revelam como reflexos diretos da tão marcante dedicação de Zurita aos negócios, seus sucessos e vitórias.

DE ONDE VEM ESTE ZURITA?

Nascido na cidade de Araras, no interior de São Paulo, Zurita tem o empreendedorismo em sua história, seu sangue, seu código genético. Uma de suas maiores referências é seu avô paterno, um renomado empresário e político da cidade de Araras, que muito o inspirou.

“Ele era muito querido, reconhecido, respeitado na região e, para mim, foi uma lição de vida em termos de empreendedorismo e visão de futuro. Morreu novo, aos 51 anos, e infelizmente não o conheci. Lamento muito por isso. Fiquei com a coleção de livros dele, li muito sobre ele e sempre me identifiquei com seu jeito de ser. Ele tinha garra, era perseverante, realizava muitas coisas e se antecipava aos fatos. Era uma pessoa diferenciada, um homem dedicado, estudioso e autodidata, em uma época em que as informações não eram tão acessíveis quanto são hoje (para se ter uma ideia, ele colecionava revistas estrangeiras e aprendeu a falar inglês sozinho!). Mesmo não o tendo conhecido, sempre o tive como uma importante referência, sempre me espelhei muito nele. Firme

na hora de tomar decisões, era também muito sensível às pessoas menos favorecidas e as ajudava de várias maneiras. Muitos de seus valores ele conseguiu transmitir não só para a geração do meu pai, mas para a família toda. Tenho orgulho dele e de saber que sua história faz parte da minha formação. ”

Também o pai de Zurita exerceu forte papel em seu caminho empresarial. Desde pequeno, o garoto acompanhava-o e participava de suas negociações. Aos 12 anos, para se ter uma ideia, Zurita já cuidava dos mais de 10 mil litros de leite diariamente produzidos na fazenda do pai. Quando Zurita deixou sua cidade natal para cursar em São Paulo o ensino médio (naquele tempo denominado científico) e posteriormente a faculdade, já tinha uma boa visão da indústria, do comércio e das negociações em geral. Ele só não se interessou por ingressar na política, outra área de atuação do pai, que foi prefeito de Araras e trabalhou no governo do estado de São Paulo na época do governador Laudo Natel.

“ *Meu pai participou da vida política e tenho orgulho de dizer que ele a deixou com muito menos dinheiro do que quando ingressou nela. Até o salário que recebia da prefeitura ele doava mensalmente a uma instituição de caridade. Ele sempre se preocupou com os outros e sempre foi muito atencioso ao atender quem necessitasse. É um homem de valores fortes e nos ensinou que o valor maior de uma família é seu nome e sua tranquilidade de alma.* ”

E, se Zurita enaltece suas raízes, soube também incorporar a Nestlé à sua vida, como se esta se misturasse ao seu DNA. Prova disso é a naturalidade e o conforto com que conduz os mais de 16 mil funcionários, as quase trinta fábricas e os mais de quarenta mil fornecedores desta que se tornou a segunda maior Nestlé do mundo em produção (a primeira é a americana) e a quarta do mundo em faturamento.

Para lidar com tamanha engrenagem, ele faz questão de ter atitudes sempre claras e transparentes, com portas permanentemente abertas para quem quiser entrar. Mesmo se considerando muito exigente, cultiva um excelente relacionamento com os colaboradores, gosta de conviver com as pessoas com quem trabalha e se realiza ao ver o crescimento de todos que com afinco se dedicam à empresa.

Zurita, que se identifica com a Nestlé e tem bom respaldo de confiança diante da matriz, administra a empresa como se ela pertencesse a ele próprio. Seu chefe direto, vice-presidente das Américas, foi um colega profissional, que ocupava a diretoria comercial no Chile enquanto Zurita ocupava o mesmo cargo na Argentina. Zurita, que faz questão de não misturar bom relacionamento com resultados profissionais, também nutre um ótimo relacionamento com o presidente da Nestlé mundial, Peter Brabeck.

“Gosto das pessoas que se antecipam, pessoas com quem, ao conversarmos, nos dão a impressão de que estão do outro lado da montanha. O presidente da Nestlé mundial é assim e sempre me entusiasmou. Eu me identifico muito com ele.”

Zurita, que entre tantos outros prêmios já foi apontado empreendedor do ano pela *IstoÉ Dinheiro*, pela Ernst & Young e pelo Instituto do Empreendedor (Inemp), felicita-se pelos reconhecimentos por parte do mercado e das pessoas. E, expondo dezenas de troféus na sala de reuniões da presidência, salienta que as peças estão lá para que as pessoas que por lá transitam se deem conta da responsabilidade que toda a equipe tem diante do país (estima-se que os produtos da Nestlé estejam hoje presentes em 97% dos domicílios brasileiros). E aponta a importância de se buscar permanentemente uma superação.

“Nos comerciais e anúncios da nossa linha Sollys, que tem produtos à base de soja, um adulto se encontra com ele mesmo quando era garoto e lhe dá conselhos valiosos, muito embora a criança não consiga

ouvi-lo. Acho essa imagem muito adequada, pois, por mais que uma pessoa se torne bem-sucedida, sempre há aspectos que podem ser melhorados. Sou avaliado sistematicamente por meu chefe, tenho boas avaliações, mas ainda assim a melhora é sempre possível. Um aspecto que eu poderia melhorar, por exemplo, seria reservar mais tempo para estar com minha família. Tudo na vida é um equilíbrio e confesso que, por opção própria, às vezes exagero no trabalho. Gosto muito do que eu faço. Tenho muitas reuniões diárias, compromissos, e não raras vezes trabalho mais de 12 horas por dia. Mas saio daqui feliz, com a sensação de dever cumprido e de estar caminhando em direção às metas estipuladas. Gosto de acordar no dia seguinte e ver as respostas das atitudes tomadas no dia anterior. Gosto de conviver com os colegas e com as pessoas que me aportam. Às vezes, pode acontecer, acabo passando meses sem jantar em casa."

Mas, se o dia a dia é intenso, Zurita não o considera estressante. Lida bem com as responsabilidades, preocupações e decisões diárias, não leva trabalho para casa e, ao sair da empresa, tem facilidade de se desligar do que aconteceu durante o dia. Quando pode, almoça com a filha, vez ou outra janta com um dos irmãos e, quando viaja a trabalho, reserva também alguns dias para o lazer. Nos finais de semana rotineiros, na fazenda, curte seu trabalho com o gado, anda a cavalo, caminha, encontra amigos da cidade e às vezes joga tênis. É lá também que consegue tempo para ler. Para dormir, cerca de cinco horas por noite lhe são suficientes. Católico, ainda separa uns minutinhos diários para as orações. E considera boa sua qualidade de vida.

"*Sou muito satisfeito com tudo o que faço, tenho muita motivação com tudo isso e não conseguiria ter uma vida mais pacata. Eu não sirvo para ficar parado e não pretendo me aposentar nunca – eu morreria de tédio, morreria antecipadamente. Tenho consciência de que preciso das minhas conquistas e dos meus desafios – e é trabalhando que consigo concretizá-los.*"

DANIEL RIVAS MENDEZ

Uruguaio nascido em 28 de julho de 1962, veio para o Brasil ainda criança. Fundador e sócio da empresa de restaurantes corporativos Gran Sapore, emprega diretamente cerca de 15 mil funcionários. Nos mais de novecentos restaurantes onde a empresa atua, servem-se cerca de setecentas mil refeições por dia. Atua no Brasil e em outros países da América Latina. Em 2009, associou-se à empresa de convênios para RH BQ Benefícios, dando origem à Sapore Benefícios, quarta empresa do país no segmento.

DETERMINADO

Aos trinta anos, o uruguaio Daniel Mendez trocou seu carro Gol GTI por outro mais em conta. Alugou uma casa e, em um leilão do Bradesco, arrematou uma mesa de reuniões e alguns móveis para escritório. Era julho de 1992 e nascia em Campinas a Gran Sapore, sua empresa de alimentação para restaurantes corporativos. Ele tinha seis anos de experiência em uma empresa do setor, outros tantos de vivência em restaurantes e reservas financeiras suficientes para sobreviver durante um ano. Desde cedo o empreendedor sabia que para crescer ele precisaria, antes de tudo, fazer um pé-de-meia que lhe permitisse um dia abrir o próprio negócio.

Apesar de, por praxe, no setor de refeições coletivas os clientes serem os responsáveis por instalações, móveis e utensílios utilizados para servir as refeições, Mendez quis entrar no mercado se diferenciando: com a pouca verba que tinha, provia os clientes com mesas, cadeiras, balcões e pratos mais atraentes, a preços semelhantes aos praticados no mercado. Com estrutura absolutamente enxuta, não era raro ele próprio atender, cozinhar e, se preciso fosse, ainda servir os clientes. Sua margem de lucro era tão baixa que algumas vezes não conseguia cobrir as despesas com a gasolina usada nos deslocamentos. Mas Mendez estava disposto. Ele estava convicto de que, para alavancar seu negócio, todo empenho se justificaria.

“Eu sabia que teria de fazer um esforço grande para me colocar no mercado. Meu crescimento foi gradual, mas, com persistência, eu cresci, conquistei qualidade e ganhei mercado. Em dez anos, estávamos muito bem e, passados outros cinco, já éramos a segunda maior empresa de alimentação coletiva do Brasil. Quando me propus a abrir o negócio, eu sabia que chegaria lá. Desde criança sei que consigo o que quero. Acredito que 50% do sucesso é conquistado simplesmente com a mentalização de que as atitudes

tomadas vão dar certo. Dessa forma, nada se torna difícil. É essa a minha cultura e foi assim que cresci. ”

Nascido no Uruguai, Mendez veio com os pais para o Brasil aos 11 anos de idade. A saída do país de origem acontecia à procura de trabalho, já que o Uruguai, apesar de formar profissionais, não tinha capacidade para os acolher. Seu pai era garçom, sua mãe, cabeleireira, e, ao chegarem ao Brasil, montaram um restaurante e um instituto de beleza.

A infância de Mendez foi marcada por mudanças. Depois da chegada ao Brasil, sua família morou em Jaguarão, em Pelotas e em Porto Alegre, sempre no Sul do país. Antes disso, já tinham passado alguns anos em Montevidéu e outros em Buenos Aires. A falta de raízes impulsionava o garoto para um amadurecimento precoce.

“ *Menino que eu era, vivenciava com grande frequência a experiência de fazer alguns amigos, perder outros, me ambientar, conhecer e deixar casas, lugares, escolas e cidades. As perdas e conquistas se sucediam em cada parada que minha família fazia, em cada endereço onde meus pais tentavam a vida. Foi um processo de muito aprendizado, mas também de muita angústia, tristeza e sofrimento e que fez nascer em mim um ideal. Eu desejava ter uma carreira, um lugar fixo e, acima de tudo, uma vida estável, sem todos aqueles altos e baixos. Foram necessidades criadas na infância que me fizeram buscar algo que eu nem sequer conhecia, que me fizeram almejar uma vida mais equilibrada.* ”

Apesar das angústias e dificuldades, Mendez conseguia tirar proveito de algumas vantagens que a permanente condição de estrangeiro lhe traziam. Nas escolas brasileiras por onde passava, o relacionamento com as crianças era facilitado, pois todos queriam vê-lo, conhecê-lo, saber de onde vinha, conhecer seu idioma e país. Tais experiências, portanto, em vez de lhe despertarem a timidez, fizeram dele um garoto bastante comunicativo – "Como o filho de uma cabeleireira com um garçom poderia escapar de ser comunicativo?", brinca o uruguaio. À exposição permanente a novos grupos e ambientes ele credita uma aguçada percepção em relação às pessoas e aos ambientes. Quem nasce com espírito vencedor é sempre capaz de extrair lições das circunstâncias que a vida impõe, por mais adversas ou comuns que elas possam parecer.

Do turbulento movimento profissional dos pais, Mendez também tirava suas lições. Teve em casa exemplos concretos de garra, esforço e dedicação ao trabalho. Por outro lado, eram muitas as ocasiões em que os pais não conseguiam gerir os recursos conquistados e a estabilidade financeira da família nunca foi alcançada. Apesar de terem montado restaurantes diversos – em ruas, hotéis e clubes –, os empreendimentos invariavelmente fracassavam e acabavam sendo fechados com prejuízo. Mendez atentava para essa dinâmica e pinçava, nos pais, as características que gostaria de absorver para si e os aspectos que usaria como modelos a serem evitados, referências ao avesso.

NOITE DE NATAL... SERÁ MESMO HORA DE TRABALHAR?

De manhãzinha, após deixar a cidade brasileira de Jaguarão, Mendez cruzava a fronteira para frequentar uma escola uruguaia. Tinha 12 ou 13 anos e, terminadas as aulas, voltava para casa, tirava a gravata do uniforme escolar e arregaçava as mangas para atender os clientes no restaurante dos pais.

O que no começo era quase uma brincadeira, aos poucos foi se tornando necessidade. E o garoto inquieto, que por um lado se alegrava com as gorjetas, não achava a menor graça em trabalhar aos finais de semana, enquanto outras famílias relaxavam e se divertiam reunidas. Conforme amadurecia, ele simplesmente não se conformava em passar a noite de Natal e o *réveillon*, por exemplo, servindo terceiros. Queria ele próprio também poder celebrar essas datas como as outras pessoas. Sentia-se levando uma vida que não tinha escolhido e que não desejava para si. E, determinado a ir atrás do que almejava, decidiu que, tão logo conseguisse, trabalharia em outra área.

A primeira experiência fora de restaurantes aconteceu em Porto Alegre. Mendez conseguiu um emprego em uma madeireira, mas não durou uma semana. Achou as tarefas monótonas, não sentiu afinidade pelo assunto. Tentou alguns escritórios também, mas foi em vão: o que ele conhecia, gostava e sabia de fato fazer era servir, trabalhar em restaurantes. Ele não hesitou em deixar para trás as tentativas frustradas e continuar sua busca.

Enquanto cursava o ensino médio, contando com experiência, ensino e educação, Mendez se rendeu mais uma vez aos restaurantes. Em um hotel, fazia os cafés da manhã. Por saber conversar adequadamente com os clientes e se portar diante de hóspedes especiais, destacava-se dos demais garçons e conseguia dispensa aos finais de semana. Mas as regalias que tanto lhe agradavam também geravam um certo constrangimento diante de outros garçons. Incomodado com a situação, Mendez tentou atuar em outro setor e conseguiu um emprego em um supermercado. Mais uma vez, no entanto, deparou-se com os sábados comprometidos.

Sem jamais desistir de sua busca, Mendez acabou descobrindo em Porto Alegre uma empresa de alimentação chamada Puras e se deu conta de que era possível atuar na área sem sacrificar seus finais de semana. O trabalho absolutamente profissionalizado com alimentação chamou a atenção deste homem, que se sentiu extremamente seduzido pelo bom, pelo benfeito, pela alimentação encarada com tamanha seriedade. Seu olhar tão treinado em restaurantes logo repercutiu em inovações e iniciativas pouco comuns no setor. Ele tinha a experiência no trato com os clientes, tinha alguma vivência gastronômica, conhecia conceitos de decoração, do servir à mesa, e via a possibilidade de várias revoluções nesse mercado. No papel de funcionário, esse empreendedor nato nunca hesitou em propor inovações – e, quando se viu experiente e com algumas economias reunidas, soube que chegara a hora de inovar em seu próprio negócio. Após seis anos na empresa, ele decidiu deixá-la para trilhar seu próprio caminho.

OUSADIA, ÉTICA E DINHEIRO NO BOLSO: NASCE A GRAN SAPORE

A falta de recursos que lhe dificultou a infância, Mendez reverteu em responsabilidade diante do dinheiro ganho. Na longa temporada assalariada, ele reuniu economias de modo que, aos trinta anos, solteiro e com poucos compromissos financeiros, conseguiu abrir seu próprio negócio. Nasceria, assim, a Gran Sapore, tendo entre seus pilares não apenas a determinação de um empreendedor, mas também muita ética.

“Um dos meus maiores orgulhos no início da empresa foi a certeza de ter sido extremamente ético. Eu tinha sido diretor da Puras e em nenhum momento fui atrás dos clientes que eu até então atendia. Busquei novos clientes e, nos dois primeiros anos da Gran Sapore, não atendi sequer um cliente que tivesse atendido pela outra empresa. Sempre tive essa preocupação, pois acredito que o que nasce torto não vai pra frente. Se você não abrir seu negócio com princípios interessantes, com valores éticos, a coisa não anda. É evidente que, passados alguns anos, o mercado fica aberto, mas houve um período muito grande antes de qualquer investida nesse sentido.”

Curiosamente, a conduta adotada por Mendez ajudou-o a conquistar vários clientes. Pessoas do setor indicavam a Gran Sapore para terceiros, sem sequer terem sido clientes da empresa. O primeiro contrato assinado por Mendez foi com a Equipesca, uma indústria de equipamentos de pesca localizada em Campinas, no interior de São Paulo, que mais de 15 anos depois permanece em sua carteira de clientes. No mesmo ano, houve outros contratos bastante relevantes para a empresa, mas foi com a Tecumseh do Brasil, uma fábrica de compressores situada no interior paulista, que a Gran Sapore homologou sua capacidade operacional: pela primeira vez ela serviria cinco mil refeições diárias em um só local.

Quando Mendez entrou no mercado de alimentação, os restaurantes de empresas costumavam ser chamados de refeitórios ou bandejões, ao passo que os funcionários que lá se alimentavam eram *peões* ou comensais. No léxico da empresa deste revolucionário do setor, os termos foram substituídos por restaurantes e clientes. Nos salões, cores atraentes passaram a decorar as paredes e os arranjos florais deixaram de ser exclusividade das mesas de diretoria. Quanto às longas mesas acompanhadas de infindáveis bancos, deram lugar a mesas de quatro lugares com cadeiras, saladeiras e pegadores mais sofisticados. Eram detalhes de conforto oferecidos a funcionários de fábrica, que nos velhos bandejões nunca haviam recebido esse tratamento. Mendez procurou basear seus serviços em um bom atendimento, na criação de atmosferas aconchegantes e na satisfação de quem se alimentava em seus restaurantes.

Também em atitude pioneira, ele adotou em 1993 o livro de sugestões, afinando o canal de comunicação com os clientes. Mais tarde, o recurso deu lugar a um painel eletrônico de satisfação, permitindo que a matriz, mesmo longe de muitas unidades, conferisse o grau de satisfação dos usuários em relação aos serviços prestados. Também para aproximar a empresa dos clientes e permitir que estes revelassem suas impressões em relação aos serviços prestados, adotou-se a prática de nutricionistas e chefes de cozinha da empresa circularem sistematicamente nos salões dos restaurantes. Medidas aparentemente simples, que refletiam uma constante determinação no que se refere à melhora do serviço oferecido e à conquista da satisfação dos clientes.

“O painel e livro hoje são práticas comuns, mas, além de termos sido os pioneiros, sempre tivemos a preocupação de não apenas reunir impressões dos clientes, mas passá-las para as equipes. Nem sempre o profissional formado em nutrição, que participa da elaboração do cardápio e das receitas, tem contato direto com o cliente – e nem sempre esse profissional aceita o comentário de um leigo sobre seu trabalho. A partir do momento em que destacamos a importância da opinião do cliente, nós quebramos essa resistência.
Paralelamente, o fato de ouvir os clientes nos provê de constatações e descobertas surpreendentes. Ao servir um mamão, por exemplo, é possível se deparar com pessoas que preferem a fruta cortada ao meio, outras que querem a polpa já retirada e cortada em fatias e até as que preferem o mamão cortado ao meio sem que se retirem as sementes! Quem ouvir o cliente, servirá melhor. É simples assim.”

Ainda na linha de inovações, em 004 Mendez lançou a Inteligência Operacional Sapore, uma operação logística elaborada para maximizar os recursos disponíveis nos restaurantes, fossem eles humanos, relativos a espaço, produtos ou equipamentos. Na prática, isso se traduziu na mobilização de cerca de dois mil fornecedores, a fim de se obter itens em formato mais próximo do consumo, como alimentos pré-processados, verduras lavadas e legumes cortados. Além de padronizar os insumos, a ação conseguiu melhorar a qualidade dos produtos e reduzir o uso da cozinha, a área disponível para sua instalação, a mão de obra contratada e eventuais desperdícios. Com essas ações, uma cozinha de 40 metros quadrados passou a ser suficiente para o preparo de até oitocentas refeições diárias.

O empresário que enxerga na inovação uma necessidade com possibilidades infinitas especializou-se em olhar para o cliente, atentar para seus costumes, detectar suas carências e adaptar os serviços oferecidos a fim de melhor atendê-lo. Tendo em mente clientes que deixavam de almoçar por questões de agenda, por exemplo, ele criou as refeições To-Go, que consistem em saladas ou sanduíches embalados para viagem. Pensando na descontração e integração dos funcionários, por sua vez, montou em alguns restaurantes espaços com sofás, revistas e som ambiente. Sempre na inquietude de melhorar o serviço oferecido.

A inspiração de muitas dessas práticas veio da observação de estabelecimentos e hábitos alimentares de outros povos e países. Restaurantes comerciais, supermercados, hotéis, lojas de conveniência e feiras do setor sempre serviram de referência ao empresário, que com frequência visita estabelecimentos e eventos internacionais do ramo. Ele cita as praças de alimentação de *shoppings*, aeroportos e lojas de conveniência, por exemplo, como verdadeiros oásis de ideias e conceitos. Também revela já ter absorvido muitas lições de logística, embalagem, padronização, produtos e praticidade, observando a atuação dos americanos. E enfatiza que os modelos não são copiados, mas tropicalizados, transportados para a realidade brasileira quando se mostram relevantes para este mercado.

“Um hábito que cultivo já há muitos anos é viajar, procurando frequentar todo tipo de lugar e vendo um pouco de tudo, atento ao que pode vir ao encontro das necessidades do nosso mercado. Mas uma coisa muito interessante que percebo – falando não só de mim, mas também dos meus concorrentes – é que os hábitos de higiene praticados no Brasil não se comparam aos de nenhuma outra cultura. Eu desafio qualquer pessoa a encontrar em qualquer lugar do mundo cozinhas em tanta quantidade e tão bem tratadas como as daqui. Não conheço nenhum país com comportamento tão

correto em relação à manipulação dos alimentos. Nossa mão de obra é muito bem preparada e acredito que muito disso se deva aos nutricionistas. Na Ásia, na Europa, nos Estados Unidos, em nenhum lugar onde estive encontrei o mesmo cuidado e consciência que praticamos no Brasil."

Reconhecendo a alimentação no Brasil como uma das mais ricas do mundo, especialmente no que se refere a leque de opções e frescor dos alimentos, Mendez baseia-se nas culturas locais para definir as particularidades de cada restaurante. Serve feijão-preto no Rio de Janeiro, o carioca em São Paulo e o coentro e a macaxeira nas mesas do Nordeste. De acordo com as necessidades e filosofias de cada empresa, também oferece variações de cardápio (vegetarianos, orgânicos, *diet*, *light* ou simplesmente tradicionais) e adapta as propostas gerais dos restaurantes. Os enfoques podem ser tão distintos quanto uma praça de alimentação com 21 itens servidos diariamente para atender a sete mil funcionários da Motorola, ou alta gastronomia para o máximo de 25 clientes, servida em um restaurante na torre do SBT.

A CULTURA DO LUCRO

Em 2003, a Gran Sapore firmou sociedade com o BNDES, que, investindo um capital de 20 milhões de reais, passou a deter 20% da empresa. Além do aporte de capital, a sociedade garantiu à Gran Sapore a profissionalização do negócio, a expansão de suas atuações e uma nova maneira de tratar as questões financeiras. O empresário, que tinha uma visão predominantemente romântica do negócio, passou a incluir os números em seu foco de atenção.

"*O dinheiro sempre havia aparecido como consequência do nosso trabalho e nunca tínhamos dado a devida importância para os resultados financeiros. Como consequência, trabalhávamos muito, crescíamos, faturávamos, mas não tínhamos lucro. Na verdade, não tínhamos a cultura do lucro. A partir do momento em que tivemos a intenção de nos associar ao BNDES, passamos a ter governança corporativa, uma organização efetiva em busca do lucro. Incorporamos os princípios de que uma empresa precisa ter objetivos numéricos bastante claros e positivos. Fizemos uma retrospectiva, um planejamento, traçamos uma meta a ser atingida e uma meta de estabilidade. Até então, eu trabalhava para mim. O resultado era meu e, lucrando ou não, eu estava satisfeito, pois estava na empresa dos meus sonhos.*"

Nas primeiras reuniões de conselho, Mendez se deu conta de que o poder sobre a empresa não estava mais nas mãos dele. Teve de dividi-lo e, com isso, a empresa automaticamente passou a ter outros valores, a gerar lucro e a prezar por este fator, encarando-o como um verdadeiro indicador de competência. Para Mendez, iniciou-se uma fase de cobranças que repercutiram em maior entendimento sobre o comportamento do mercado, bom uso dos investimentos na gestão, realização de cálculos e visão clara dos resultados que seriam colhidos com as ações praticadas.

Presente em 19 estados brasileiros, o empresário ilustrou sua ousadia ao decidir ir além e cruzar as fronteiras do país. Entrou no México em 2006 e, um ano depois de experimentar o mercado, comprou a empresa mexicana Coral Alimentação. Menos de um ano depois da compra, a Coral conseguiu um crescimento de mais de 50% e fechou uma série de contratos especialmente com clientes internacionais, como a Eletrolux, que já tinha no Brasil cerca de nove mil refeições diárias servidas pela Gran Sapore no Brasil. O fato de essa empresa ser quase dez vezes maior que a Coral também fez com que a mexicana adquirisse mais crédito e respeitabilidade junto a clientes e fornecedores locais, conseguindo contratos mais convenientes do que os que estavam em vigência até então.

Apesar de ter encontrado muitas diferenças na maneira de lidar com colaboradores, fornecedores e clientes estrangeiros, Mendez não se acanhou com o novo mercado, enfatizando que tem maleabilidade, por estar acostumado a lidar com as peculiaridades das diferentes regiões do Brasil. Depois do primeiro passo, já colocou sua marca em Honduras, na Colômbia, na Argentina e no Peru. Na América Latina, ele deixa claro que não tem a pretensão de fazer uma comida superior à da concorrência, mas pretende sim se destacar pelo resultado geral, incluindo restaurantes mais agradáveis, atendimento diferenciado e capacidade de satisfazer clientes.

Em 2008, a Gran Sapore começou a explorar também o mercado colombiano, desta vez por meio da conquista de clientes sem a compra de uma empresa. O chamariz mais uma vez foi o trabalho feito pela empresa no Brasil, a facilidade de os possíveis clientes obterem boas referências por aqui e a credibilidade da culinária e dos restaurantes brasileiros do setor. Nas passadas largas, ousadas e sempre muito determinadas desse empresário, México, Colômbia, Argentina e Peru são apenas parte do bolo. Sua ideia é estender a atuação por toda a América Latina, na certeza de que quem atende ao mercado brasileiro está apto a entrar em qualquer outro mercado desse continente.

“O que me deixa mais satisfeito é a paixão que tenho pelo que faço e a possibilidade que este setor me dá de estar sempre aprendendo. Vejo o mercado de alimentação como algo sem fim, com possibilidades infinitas de crescimento e aprimoramento. Eu me orgulho da Gran Sapore e de toda a equipe que forma a empresa. Meu grande desafio é irradiar esse brilho no mundo todo, não apenas no Brasil. Meu desafio é um sucesso cada dia maior, sucesso das pessoas, dos métodos de gestão, dos projetos, das inovações colocadas em prática. É o desafio dos clientes satisfeitos, dos colaboradores crescendo com a gente. Acho que esse orgulho e

esse desejo de reconhecimento me levam a vislumbrar muitas coisas e acabam impulsionando ainda mais a empresa e seus colaboradores. ”

Não bastasse o determinado uruguaio ter se tornado um gigante da alimentação coletiva, em 2009 Mendez decidiu ampliar sua atuação. Associando-se à BQ Benefícios, uma empresa de convênios para RH, ele deu origem à Sapore Benefícios: quarta empresa do Brasil em seu setor, ela chega ao mercado recebendo um aporte de 15 milhões de dólares e pronta para crescer.

ACREDITAR, FOCAR E PERSEVERAR: EIS A CHAVE

O jovem que sonhava em ter estabilidade financeira e um trabalho que lhe tomasse apenas os dias úteis foi muito além disso. Embora entre seus finais de semana existam alguns por vezes comprometidos, sua vida é bastante equilibrada entre trabalho, lazer e descanso. No dia a dia, encontra tempo para praticar esportes – musculação, *spinning* e tênis –, para andar a cavalo na fazenda, ficar em contato com a natureza, estar com a família, cozinhar uma boa *paella* ou simplesmente ler. Mendez é assim um eclético assumido, que sente prazer em várias coisas e especialmente em estar e lidar com pessoas.

Por razões operacionais, o uruguaio divide seu tempo entre o escritório da matriz, em Campinas, e o sétimo andar de um edifício comercial no bairro do Itaim, em São Paulo. Onde quer que ele esteja, porém, invariavelmente escutam-se suas risadas, acompanhadas de uma fala alta e ligeiramente cantada, que logo denuncia seu carisma e entusiasmo. Ao expor seus ideais, essa mesma figura se mostra extremamente disciplinada e perseverante. Tem objetivos bastante claros e caminha em direção a eles, custe o que custar. Entre seus desafios, Mendez se empenha em contagiar as pessoas que o cercam para que sejam elas também empreendedoras, para que vejam os negócios um pouco como ele próprio e ajam de acordo com essa visão. Seu intuito é revolucionar pessoas e processos, disseminar a cultura empreendedora, transmitir aos que o cercam ferramentas para que se desenvolvam.

Para ele, acreditar, focar e perseverar são os verbos-chave no mundo dos negócios. E lembra que as mudanças, tantas vezes imprescindíveis, requerem certos esforços. Mendez faz questão de enfatizar a importância de ser forte, segurar as dificuldades da mudança e acreditar que aquilo vai dar certo, tratando cada uma das etapas do processo com respeito, seriedade e valor ético profundo. Foi assim que construiu sua empresa e conquistou o sonho de infância de se estabelecer física e economicamente. Quanto à estabilidade, esta continua atraindo-o, contanto que venha acompanhada de constantes inovações ou, como ele mesmo define, "revoluções estimulantes".

"*Adoro conviver com meus colaboradores, poder participar do desenvolvimento deles. Sou sim determinado e sempre curti com as pessoas da empresa as tantas vitórias e momentos memoráveis que temos tido juntos. As passagens importantes são inúmeras... Esse trabalho me fascina e me alimenta, e jamais quero deixar de criar, inovar e aprender. Fora isso, mal posso descrever a satisfação que tenho por estar inserido neste contexto e poder passar para meus filhos tantos ensinamentos que eu mesmo não recebi quando garoto.*"

LUIZ SEBASTIÃO SANDOVAL

Nasceu em Campinas, no interior de São Paulo, em 13 de outubro de 1944. Desde 1982, preside o Grupo Silvio Santos, *holding* que reúne mais de trinta empresas. Ao longo de sua gestão, o faturamento anual do grupo, que no início dos anos 1980 girava em torno de 25 milhões de dólares anuais, já atingiu a marca dos 2 bilhões de dólares ao ano.

UM RESPEITÁVEL IDEALIZADOR

Na cidade de Leme de meados do século XX, acabara de chegar o jornalista Waldemar Arruda. Ele vinha de São Paulo e seria professor de português e latim de Luiz Sandoval em seus anos de ginásio. Com experiência como repórter político do jornal *Folha de S. Paulo*, ele chegou em Leme e logo se apressou para criar o jornal na cidade. E o adolescente Sandoval, atento às possibilidades que o tal jornal poderia lhe abrir, não demorou a pedir um emprego a ele.

"Certa noite, fui à casa desse meu professor. Bati à porta, me apresentei e disse que gostaria de trabalhar com ele no jornal. Ele pensou que eu queria trabalhar na gráfica e afirmei que queria ser diretor comercial do jornal. Ele riu e me convidou para entrar. Ele morava em uma bela casa. Os professores ganhavam bem naquela época e eram muito reconhecidos. Ele me mostrou uma tabela de preços, me explicou como era a venda dos espaços (meia página, um quarto de página etc.) e já no dia seguinte eu saí vendendo. Em dois meses, dobrei o faturamento do jornal. Como os anunciantes não sabiam redigir os textos, eu mesmo os redigia. Eram postos de gasolina, oficinas mecânicas, padarias, vários estabelecimentos anunciantes. Eles gostavam do que eu escrevia, gostavam do resultado e meu trabalho ia muito bem. Passei um bom período nessa função. Mas fui crescendo lá dentro, realizei uma série de outras atividades paralelas e, por ocasião do regresso de Waldemar a São Paulo, acabei comprando o negócio dele. Eu tinha 17 anos e me tornei o dono do jornal da cidade."

Luiz Sandoval passou parte da infância no sul de Minas Gerais e parte no interior de São Paulo. Seu pai era mascate e mudava-se de cidade com a família com grande frequência.

Havia se acostumado assim: trabalhava um tempo em uma cidade, depois em outra, em outra... E a família o acompanhava.

Mesmo nunca tendo tido um emprego, sem jamais ter sido funcionário de alguém, o pai de Sandoval, sr. Luiz, sempre trabalhou, sempre se virou. Hábil que era, consertava enormes rádios, máquinas de costura manuais, bicicletas, o que fosse preciso. E vendia todo tipo de produtos. O importante era dar um jeitinho e trabalhar. Foi sempre assim.

Aos oito anos de idade de Sandoval, o sr. Luiz deu ao filho duas flanelas, duas escovas, duas latas de graxa e uma caixa de engraxate que ele próprio havia feito. Em seguida, avisou que em breve chegaria seu primeiro cliente: o amigo "Toninho Carcule Só". Com forte sotaque interiorano, o sujeito tinha o hábito de iniciar seus relatos dizendo "Carcule só..." – daí seu apelido. Pouco depois de Carcule Só chegar a cavalo à casa de Sandoval, o sr. Luiz anunciou que seu filho engraxaria suas botas. E Sandoval ganhou, naquele dia, sua primeira moeda vinda do trabalho.

Com satisfação, o menino passou a infância acompanhando o pai em suas andanças: "Ele era um exímio vendedor e me ensinou este ofício – aprendi com ele a vender, a argumentar, a convencer os clientes". Entre os produtos que faziam parte do leque ofertado, Sandoval lembra-se bem dos artigos religiosos, que se mostravam um nicho e tanto. Em quermesses e praças públicas, quadrinhos com imagens de santos saíam feito água. Entre os itens mais cobiçados estavam as imagens do padre Donizetti, cuja popularidade foi às alturas depois dos milagres que realizou em Tambaú, cidade do interior paulista. O pai de Sandoval fazia as imagens do padre em gesso, o garoto as pintava e as vendia.

"Lembro-me com detalhes de um dia em que, numa dessas saídas com meu pai, seguíamos de mãos vazias em direção a uma fazenda que ficava a cerca de 10 quilômetros de onde

morávamos. Naquela ocasião, não tínhamos nada para vender e, preocupado, em certo momento decidi perguntar: 'Pai, se não temos nada, o que vamos fazer lá?'. Ao que ele respondeu: 'Tenho uma ideia, filho. Mesmo sem ter nada concreto em mãos, se você tem uma ideia, tem algo valioso'. Chegando à fazenda, ele bateu à porta de uma casa de colonos, conversou com a dona da casa e convenceu-a a reunir outras mulheres no local. Feito isso, meu pai pôs-se diante delas e começou a fazer uma pregação religiosa. Falou de Deus, de Jesus Cristo, da importância da bondade. Depois da pregação, as donas de casa começaram a nos dar mantimentos, feijão, arroz, galinhas... Aprendi naquele dia a importância e o valor de uma ideia. Descobri que as ideias podiam ser vendidas e decidi que, quando terminasse a escola, eu iria estudar direito. Decidi que seria um advogado. Eu iria me preparar bem e me transformaria em um exímio vendedor de ideias. ”

PAU PARA TODA OBRA

Reunindo na bagagem experiências de vendedor e de engraxate, Sandoval foi, aos 11 anos de idade, trabalhar como faxineiro do cinema de Leme, cidade do interior paulista, na qual a família acabou se fixando. Ele estudava de dia e, ao término da sessão noturna (única que havia), varria a sala com um amigo. Quando os filmes precisavam ser trocados, a cada 15 dias, era ele quem ia à estação de trem buscar as novas fitas.

Mas não era essa a única fonte de renda do menino. Aquele que fazia e acontecia desde pequeno levava para a cidade mantimentos das fazendas próximas, incluindo amendoim que sua mãe torrava, e vendia para os namorados que iam à praça antes do cinema. Vez ou outra assistia às sessões e semanalmente trocava, nas ruas da cidade, as placas que anunciavam os filmes. Com o dinheiro ganho, comprava tudo o que era preciso para abastecer a família; o restante dava para a mãe.

“Senti muito orgulho, aos 12 anos, quando assumi a casa dos meus pais e me tornei o responsável pela manutenção com o que eu ganhava no trabalho. Era uma vida modesta, mas eu assumi. Eu achava maravilhoso tudo o que fazia. Meu irmão mais velho tinha vergonha de fazer trabalhos daquele tipo, ele não tinha esse espírito realizador e começou a trabalhar bem mais tarde. Meus outros irmãos eram muito novinhos... Era eu, portanto, o filho que ajudava em casa.”

Mesmo depositando tamanho empenho nas tarefas profissionais, sobrou tempo para o menino se deslumbrar, aos 12 anos de idade, ao deparar-se com uma coleção de livros no porão da prefeitura de Leme. Os volumes, que deveriam fazer parte de uma biblioteca, fascinaram o filho de pai analfabeto, em cuja casa nunca houvera um livro. E permitiram que Sandoval desvendasse capítulos de José de Alencar, Érico Verissimo e Shakespeare. Sem nenhum estímulo prévio, sem orientações nem incentivos nesse sentido, ele começou a devorar histórias, a viajar pelo espaço e pelo tempo. E, no virar das páginas, percebia que ia adquirindo um alto nível cultural, algo que começava a diferenciá-lo de sua família e das crianças da mesma idade.

Nos anos ginasiais, não demorou para Sandoval notar sua facilidade para aprender tanto português quanto matemática. Nas horas vagas, então, o menino decidiu fazer dessa habilidade um ofício e começou a dar aulas particulares para outras crianças – a essa altura, além de frequentar a escola, ele já trabalhava no jornal da cidade. Entre os alunos de Sandoval havia três crianças de uma rica família de imigrantes libaneses. O pai das crianças produzia telhas e outros itens em uma fábrica de cerâmica (havia várias desse tipo na cidade). O fato é que especialmente um desses garotos libaneses tinha certa dificuldade de aprendizado. O pai do garoto, portanto, fez um acordo com Sandoval: se ele fizesse o menino passar de ano, ganharia um presente, a combinar. Com paciência e revelando bastante didática para um garoto, Sandoval estudou muito com o menino, que, no final do ano, foi aprovado. Cumprindo o prometido, o pai perguntou-lhe que presente gostaria de ganhar, imaginando que o garoto pediria uma bicicleta ou algo do gênero – ao que Sandoval respondeu: "Quero um emprego. Um emprego no escritório de sua cerâmica".

Cumprido o trato, chegou o momento de gozar da oportunidade. No escritório, Sandoval passou a acompanhar o único funcionário, que era um contador, com o qual aprendeu contabilidade, o funcionamento de uma folha de pagamento e a escrita dos cálculos. Em pouco tempo, ele se deu conta de que os fazendeiros locais, com quem por tanto tempo havia se relacionado comercialmente, não tinham um controle de estoque, não conheciam bem a movimentação financeira das fazendas, tinham um controle muito rústico da produção e das vendas. E lá foi Sandoval criar um modelo simples de contabilidade rural, vender a ideia a alguns fazendeiros e, aos finais de semana, passar a visitar tais fazendas para realizar os cálculos e colocar a contabilidade em dia. Para onde quer que ele olhasse, parecia inevitável, Sandoval vislumbrava novos negócios e dava vida a eles.

"Já estávamos fixados em Leme, mas morávamos muito mal, em uma casa sem luz elétrica nem água encanada – nossa estrutura era um poço do qual tirávamos água... De qualquer forma, passei a ser o chefe de casa, a assumir tudo, e me tornei um ídolo dentro de casa. Eu sabia, no entanto, que as coisas poderiam melhorar e, aos 13 anos, aluguei uma casa no centro da cidade. 'Daqui ninguém te tira', disse à minha mãe. Pois, quando eu estava com 14 ou 15 anos, o proprietário da casa procurou-me para dizer que iria vender o imóvel. Como inquilino, eu tinha preferência na compra e decidi, portanto, fazer uma proposta. Pedi ao professor Waldemar que me avalizasse um empréstimo num banco. Com o dinheiro

obtido no Banco Mercantil de São Paulo, ainda me lembro, eu comprei a casa, paguei as prestações e cumpri minha promessa. Minha mãe nunca mais saiu de lá."

EMPREENDEDOR NATO

Lendo uma revista de São Paulo, Luiz Sandoval ficou sabendo da existência dos clubes de campo. Ao tomar conhecimento do que lhe pareceu mais uma excelente oportunidade, ele logo foi atrás de seu professor Waldemar Arruda: propôs que fizessem um clube desses em Leme e, diante da aceitação por parte do professor, os dois arregaçaram as mangas para elaborar o projeto. Tinham a ideia e, a partir daí, Sandoval estava certo de que eles seriam capazes de conseguir uma área para o clube, um projeto arquitetônico, a construção do empreendimento e a venda dos títulos.

O professor Waldemar conhecia bem Yolanda Penteado Matarazzo – "uma mulher linda e inteligentíssima", nas palavras de Sandoval. Ex-amante do conde Matarazzo, era dona de uma fazenda às margens da via Anhanguera e nutria estreita amizade com o professor Waldemar. A pedido deste, conforme previam,Yolanda cedeu-lhes alguns alqueires de terra. Em seguida, Sandoval e Waldemar Arruda contrataram um arquiteto e uma construtora que tocaria as obras do clube; paralelamente, providenciaram a venda dos títulos. Sandoval ainda não tinha 18 anos e já era um verdadeiro idealizador.

Pouco depois dessa conquista, ele se casou e foi estudar direito na Universidade Braz Cubas, na cidade paulista de Mogi das Cruzes. Começaria um período de rotina bastante puxada, morando em São Paulo, trabalhando o dia todo, pegando o trem para a faculdade no início da noite e chegando de volta em casa já quase de madrugada. Em paralelo à faculdade, o jovem trabalhou em algumas empresas, incluindo a Johnson & Johnson.

“Em um anúncio de emprego, soube que a Johnson & Johnson estava precisando de um chefe do setor fiscal. Preenchi a ficha e, na escolaridade, coloquei curso superior – eu estava no quarto ano de direito e, por distração, não especifiquei meu status *como superior incompleto. O resultado é que fui aprovado na entrevista com o diretor jurídico, o qual imaginou que eu já era um advogado. Dei conta do recado, mas, quando percebi que todos me chamavam de doutor, fui ao diretor jurídico e disse que não era formado e que não havia tido más intenções ao preencher a ficha. Ao que ele respondeu: ‘Você é melhor do que muitos advogados formados e, por sua competência, vai continuar chefiando o setor fiscal’.”*

Especializado em direito tributário, Sandoval estava no último ano da faculdade e ocupando o cargo de chefe do setor fiscal da Johnson, quando recebeu um convite para trabalhar no Baú da Felicidade. O convite veio de um colega da faculdade. Ele era mais velho, estava em seu segundo curso e havia sido contratado pelo então presidente do Baú da Felicidade para fazer uma reestruturação interna. Nessa reestruturação, previu um departamento jurídico mais voltado à área fiscal e convidou Sandoval para integrá-lo.

INGRESSO NO BAÚ DA FELICIDADE

Era maio de 1970 quando Sandoval ingressou no Departamento Jurídico do Baú da Felicidade, ganhando o dobro do que recebia na época. Trabalhando diretamente com o presidente do Baú, ele tinha muitas ideias, apresentava-as no momento certo e, aos poucos, elas se tornavam realidade e ajudavam o Baú a crescer. Uma das primeiras sugestões de Sandoval foi a implementação de um sistema de venda de mercadorias com recebimento antecipado de dinheiro e sorteios regulares, que estimulariam a pontualidade dos pagamentos. O Baú aplicava no mercado financeiro o dinheiro recebido, obtendo ótimos resultados. Mais tarde, Sandoval sugeriu a compra de uma carta-patente para montar uma financeira, fazer financiamentos e aplicar o dinheiro recebido. Surgiu daí a Baú Financeira, atual Banco PanAmericano. Em 1972, o governo impôs algumas limitações ao sistema de vendas com recebimento antecipado – não poderiam mais ser de 12 mensalidades e não seria permitido cobrar uma taxa de entrada como o Baú fazia até então. Os custos de venda dos carnês eram altos e a taxa de entrada ajudava a pagar as comissões de venda. Diante disso, Sandoval sugeriu que um seguro de vida e acidentes pessoais fosse acoplado ao carnê. Eles contrataram uma seguradora, abriram uma apólice coletiva e todos os compradores de carnê receberiam também o seguro, cujo prêmio correspondia a uma prestação do carnê. Foi o início da massificação do seguro, à qual se seguiu uma carta-patente de uma seguradora, atual PanAmericana de Seguros, também pertencente ao Grupo Silvio Santos. Bastaram alguns anos para que a divisão financeira – composta pelo banco, cartões de crédito, seguradora e *leasing* – se tornasse a maior geradora de lucros do grupo.

“O banco foi uma iniciativa minha, uma persistência minha. O próprio Silvio Santos não acreditava nessa ideia e argumentava: ‘Sou um artista, um homem de televisão. Não quero ter banco, não tenho jeito de banqueiro e ninguém vai acreditar em mim como banqueiro... Como você acha que vão acreditar no banco de um artista? Vão deixar de trabalhar com o Bradesco, com o Itaú, para trabalhar com o meu banco?’. E eu dizia: ‘É que o banco do Silvio Santos será um banco de pobres, feito para pobres e que emprestará dinheiro a eles’. Decidido, foquei o trabalho do banco nas classes C, D e E e nunca mais saímos desse mercado. Essa população atualmente é de oitenta milhões de pessoas e elas de fato consomem. Todos os grandes bancos hoje buscam esse público. E, com a estabilidade da moeda, atendemos hoje a nosso público

melhor do que no início, já que conseguimos alongar os prazos de financiamento e expandir o crédito.”

VOCÊ ACEITARIA SER O NOVO PRESIDENTE?

Era 1982 e o empresário Mário Albino Vieira deixaria de ocupar a presidência do Grupo Silvio Santos. Para Silvio, era o momento de escolher um nome para assumir a direção da *holding* que, na época, tinha três vice-presidentes.

Sandoval era o diretor jurídico do grupo. Atendia à *holding* toda, conhecia bem o negócio e já havia enfrentado questões difíceis, seriíssimas, processos enormes advogando em nome do grupo. Por acompanhar Silvio Santos em audiências nas quais este precisava depor, os dois tinham bastante contato. Nessas ocasiões, Sandoval costumava buscar Silvio em casa e os dois seguiam juntos conversando até o fórum.

“*Na época da mudança da presidência, houve uma audiência à qual Silvio Santos deveria comparecer. No caminho para o fórum, enquanto conversávamos no carro, ele citou vários nomes, perguntando o que eu achava deles como possíveis sucessores para a presidência. Em determinado momento, questionou: 'E você? Aceitaria ser o presidente?'. Prontamente, respondi que sim. 'Mas como? Você é advogado!'. Ao que respondi: 'Até por isso: conheço muito bem o grupo, sou um homem de negócios e aceitaria sim'. Silvio Santos, então, virou-se para mim e disse que não estava me convidando, estava apenas perguntando. No dia seguinte, ele foi à empresa, convocou o conselho, falou da saída do Mário Albino, elogiou-o e me nomeou para o cargo. Acredito que ele tenha me escolhido porque via em mim uma pessoa capaz de fazer acontecer, alguém que de fato resolvia as questões. Eu tinha ideias e fazia com que elas se tornassem realidade. Acho que foi essa a principal característica que o fez tomar a decisão.*”

Em 1982, portanto, Sandoval passou a ocupar a presidência do Grupo Silvio Santos. A *holding*, que naqueles tempos tinha um faturamento anual de 25 milhões de dólares, bateu os 2 bilhões de dólares em 2007, faturados por suas 34 empresas. E, se os problemas enfrentados por Sandoval no departamento jurídico eram vultosos, a presidência do grupo lhe ofereceria posteriormente desafios ainda maiores. Um deles foi recuperar o SBT que, na época em que Sandoval assumiu a presidência, passava por péssima situação financeira. Com uma inflação bastante elevada, o grupo chegava a destinar 70% da receita operacional líquida a pagamento de encargos de dívidas do SBT em bancos. A fim de sanar as dívidas e reverter o quadro, Sandoval decidiu vender ativos da empresa, a começar pelas ações de Rede Record.

"Tínhamos uma parte da TV Record e da Rádio Record, precisávamos vendê-las e saímos à procura de um comprador. A família Machado de Carvalho, também acionista, decidiu vender a própria parte, facilitando as negociações. Eis que, depois de certa procura, o dr. João Avelange, vice-presidente da Fifa, nos contatou interessado na compra, juntamente com Nascimento Brito, dono do Jornal do Brasil.
Negociei com eles e, uma vez fechado o negócio (mas não assinado), eu os levei ao Silvio. Ele sempre participa desse tipo de decisão, quer saber como será feito o negócio, quer estar diante dos envolvidos etc. Marcamos uma reunião, Silvio conversou com eles, perguntou aos dois sobre a história deles e, em determinado momento, revelou: 'Vocês estão querendo comprar uma emissora de televisão. Os senhores sabem que esse é um péssimo negócio? Todas as emissoras do país quebraram, exceto a Globo. É um péssimo negócio. Vocês estão cientes de que querem isso?'. Foi o Silvio dizer, e eles desistiram do negócio."

Relatando essa passagem, Sandoval chama a atenção para a sinceridade e dignidade de Silvio Santos, características que admira muito no empresário e apresentador. Outra qualidade dele que considera admirável é sua capacidade de negociar de tal forma que a outra parte sempre sai da negociação tão feliz quanto ele próprio. Se o outro não se satisfizer, se não estiver contente com as vantagens obtidas por meio da negociação, Silvio Santos procura nem fechar o negócio.

Em relação às ações da Record, acabaram sendo vendidas para um terceiro empresário que tinha por trás o bispo Edir Macedo, da Igreja Universal. Quanto ao SBT, ficou com todo o dinheiro obtido com a venda. O montante, juntamente com a verba da venda de algumas terras pertencentes ao grupo, permitiu que a direção pagasse toda a dívida da emissora, voltasse a investir nela e a recuperasse.

Sempre que tem ideias e pontos de vista diferentes do "patrão", como se refere a Silvio Santos, Sandoval não hesita em discutir, argumentar e expor seus pontos de vista, até que cheguem a um consenso. E revela o empenho que precisa ter para argumentar com pessoa de tamanha inteligência e capacidade de convencimento.

Na ocasião desta entrevista, Sandoval comemorava o desfecho de uma importante conversa que acabara de ter com Silvio. Havia sido sobre estratégias para conquista de revendedoras para Jequiti, marca de cosméticos na qual o grupo estava investindo. Diante da dificuldade de captar revendedoras, uma vez que muitas das profissionais do setor já estavam habituadas a trabalhar com marcas mais tradicionais, Silvio Santos, confiante em seus sistemas de premiações, decidiu oferecer uma casa às duas campeãs de vendas de determinado período. Com ações desse tipo, e investimento em publicidade, o grupo pretendia dobrar em menos de um ano as 15 mil revendedoras ativas que já trabalham com a nova marca, aumentando substancialmente o volume de vendas e a penetração no mercado. Sandoval vibrou diante das perspectivas, sem imaginar que em cerca de um ano as tais iniciativas não teriam apenas duplicado, mas quase quintuplicado o grupo de revendedoras da marca, que chegou em meados de 2009 reunindo mais de setenta mil mulheres.

No que se refere à política de relacionamentos com os funcionários, o presidente do grupo se satisfaz ao descrever os incentivos e oportunidades de crescimento de quem trabalha no Grupo Silvio Santos. No papel de ex-engraxate subordinado a um ex-camelô, ele aponta a responsabilidade social como principal missão da empresa, com destaque para a responsabilidade com aqueles que lá trabalham, aqueles que fazem o negócio crescer. E compara o relacionamento da empresa com os funcionários a uma relação conjugal:

"É preciso haver um comprometimento mútuo entre a empresa e seus funcionários. Assim como num casamento, esse comprometimento só acontece se há admiração, confiança, respeito e paixão. Sem isso, você pode até conseguir manter o relacionamento, mas não haverá comprometimento. Em palestras – faço muitas – costumo dizer que as empresas, até a Revolução Industrial, exigiam o físico do empregado. Depois dela, passaram a exigir também o conhecimento. Hoje, além do físico e do conhecimento, as empresas exigem que os funcionários tenham paixão, emprestem sua alma ao negócio. Um funcionário apaixonado rende muito mais. É ele quem sabe ouvir e conquistar o cliente, é ele quem respeita a empresa para a qual trabalha e entende que seu crescimento e o da empresa estão atrelados. A empresa, por sua vez, tem que permitir, apoiar e incentivar o crescimento do funcionário junto com o dela. E aí é que entram a distribuição de resultados, a promoção do crescimento intelectual e cultural dos funcionários, os programas de bolsas de estudo, de treinamento... Com isso, o casamento entre funcionário e empresa tem tudo para dar certo."

Seguindo tais princípios, são comuns no Grupo Silvio Santos os investimentos em treinamento, motivação profissional e bolsas de estudo para funcionários. E o reflexo de iniciativas desse tipo se revela em grandes possibilidades de ascensão interna, a citar um *cameraman* que se tornou vice-presidente da divisão de comércios e serviços do Baú da Felicidade, um *office boy* que virou diretor de televisão e um ex-lavrador que chegou à presidência do conselho de direção das empresas.

E, AFINAL, QUEM É ESTE SANDOVAL?

Sandoval é um homem que fareja, percebe, decide e realiza. Sua fisionomia serena, gestos calmos e tom de voz com poucas variações escondem sua ousadia. A ousadia de observar, deduzir, elaborar projetos e fazê-los acontecer, sempre com objetivos bastante claros em vista. Generalista assumido, faz questão de ouvir especialistas antes de tirar conclusões. E, ao tomar uma decisão, assume as consequências, sejam elas boas ou ruins. Suas decisões passam por um conselho, do qual ele próprio é presidente – e passam pelo crivo de Silvio Santos, que, embora não participe do conselho, tem poder de veto.

Mesmo revelando-se ousado e realizador, ele não tem a ansiedade entre suas marcas. Ao contrário, Sandoval se esforça para não deixar passar o *timing*, para garantir a velocidade devida às ações. No quesito persistência, por sua vez, é perito, incapaz de desistir diante da primeira derrota, insucesso ou obstáculo. Depois de dar vida a tantos negócios, sabe que nem sempre a primeira previsão do empreendimento se concretiza. E sabe que para chegar lá é preciso insistir – e motivar os envolvidos para que estes também não desistam.

O menino que se encantou pelos livros na infância trouxe esse gosto para a vida adulta. Sandoval lê muito e de tudo, livros técnicos ou literários. O estudo também ficou presente em toda sua trajetória. Além do curso de direito, fez outros cursos, incluindo administração de empresas na Fundação Getúlio Vargas e pós-graduação em direito. Mesmo exibindo um belo currículo acadêmico, considera que apenas um quinto do seu conhecimento foi adquirido em salas de aula. Todo o resto atribui à prática, à experiência e à vivência. Ele vê o estudo como uma base, e o trabalho, a experimentação, a vivência e a resolução dos problemas se traduzindo em conhecimento. Aos filhos, portanto, sugere que estudem e trabalhem ao mesmo tempo, sejam perseverantes e corretos. Também acha fundamental que não mintam e não se autoenganem, considerando a pior mentira aquela que uma pessoa diz para si mesma. E afirma nem falar para eles serem honestos, pois a seu ver essa não é mais do que a obrigação de cada um.

Apesar de o charuto estar sempre a postos, Sandoval preocupa-se com a saúde – faz ginástica e caminha diariamente. As poucas horas de sono que lhe são suficientes (cinco ou seis horas diárias) concedem-lhe tempo para as tantas outras atividades que realiza. Com uma vida social que define como "interessante", frequenta a casa de amigos, cinema, teatro, enfim, coisas que lhe dão prazer e que o mantêm afastado do estresse. Sem pensar em aposentadoria, considera-se em uma fase de muita plenitude, com conhecimento, segurança, firmeza, boa saúde e condição física. Embora não seja praticante de nenhuma religião, crê em Deus.

"Meu professor Waldemar Arruda certa vez me disse que eu ainda seria o ministro da Fazenda desse país. A parte financeira me atraía, eu tinha grande capacidade de negociar e, por um tempo, esse se tornou meu sonho. Acho que foi um sonho de infância. Apesar de sempre ter gostado da vida política, nunca entrei nela, pois tinha de fazer uma opção: ser executivo ou político. Até tenho parentes políticos, alguns primos, um irmão, mas optei por seguir a carreira executiva. Hoje, na vida adulta, meu sonho é outro. O que mais quero é expandir mais e mais o grupo que presido. Estamos atualmente à frente de 11 mil empregos diretos e o que eu mais quero é ajudar esse grupo a evoluir e crescer ainda mais. E é o que vou fazer."

CRISTIANA ARCANGELI

Nasceu em São Paulo, no dia 18 de março – o ano, ela não revela. Criou a empresa de cosméticos Phytoervas, da qual esteve à frente por 12 anos, e o Phytoervas Fashion, maior evento de moda do país. Por mais de 15 anos dedicou-se à importação e venda de artigos de cosmética e perfumaria de renomadas grifes internacionais. Em 2006 criou a marca de cosméticos *éh!*, que foi vendida dois anos mais tarde, quando já tinha mais de quarenta produtos e cerca de quatro mil pontos de venda. De quebra, já escreveu dois livros e tem participação constante em várias mídias.

VERSÁTIL

Segunda-feira, 7h30 da manhã. Cristiana Arcangeli já pulou da cama, fez sua higiene matinal, tomou café da manhã, vestiu-se com uma roupa adequada e, pontualmente, inicia suas atividades físicas. Às segundas, os exercícios passados por seu *personal trainer* duram cerca de uma hora e dão ênfase ao trabalho localizado de pernas. Terminada a sessão, ela se dedica ao boxe – esporte que treina três vezes por semana. Dessa vez, quem conduz a prática é um especialista que trabalha até com atletas de vale-tudo. Após suar a camisa pulando corda e treinando com um saco de boxe próprio para esse fim, Cristiana toma um bom banho e, enfim, se sente pronta para cuidar dos seus e-mails, gravar boletins com novidades e dicas de moda, beleza, saúde, *fitness* e bem-estar (que irão ao ar duas vezes por dia pela Rádio Alpha FM, de São Paulo, e Transamérica, de Curitiba) e enfrentar a semana que se inicia.

No escritório na rua Gabriel Monteiro da Silva, em São Paulo, Cristiana costuma chegar logo após o almoço. Em uma sucessão de reuniões, ela fica a par do que está acontecendo nas mídias em que atua – seu site, seu blog, seus conteúdos para celular, revistas e TV – e também em suas consultorias de beleza, bem-estar, inovação e estratégia. Cristiana troca ideias com a equipe e dá as diretrizes principais sobre as ações a serem tomadas. É de seu escritório, ainda, que ela concatena ideias acerca do marketing e do desenvolvimento de produtos da marca de cosméticos *éh!*, com a qual não perdeu o vínculo após a venda. Terminada a maratona de tarefas, enfim, ela deixa a empresa para jantar com a família – e depois da refeição, não raras vezes, ainda esbanja disposição participando de eventos sociais ou ministrando palestras, o que faz com regularidade.

E se é assim uma segunda-feira comum de Cristiana Arcangeli, este é só o começo. No restante da semana, ela sabe que ainda passará por pelo menos outras cinco sessões de malhação, deverá gravar mais boletins para a rádio, encontrar tempo para redigir pelo menos uma das colunas que assina em quatro revistas mensais, elaborar conteúdo para seu portal e, quem sabe, ainda se debruçar em algum livro que porventura esteja escrevendo (até 2008 ela já tinha lançado dois títulos tratando de beleza, saúde, nutrição e *fitness* – um destinado a mulheres e outro para homens). E, de repente, em meio a tantas atividades, não é raro Cristiana Arcangeli surgir com criações inusitadas. Foi o que aconteceu, por exemplo, em março de 2009, quando chegou ao mercado uma linha de joias sob sua assinatura – Reflection by Cristiana Arcangeli –, lançada pela joalheria Vivara por ocasião do Dia Internacional da Mulher. Refletindo a versatilidade e o dinamismo de quem a assina, a linha apresentava brincos e anéis com formas geométricas, peças que mesclavam materiais tão distintos como diamante, ônix, prata e espelho. Não obstante a agitada agenda profissional, Cristiana garante que ainda lhe sobra tempo para estar com as filhas, tratar da aparência, namorar, cuidar da alimentação (ela não come doces nem frituras) e, em pelo menos um ou dois finais de semana do mês, dar uma fugidinha até sua casa em Angra dos Reis, onde vai à praia, toma sol, faz *cooper* e descansa.

E se acontecer de Cristiana por motivos profissionais ou pessoais cruzar o oceano e sair da rotina, ela mais uma vez revelará sua versatilidade, já que são vários os países em que esta brasileira – fluente em cinco idiomas – não encontra barreiras para se comunicar com os locais. Em meio ao lazer, ainda, é certo que ela encontrará brechas para se comunicar com o Brasil: são frequentes os e-mails e telefonemas que, segundo revela sua secretária Patrícia Silveira, ela faz questão de trocar quando viaja, a fim de estar sempre por dentro dos acontecimentos da empresa durante sua ausência. O jogo de cintura da empreendedora é tamanho, que se revela até em sua fé, uma vez que ela se declara "um pouco católica e um pouco espírita".

"Sou sim eclética e versátil – já fiz e continuo fazendo um pouco de tudo. Já lancei livro, trabalhei em revista, rádio, televisão... Sou de ir fazendo e depois vejo como resolvo. Minha intuição me leva. Daqui a pouco ela vai me dizer para onde devo ir. Já tive momentos em que me vi dizendo 'e agora?'. Agora mesmo estou passando por isso, mas sei que é só esperar e daqui a pouco minha intuição me mostra o caminho. Sou movida a desafios, gosto de novidades, sou persistente, tenho foco e gosto demais do que eu faço. Tudo isso me ajuda muito."

Criada no bairro do Morumbi, em São Paulo, Cristiana Arcangeli teve uma infância tranquila. Seu pai, italiano, era proprietário de uma construtora de oleodutos, ao passo que a mãe tinha uma fábrica de autopeças. Dos pais, vinha o modelo: Cristiana lembra que eles trabalhavam muito e, ao exemplo paterno, credita sua facilidade por sonhar, gosto por arriscar e ir atrás do que deseja.

Com a mãe, Cristiana aprendeu a organização e a disciplina. Esta última qualidade, inclusive, ajudou a fazer com que a menina, na adolescência, quase seguisse carreira de bailarina. Embora não fosse esse um sonho de infância: ela adorava dançar e, aos 15 ou 16 anos, quando integrava um grupo profissional, recebeu um convite para estudar balé na Áustria. Apesar de ela ter se interessado, o pai não permitiu que a filha adolescente saísse do país para mergulhar numa rotina de oito horas diárias de balé.

Cristiana seguiu, portanto, no Brasil, nutrindo daí em diante um outro sonho de infância: a medicina. Sempre muito determinada, cursou ciências biológicas na escola, certa de que seguiria tal carreira, até que, na última hora, acabou decidindo prestar vestibular para cursos tão diversos como odontologia, psicologia e direito. Terminadas as provas, com os resultados em mãos, Cristiana optou enfim pela odontologia, que cursaria na Osec (Organização Santamarense de Educação e Cultura), em São Paulo, e concluiria anos depois.

Foram cinco anos trabalhando com odontologia, mais especificamente fazendo tratamento de canal. Como tinha afinidade com produtos naturais e desde então o pioneirismo a atraía, Cristiana logo anunciou sua versatilidade e fez uma tese sobre tratamento de canal com homeopatia; posteriormente, passou a clinicar aplicando a homeopatia na odontologia. A ousada e inovadora atuação foi muito bem até o nascimento de sua primeira filha. Cristiana então parou de trabalhar, para voltar apenas aos dois anos da menina. Na ocasião, sentiu sua missão cumprida em relação à odontologia e resolveu partir para novos desafios – desafios que, por sinal, sempre demarcaram o caminho dessa empreendedora.

CRIAÇÃO DA PHYTOERVAS

Se os esportes, os idiomas, a odontologia e os produtos naturais foram alguns dos focos de atenção da jovem Cristiana Arcangeli, a vaidade também sempre teve espaço em sua agenda. Ainda criança, ela fazia todas as manobras possíveis na tentativa de copiar os belos penteados que encontrava nas revistas e se sentia absolutamente seduzida pelos cosméticos. Itens destinados aos cabelos eram seus preferidos e Cristiana vivia fazendo experimentações nesse sentido. Ela adorava especialmente os produtos naturais e percebia o mercado carente em relação a eles. Testava muita coisa e não se satisfazia com as ofertas de itens naturais que encontrava.

Mergulhar na cosmética, então, foi a decisão da inquieta dentista que, depois de ter passado cinco anos no mesmo ramo, já se sentia tentada a mudar de área. Ela vendeu os equipamentos do consultório e, para ingressar na empreitada, começou procurando um químico que a ajudasse. Em resposta a um anúncio no jornal, recebeu o telefonema de Rosely Grossmann, uma química que na época era contratada de uma fábrica que estava inoperante. Um senhor tinha dado a fábrica para a filha, mas a moça não estava trabalhando e havia por parte da família algum interesse em se desfazer do negócio. Para Cristiana, a compra seria atraente, uma vez que eles já tinham uma marca com cerca de trinta registros no Ministério da Saúde, os quais, naqueles tempos, demoravam a ser obtidos.

Cristiana contratou Rosely (que mais de vinte anos depois permaneceria trabalhando com ela), alugou do ex-proprietário da fábrica uma casa no bairro da Vila Olímpia, na zona oeste de São Paulo, comprou uma batedeira de uma padaria que havia fechado e, em julho de 1986, as duas começaram a praticar suas alquimias. Em poucos meses, a primeira linha de produtos, chamada Solar, estava pronta para ser comercializada: tratava-se de um creme hidratante, um clareador de cabelos e um bronzeador. Nascia assim a Phytoervas.

Cristiana não havia planejado um negócio grande, não imaginava as proporções que a empresa iria adquirir, mas o fato é que a sua marca teve fantástica aceitação e repercussão no mercado. No ano seguinte ao primeiro lançamento, levou ao mercado uma linha de xampus diferenciada, feita sem sal e com produtos naturais. A estas linhas, seguiram-se várias outras para cabelo e corpo, de modo que a cada ano cerca de 15 novos itens eram agregados ao leque de produtos Phytoervas. Os produtos vendiam bem, e a marca crescia muito rapidamente.

“Apesar de ter nascido em uma família de empreendedores, de ter crescido ouvindo conversas sobre negócios e absorvendo um pouco daquele ambiente, comecei a Phytoervas sem ter nenhum conhecimento ou experiência administrativa. Para aprender alguns conceitos básicos, posso dizer que cometi todos os erros e paguei todos os pedágios que poderia pagar – e, provavelmente, continuo cometendo outros erros. Se eu tivesse feito um curso nesta área, acho que teria sido ótimo para mim. Cheguei até a pensar em

fazer uma pós-graduação em administração, mas, justamente por conta do meu extremo envolvimento com o trabalho, acabei não conseguindo. Posso dizer que durante todos esses anos meu negócio foi conduzido pela minha intuição, uma qualidade que realmente tenho e que foi uma das grandes responsáveis por tudo que fiz. ”

Entre as maiores dificuldades enfrentadas por Cristiana no início da Phytoervas, ela destaca a instabilidade econômica por que passou o país, especialmente no final dos anos 1980. Tendo sobrevivido a tantos planos econômicos e mudanças de moeda, ela lembra sem saudades da época do Plano Cruzado, quando devia dinheiro para bancos e assistiu à subida dos juros de 2% a 30% mensais num piscar de olhos. Para sobreviver, contou com ajuda financeira do pai e com negociações camaradas que conseguiu de fornecedores. Foi o suficiente para Cristiana entrar para o rol de empresários que juram para si mesmos que jamais voltarão a entrar num banco em busca de um empréstimo.

UM PLANO ALTERNATIVO DE COMUNICAÇÃO

Phytoervas Fashion, o evento que elevou substancialmente a popularidade da marca Phytoervas e que revolucionou a visibilidade da moda brasileira dentro e fora do Brasil, nasceu como uma opção econômica de divulgação da marca, um plano alternativo de comunicação. Por acreditar que a publicidade de produtos de consumo exigia uma verba muito grande para ter retorno, Cristiana sempre preferiu recorrer à promoção de eventos e às promoções em pontos de venda (como farmácias e perfumarias).

Nos primeiros anos da Phytoervas, os eventos patrocinados pela empresa haviam sido sempre de pequeno porte e, seguindo esta linha, aconteceu em 1994 sua primeira investida no setor da moda. Cristiana patrocinou o desfile The Look of the Year, promovido pela agência Elite, a fim de identificar novos talentos. A Phytoervas já era uma marca bem conceituada e, pelo patrocínio, a única exigência feita por Cristiana foi que o evento fosse chamado de Phytoervas, Look of the Year.

No desfile, Cristiana se surpreendeu com a qualidade das roupas que as garotas vestiam. Eram peças dos estilistas Walter Rodrigues, Fause Haten e Alexandre Herchcovitch, pouco conhecidos até então. Diante do que viu, a intuitiva e ousada empresária estranhou o pouco reconhecimento da moda brasileira e propôs aos estilistas que criassem um evento para divulgar esse trabalho. Nascia aí o Phytoervas Fashion.

Na primeira edição do Phytoervas Fashion, foram três dias de desfile nos quais três estilistas puderam expor seus trabalhos. O primeiro dia ficou para Walter Rodrigues, o segundo para Fause Haten e o terceiro para Alexandre Herchcovitch. A repercussão foi extraordinária e o *quorum*, que começou com quatrocentas pessoas no primeiro dia, chegou a seiscentas pessoas no segundo dia e a 1.200 no terceiro. Ao término do evento, em atitude tão ousada quanto improvisada, Cristiana pegou o microfone e anunciou: "Até a próxima temporada; a gente se encontra aqui". E o compromisso estava firmado. Seis meses depois aconteceria o desfile seguinte, dessa vez com a presença de nove estilistas. Foram ao todo oito versões do evento, que revelou dezenas de estilistas brasileiros para o Brasil e para o mundo, preparou terreno para a criação do São Paulo Fashion Week e aumentou substancialmente a visibilidade da marca Phytoervas.

Conforme o evento crescia, uma das ideias que Cristiana Arcangeli alimentava era a de lançar cosméticos que levassem o nome dos estilistas brasileiros, personagens que a cada estação se colocavam mais em evidência. Ela sempre acreditou em produtos, especialmente perfumes, assinados por estilistas – a exemplo do que via na Europa (com Chanel e Yves Saint Laurent, por exemplo), inúmeros produtos se tornaram extremamente atraentes aos olhos de consumidores que previamente se identificavam com as propostas dos estilistas que as assinavam.

Cristiana não chegou a idealizar os produtos que levavam os nomes dos estilistas, mas o fato é que a repercussão do Phytoervas Fashion foi tamanha, que a partir de 1995 as propostas de compra da marca começaram a pipocar na mesa de Cristiana. Com uma fábrica de 6 mil metros quadrados, uma linha de 140 produtos e 18 mil pontos de venda espalhados pelo país, a ex-ortodontista tinha grande apego pela marca, gostava do que fazia e, em princípio, não tinha a menor intenção de se desfazer do negócio.

Por outro lado, à medida que cresciam seus negócios no Brasil aumentava seu desejo de ver a Phytoervas nas prateleiras de perfumarias e lojas de departamento do mundo todo. Depois de algumas viagens e especulações sobre o tema, percebeu que, agindo sozinha, dificilmente teria sucesso na empreitada. Foi então que a Bristol-Myers Squibb, multinacional do setor farmacêutico, fez a ela uma proposta de compra que acenava para essa possibilidade. Pretendiam colocar o nome Phytoervas em uma linha natural que tinham e que não estava indo muito bem (justamente por não ter um nome forte), firmar a linha no Brasil e, em seguida, levá-la para o exterior.

Diante da expectativa de ver sua marca cruzando fronteiras, Cristiana Arcangeli vendeu a Phytoervas para a Bristol-Myers Squibb. Era o dia 30 de abril de 1998 e, a partir de então, a empresária teria, por contrato, de passar seis anos afastada da produção de cosméticos.

Depois da venda, porém, veio a decepção. Apesar de ter procurado se concentrar nas atividades que assumiria após as negociações, Cristiana nunca escondeu o desgosto que sentiu ao perceber que o andamento da marca não havia ocorrido como esperava. Por conta de uma crise financeira mundial, a Bristol-Myers Squibb decidiu concentrar energias no seu *core business*, que era o ramo farmacêutico, e vendeu todas as marcas de itens de consumo. A Phytoervas acabou indo, junto com a divisão de cosméticos da Bristol-Myers Squibb, para as mãos da Procter &

Gamble, onde ficou parada por cerca de dois anos. Esta empresa estava dando preferência para o trabalho com marcas globais, o que fez a tão brasileira e regional Phytoervas ficar fora de seu leque. Optaram pela venda da marca, e Cristiana, apesar de ter sido procurada para comprá-la, preferiu dar andamento aos outros negócios que vinha tocando. A Phytoervas, enfim, foi adquirida pela Nacha Cosméticos, empresa brasileira que levou o nome de volta às farmácias e supermercados do país.

HABEAS CORPUS PARA CRISTIANA ARCANGELI

"A Cristiana é impressionante. Faz inúmeras coisas ao mesmo tempo e, ao término de cada uma delas, se mune de novas ideias. Ela viaja, volta com ideias; sai de uma reunião com novas ideias; senta para trabalhar no site, e lá estão outras ideias. É assim o tempo todo! Ela se realiza com as novidades e não para um segundo. Mesmo quando tem a oportunidade de parar, ela não para." Se é assim que Cristiana Arcangeli é definida por sua secretária Patrícia Silveira, que há mais de dez anos acompanha seu dia a dia profissional, como seria, depois da venda da Phytoervas, a rotina da empreendedora que, por contrato, viu-se obrigada a abandonar por alguns anos a produção de cosméticos?

Para a versátil Cristiana Arcangeli, foram necessárias apenas algumas semanas para que encontrasse um novo foco. Logo ela começou a se dedicar à importadora Ph Arcangeli, por meio da qual trouxe para o Brasil cosméticos, perfumes e maquiagens de diversas grifes internacionais, como Chanel, Bulgari, Clinique, Donna Karan, Elizabeth Arden e Salvatore Ferragamo. Além da importação, Cristiana continuou se dedicando também à distribuição e à comercialização dessas marcas, algo que vinha fazendo desde 1992, quando inaugurou a Phytá Cosméticos.

Concentrada na venda de perfumes e cosméticos importados, a rede foi crescendo, de modo que chegou ao ano de 2008 contando com uma loja virtual e sete lojas físicas, nas quais se comercializavam itens de todas as marcas oficialmente importadas para o Brasil. E, tão logo recebeu seu *habeas corpus* empresarial, Cristiana reduziu significativamente suas atividades de importação e decidiu voltar a se concentrar na criação, sua maior paixão.

"O que eu gosto mesmo na vida é de fazer marketing e desenvolver produtos. Eu estava presa e confesso que não foi fácil eu seguir esses anos recebendo tudo pronto, sem poder criar nada. Mas felizmente isso é passado. Terminado o período de afastamento de mercado, voltei a dar forma às minhas ideias e logo criei a éh!. *A marca só estava esperando eu poder voltar ao mercado. Estava tudo pronto na minha cabeça, eu sabia exatamente o que queria."*

A volta de Cristiana Arcangeli ao papel de fabricante de cosméticos aconteceu em 2006 e teve novamente o foco no natural. Desta vez, no entanto, os produtos ficaram à frente dos que haviam sido lançados cerca de duas décadas antes. Enquanto os itens da Phytoervas tinham ativos naturais adicionados a bases químicas, os produtos nascidos sob a marca *éh!* receberam ativos orgânicos acrescidos a uma base vegetal. O lançamento foi feito com produtos para cabelo e promessas de ampliação para o corpo.

No laboratório, Cristiana continuou contando com a fidelidade e a parceria de Rosely, a mesma química que esteve a seu lado nos primórdios da Phytoervas. A produção ficou terceirizada (nas mãos da empresa Provider), permitindo que ela mantivesse seu foco no que julga fazer melhor: criação e marketing. No que se refere às ações, a empresa tinha 50% pertencentes a Cristiana e 50% de João Alves Queyroz, da empresa Hypermarcas. Ao definir a personalidade da *éh!*, Cristiana Arcangeli optou por mesclar conceitos como a contemporaneidade, a inovação, a modernidade e a tecnologia, de mãos dadas com o alegre, o natural e o orgânico – aspectos tão marcantes e distintos quanto características dela própria. Para expressar tais valores, condecorou o evento de lançamento da marca com uma apresentação feita por artistas do Cirque du Soleil e, enfatizando o aspecto inovador, ainda arriscou colocar no mercado alguns produtos inéditos, como um *spray* que perfuma os cabelos e dificulta a absorção de odores externos indesejados, como cheiro de cigarro e de gordura.

Mesmo anunciando ser o novo xodó de Cristiane, a marca *éh!* ficou apenas dois anos sob seu comando. Foi então vendida ao sócio João Alves Queyroz e, sob a responsabilidade da inquieta empreendedora, ficaram ainda o marketing e o desenvolvimento de produtos da marca. E, enquanto toca essas atividades, não há dúvidas, Cristiana decerto encontrará brechas na agenda para arquitetar novas ações e investidas profissionais.

UMA ADMINISTRAÇÃO FEMININA

Para a empreendedora que tira de letra o pioneirismo, a elaboração de novas marcas, conceitos e produtos, o maior dos desafios profissionais é dizer não. Ela, que acredita ter um modo feminino de administrar, evita tanto a negativa que percebe as pessoas exageradamente chateadas quando recebem um não vindo dela. Cristiana considera-se uma pessoa que se doa demais, que cuida muito de tudo que a cerca e que, com isso, acaba se desgastando. Ao revelar o peso que sentiu ao se desvincular de algumas marcas que por anos importou, ilustra essas particularidades.

“A interrupção de muitas das importações foi uma decisão difícil, uma atitude dura para se colocar em prática. Mesmo sabendo que era a melhor decisão profissional que eu poderia tomar na ocasião, não foi fácil me desvincular das pessoas, quebrar os vínculos e relacionamentos que eu cultivava havia anos. Tivemos

que romper com profissionais que dedicaram anos da vida a tudo isso. Foi chato e difícil, por mais que eu soubesse que aquela era a decisão correta. ❞

E, mesmo reconhecendo as dificuldades diante de determinados momentos profissionais, Cristiana se considera otimista. Ao se definir, coloca ainda a intuição como uma de suas principais qualidades. A respeitada figura do marketing brasileiro (desde 2006 ela ocupa a cadeira de número 21 da Academia Brasileira de Marketing) não tem medo de arriscar e, no seu modo feminino de lidar com quem a cerca, tem a certeza de conduzir seu negócio da melhor maneira possível.

❝ *Sou versátil e ágil, mas, ainda assim, tenho sempre muita paciência. Com as pessoas que trabalham comigo, explico tudo, quero que elas saibam o porquê de estarem fazendo o que lhes é solicitado. Se não gosto de algo, eu digo por que e aonde quero chegar – e também falo do que gosto. Os homens são muito duros, acho a administração masculina bem diferente da feminina. Não acredito que seja preciso gritar, bater na mesa ou xingar para fazer algo acontecer. Para mim, é mais fácil agir com carinho, mostrando para as pessoas o que estão fazendo e deixando que compreendam a importância daquilo. Acho que isso faz os envolvidos colocarem o coração em suas tarefas. Esse é meu jeito de trabalhar, um modo que acredito ser bastante feminino. Gosto de me relacionar com pessoas com o mesmo perfil e por isso trabalho com muitas mulheres. Elas têm comprometimento, são detalhistas, dedicadas e versáteis – enfim, têm qualidades que entendo como vitais para um bom desempenho profissional.* ❞

CHIEKO AOKI

Ela nasceu em 16 de setembro de 1948, na província de Fukuoka, no Japão, e já esteve à frente das redes hoteleiras Caesar Park e Westin Hotels. Em 1997, criou a administradora de hotéis e *resorts* Blue Tree Hotels, que, sob seu comando, conduz dois estabelecimentos hoteleiros na Argentina, dois no Chile e 23 no Brasil. Atua também como diretora executiva da Noah Gastronomia, uma empresa voltada para a área gastronômica, que possui restaurantes e espaços para eventos em São Paulo.

ATENTA AOS DETALHES

Em um *tailleur* rosa claro e usando delicadas joias no mesmo tom, Chieko Aoki surge na sala de reuniões e pede que eu aguarde um instante para o início de nossa conversa. Pouco depois, uma pessoa bate à porta e me traz um café acompanhado de trufas. A espera foi breve, a gentileza foi grande. Tudo impecável, a começar pela anfitriã.

Nascida no superpovoado arquipélago do Japão e educada sob a mistura harmônica das culturas oriental e ocidental, Chieko Aoki aprendeu desde cedo o significado da dedicação, da disciplina, da perfeição e do valor dos detalhes. Naquela terra com espaço restrito e população numerosa, a disciplina e a perfeição são fatores de sobrevivência e fazem com que existam, por exemplo, artesãos que passam uma vida procurando fazer a ponta de lápis mais perfeita do mundo. São pessoas que querem ser as melhores no que fazem, para assim encontrarem uma identidade, destacarem-se, serem reconhecidas. Aos olhos de Chieko, tais artesãos podem ser ainda mais felizes e ter uma vida com mais sentido se seus lápis forem usados com o mesmo amor e felicidade por aqueles que o merecerem. Para ela, aí se completa o círculo da vida: se existe alguém que oferece, e oferece algo bem feito, é fundamental que haja alguém para receber esse tesouro com o mesmo sentimento.

“*Minha origem japonesa aguçou em mim uma extrema atenção para a qualidade. Sou detalhista, exigente e encaro o bem feito como natural. Quando entrei na hotelaria, a personalização e os detalhes no serviço surgiram espontaneamente como principal foco do meu trabalho e, consequentemente, tornaram-se a identidade dos hotéis de nossa rede. Os melhores incentivos foram de nossos clientes, com seus sorrisos e olhares de satisfação, diante de cada detalhe minuciosamente pensado; pelos retornos frequentes aos hotéis não apenas a negócios, mas também com suas famílias ou quando optavam por passar as festas de final de ano e de família nos nossos hotéis, considerando-os como parte de seus lares. Diante de tais demonstrações de consideração e carinho, brotava em mim, cada vez mais forte, o desejo de lhes retribuir com serviços cada vez mais personalizados, únicos, novos e criativos. Com o passar do tempo esse jeito de fazer e atender acabou sendo um estilo em hotelaria, focado no bem-estar, no cuidado e segurança de todas as pessoas envolvidas, sejam hóspedes, investidores, a própria equipe e os muitos parceiros que foram também fazendo parte da família Blue Tree.* ”

Ainda criança, a garotinha oriental Chieko Aoki veio para o Brasil com a família. Eram meados dos anos 1950 e seus pais deixavam um Japão abalado, que vinha se reerguendo após a Segunda Guerra Mundial. A família se instalou na cidade de Bastos, no interior paulista, e dois anos mais tarde mudou-se para São Paulo.

Por sugestão de sua mãe, Chieko estudou balé desde os três anos de idade. A leveza dos movimentos a fascinava. Aquela arte encantava a garota, assim como o aprendizado, de modo geral, também a fascinava. Ela estudou pintura, canto e leu muito, coleções e mais coleções de livros, que sempre representaram para ela um momento de entretenimento. E, embora tenha sido criada para casar e "sossegar", o caminho seguido por Chieko foi bem diferente das expectativas familiares. Questionadora, chegou à adolescência querendo estudar filosofia. Como morava bastante longe da Cidade Universitária, onde era oferecido o curso de filosofia da USP, decidiu estudar direito no largo de São Francisco, no centro de São Paulo.

Na época da faculdade de direito, Chieko trabalhou como secretária bilíngue na Ford e, terminado o curso, foi para o Japão, onde cursaria administração na Universidade Internacional de Sofia. No final dos anos 1970, então, casou-se com John Aoki e acabou entrando acidentalmente na hotelaria.

Tudo aconteceu pelo fato de o marido de Chieko, empresário da construção civil japonesa, ter tido na época uma sociedade com a Construtora Guarantã no Hotel Caesar Park, de São Paulo. Era 1982 e, para ajudar o marido, Chieko assumiria a direção de Marketing e Vendas do estabelecimento. Começaria o tempo em que cada detalhe para os clientes Caesar seria extremamente pensado. Iniciava-se a era em que a hotelaria receberia atenção e dedicação integral por parte de Chieko Aoki.

UMA ADVOGADA NA HOTELARIA

Se na estatura Chieko é modesta (tem cerca de 1,50 metro de altura), nos negócios ela não mede esforços para se destacar. Ao vislumbrar a entrada no setor hoteleiro, a primeira providência da advogada foi se esmerar, aprender sobre o assunto, conhecer os detalhes do setor. Após pegar um avião para os Estados Unidos, Chieko frequentou cursos rápidos de administração hoteleira na Universidade de Cornell, nas proximidades de Nova York. Depois de tomar conhecimento de algumas práticas e princípios do setor, sentiu-se pronta para voltar ao Brasil e abraçar o desafio de administrar o Caesar Park de São Paulo.

Não foi preciso muito tempo circulando nos corredores do hotel para Chieko perceber que havia um sem-fim de oportunidades em torno do negócio. Depois de seu primeiro ano na direção de Marketing e Vendas, o estabelecimento, que vinha se apoiando em um atendimento diferenciado, já tinha bons resultados financeiros e números significativamente aumentados em relação à ocupação. Acreditando que as viagens em família e a negócios tendiam a crescer nos anos seguintes, Chieko decidiu investir na ampliação dos negócios.

O casal abriu hotéis em países tão distintos e distantes quanto Taiwan, Panamá e Portugal. Em 1986, quando o Caesar Park já era uma rede bem estabelecida e tinha cerca de 12 hotéis espalhados pelo mundo, John Aoki adquiriu a tradicional rede hoteleira norte-americana Westin Hotels & Resorts, existente desde 1930.

"Com a aquisição da Westin, crescemos muito, do dia para a noite. Presidindo a rede, vivi um período de intenso aprendizado e crescimento profissional. Vi muita coisa, conheci o que existia do bom e do melhor em vários lugares do mundo. Morei nos Estados Unidos, trabalhei também na Ásia e na Europa e ia muito especialmente para Londres, onde meu marido tinha negócios. Tínhamos hotéis em Portugal, no Brasil, nos Estados Unidos, no Japão, em Taiwan, na China... Tudo isso aconteceu no final dos anos 1980, em um tempo em que a hotelaria tradicional estava se modernizando. Tivemos sociedade e convívio com alguns dos maiores hoteleiros do mundo e compartilhamos com eles projetos, criações, reformas e a elaboração de conceitos.
Tive a felicidade de conhecer arquitetos e decoradores fantásticos, pessoas capazes de pegar um pedaço de papel e fazer daquilo um negócio extraordinário. Esses talentos muito me ensinaram e me influenciaram, permitindo que eu conhecesse uma hotelaria extremamente competente e descobrisse a diferença que faz a qualidade, a diferença que faz o detalhe. Em um café da manhã em um hotel de Nova York, assisti ao dono do estabelecimento recusando por seis vezes seguidas o melão que lhe foi servido. Ele mandou abrir seis melões, pois achava que os anteriores não estavam bons! Eu me considero exigente, mas já fui muito mais. Aprendi que, se a gente puxa demais, a corda arrebenta."

Os anos de Westin foram preciosos para Chieko, mas nesse mesmo período a economia japonesa sofria abalos e seu marido resolveu vender a parte hoteleira da empresa. Antes disso, porém, Chieko havia enxergado um importante nicho na hotelaria brasileira e, demonstrando um excelente faro empresarial, decidiu abrir uma empresa para explorar um novo segmento que acreditou ter grande potencial de crescimento no Brasil e na América Latina. Era 1992 e nascia assim a administradora de hotéis Caesar Tower, que, seis anos mais tarde, teria seu nome modificado para Blue Tree Hotels, com hotelaria voltada a hospedagens confortáveis e mais acessíveis. Caprichando nos detalhes, Chieko sabia que conseguiria se diferenciar. Foi o passo certo, na hora certa, e, em pouco tempo, a nova empresa receberia seu nome. O termo inglês *Blue Tree* traduz o sobrenome *Aoki*, que, em japonês, significa *árvore azul*.

BLUE TREE, ESTILO CHIEKO DE SER

Sempre trabalhando com hotéis de luxo e alto padrão, Chieko tinha competência nesse setor e arregaçou as mangas para dar forma a uma administradora focada no bom atendimento. Os hotéis que trazem a bandeira Blue Tree pertencem a grupos de investidores e sua rede apenas os administra, imprimindo neles seu estilo, seu *know-how* e sua marca. Para Sumico Vakahara Hirose, que trabalha com Chieko desde 1986 e é a atual diretora de vendas da rede internacional, falar em estilo Chieko Aoki de administrar é falar nos detalhes à frente de tudo. "Ela responde com seriedade a todas as cartas que recebe, não deixa passar – literalmente – um cisco no tapete dos apartamentos do hotel, faz questão de receber pessoalmente os hóspedes vips com uma cartinha personalizada. Se oferece um jantar, ela escolhe os vasos (notar que são no mínimo uns vinte de cada vez, desde os cristais até os de prata e de todos os tamanhos), vai pessoalmente até o Ceasa para comprar as flores e escolhe as músicas ambiente de acordo com os convidados, desde o clássico até o caraoquê. Já a vi fazer tanta coisa, que hoje não me surpreendo mais com iniciativas como essa; hoje eu me surpreenderia, isso sim, se ela deixasse de ter essa postura." E, para que os funcionários da rede representem uma continuidade a toda essa dedicação, a premissa básica é que saibam servir, tenham prazer em fazê-lo e estejam sempre atentos às pessoas que os cercam.

"Madre Tereza de Calcutá, certa ocasião, disse: 'Não deixe que alguém que veio até você vá embora sem estar se sentindo melhor do que quando chegou'. Esses dizeres, eu os tomo como um modelo de relacionamento com clientes e funcionários. Gosto de ajudar, de servir e de agir, de modo que pessoas se sintam bem e felizes – e acredito que cada um de nós é capaz de fazer outras pessoas se sentirem melhor. Se vejo um hóspede mais do que alguns minutos esperando em pé no balcão, eu me dirijo a ele e resolvo seu problema. O bem-estar do hóspede é meu maior incentivo e satisfação. Aliás, um dos grandes fascínios que a hotelaria exerce em mim é justamente o fato de estar ligada à satisfação das pessoas e de ser um negócio com possibilidades infinitas, um contínuo desafio em busca de melhorias capazes de encantar mais e mais quem é servido. Esse é meu lado muito ocidental, no qual demonstrar carinho e amor me fazem também um grande bem.

Na Blue Tree, procuro ter pessoas que tenham esse gosto por servir, esse espírito, essa característica como parte da personalidade. Acho importante ser algo intrínseco, pois, para uma atitude ser natural, ela tem de estar na carne, tem de estar no osso, tem de vir de dentro. Não quero um funcionário agindo de forma adequada apenas porque está sendo observado. Quero alguém que seja bom sempre, em qualquer lugar e circunstância. Prezo para que meus funcionários sejam, antes de mais nada, modelos de cidadãos. Pessoas que gostam das outras pessoas, que têm carinho pelos outros, que se preocupam e fazem as coisas bem feitas. Gente que respeita sempre o próximo e que trata cada pessoa como única."

E quando o assunto é traduzir em serviços esse gosto por encantar, Chieko mais uma vez não mede esforços. Lançando mão de observações feitas em seu dia a dia e nas tantas viagens e hospedagens a que ela própria já se submeteu, Chieko se especializou em criar serviços diferenciados, com detalhes que de fato seduzem as mais de 1,5 milhão de pessoas que anualmente se hospedam em seus estabelecimentos. Para as mulheres executivas que se hospedam nos hotéis de sua rede, por exemplo, há cabide para saias, funcionárias acompanhantes para as que não se sentem à vontade para jantar ou tomar um drinque sozinhas e ainda a possibilidade de fazer as unhas no quarto do hotel. Já para os executivos que ficam no vaivém entre duas ou mais cidades, existe a possibilidade de deixarem seus pertences no apartamento e, dias depois, ao retornarem, encontrarem o ambiente arrumado exatamente da maneira como o deixaram. Para tanto, os funcionários fotografam o quarto no momento do *checkout* e, antes do retorno do hóspede, dispõem seus itens pessoais exatamente como estavam.

A dama da hotelaria brasileira, como Chieko é conhecida, enfatiza que para quem trabalha com hotelaria é fundamental compreender as pessoas e o que se passa com elas não apenas dentro dos hotéis, mas também do lado de fora. É preciso estar atento, se inteirar dos acontecimentos, ler muito, saber um pouco de tudo e entender, por exemplo, o que as pessoas têm feito, o que querem, quais são seus medos, desejos, as tendências em relação a moda, religião e estilo de vida. É a ciência humana que existe por trás da hotelaria, são detalhes revelados permanentemente pelo mundo.

Transmitir seus valores e filosofias aos três mil funcionários da rede Blue Tree é um dos desafios de Chieko. Para isso, entre outras coisas, ela lança mão de treinamentos, promove programas de acolhimento para novos funcionários e tudo que esteja ligado ao desenvolvimento profissional e pessoal deles. Quinzenalmente, ela própria redige o boletim *Ponto de Vista e Ação*, no qual escreve sobre suas experiências, novidades que viu no mundo, destaca ações extraordinárias realizadas por funcionários da Blue Tree (e que a comoveram) e revela suas crenças e valores. Os gerentes ficam incumbidos de discutir os assuntos abordados com suas equipes nas duas semanas seguintes à publicação, inserindo aos poucos a cultura Blue Tree no modo de ser de todos que participam do dia a dia dos mais de vinte empreendimentos administrados pela rede, sejam eles *resorts*, hotéis de luxo ou hotéis voltados para negócios.

Além dos 27 empreendimentos distribuídos por todo o Brasil em 2009 (com previsão de chegar a 37 até 2010), a rede inaugurou duas unidades na Argentina (uma em Buenos Aires e outra em Bariloche) e outras duas no Chile (em Santiago e na cidade de Puerto Natales, na Patagônia). Essas unidades marcam o início de um plano de internacionalização, que visa a atingir os principais países da América Latina até 2012. O passo foi dado graças a uma parceria com investidores estrangeiros e representa o início das metas que a ambiciosa Chieko se dispôs a cumprir, pensando especialmente no segmento corporativo.

“Ultrapassamos as fronteiras, estamos agora também na Argentina. Isso foi uma conquista, mas tenho muitos sonhos ainda e o principal deles é fazer melhor o que eu já faço. Mais do que crescer muito, mais do que expandir muito, meu principal sonho é continuar melhorando no que eu faço. Eu diria que tenho um desejo permanente de me aperfeiçoar. Outra coisa que eu há muito queria conseguir era conciliar meu conceito de hospedagem com um produto mais econômico, e a marca Spotlight está nascendo para isso. Esse desafio me fascina.”

Com seu primeiro hotel inaugurado em 2009 na cidade de São Paulo, a bandeira Spotlight pretende conciliar bons serviços e tarifas relativamente baixas. Com design moderno e contemporâneo, o estabelecimento paulistano prima pela praticidade, oferecendo ao hóspede, por exemplo, espaço de conveniência aberto 24 horas, estação de trabalho nos apartamentos, possibilidade de *check-in* otimizado e *checkout* automático etc.

ABAIXO A EUFORIA, ABAIXO A DEPRESSÃO

Aos olhos da caprichosa e detalhista Chieko Aoki, os resultados, é claro, nunca passam despercebidos. De acordo com seu alto grau de exigência, se eventualmente uma ação não dá bons resultados, o saldo que fica para Chieko é a derrota, por mais que a iniciativa tenha sido extraordinária. A empresária faz questão de acompanhar os resultados de perto. Ela controla os números de todos os seus estabelecimentos, além das ações de venda das unidades, dos principais problemas e dos planos colocados em prática pelos gerentes e diretores. E, se um revés realmente sério acontece, ela tem a frieza que julga imprescindível para enfrentá-lo. Em seu modo oriental de ser, Chieko garante não ter fortes emoções. Ela garante lidar da mesma forma com as tristezas ou com as conquistas e, diante de um grande problema, sabe que é preciso ter força e esperar. Em sua agenda não há tempo para se chatear; e, se tudo está bem, ela simplesmente toma a situação como algo natural e esperado, já que lutou por isso.

“*Certa vez, estive com uma pessoa, uma japonesa, que estava com o marido muito doente. Em meio à doença do marido, ela própria teve de ser hospitalizada, por ter entrado em estado de depressão. E eu pergunto: como é possível, no momento em que o marido está doente, uma pessoa se dar o direito de ficar com depressão? Como ter depressão justamente quando você tem de ficar mais forte? Comigo, as coisas funcionam de outra forma. Quando tenho um problema, tenho mais frieza e fico muito ciente da situação. O problema não me abala; ao contrário, me dá mais força. Não chamo isso de ser otimista, mas de ser positiva.*

É fundamental ter força de vontade diante de um problema, ter fé e acreditar não apenas na gente, mas em um conjunto de pessoas que certamente pode nos ajudar. ”

Para manter tamanho equilíbrio, Chieko tem lá seus truques. Faz exercícios físicos, ri alto, procura ver o lado bom das situações e considera importante esvaziar a cabeça para dar chance de outras coisas entrarem. De ir a festas, ela não faz questão. No horário livre, o que gosta mesmo é de ficar quieta em casa. Ler, cozinhar, ver um filme, brincar com o cachorro e limpar a casa. Sim, ela adora limpar a casa! Fazer nada também está em seu cardápio. "Tudo o que faço é intensamente, mas depois também gosto de fazer nada intensamente", brinca.

Casada e sem filhos, Chieko dedica-se de corpo e alma ao trabalho. E não é de hoje. Foram várias as ocasiões em que ela e o marido viveram em casas, cidades, países e até continentes diferentes, por conveniências profissionais. A mulher que traz em si influências de culturas diametralmente opostas do globo terrestre não tem problemas de identidade em lugar nenhum do mundo. Sente-se brasileira quando está no Brasil e japonesa quando pisa no Oriente. Viajante por natureza e por ofício, sente-se totalmente realizada na vida profissional.

“ *Se há uma escolha certa que fiz na vida, essa escolha foi a hotelaria. Fui realmente muito feliz ao decidir por ela. Sou feliz fazendo o que eu faço, sou feliz todos os dias. Gosto muito do contato com as pessoas, temos uma equipe extraordinária e as trocas repercutem em ações fantásticas. A ideia de um, somada à ideia de outro, faz nascer uma terceira ideia. Outro grupo de pessoas a coloca em prática, de modo que desse encontro de pessoas e pensamentos nasça algo efetivamente concreto, que vai para o mercado. Acho isso fantástico. Minha maior motivação, como disse, são os nossos clientes. Eles são a fonte da minha energia e de tudo que faço. Considero como missão superar as expectativas e encantá-los. Faço o possível e o impossível para atingir superações em relação a nós mesmos, para trabalhar em cima de bons projetos e ter resultados positivos a partir desses esforços. Gosto de chegar lá não apenas com nossos serviços e facilidades, mas com a forma de nossa equipe trabalhar, a forma de a nossa equipe ser. São coisas difíceis de alcançar e ao mesmo tempo tão boas que não têm preço.* ”

Além da dedicação à hotelaria, Chieko ainda ocupa a direção executiva da Noah Gastronomia, empresa do Grupo Chieko Aoki que possui em São Paulo seis restaurantes e espaços para eventos. Ela também colabora com instituições, doando a renda proveniente de palestras sobre valores, liderança, qualidade e gestão.

“ *Nas palestras, brinco que falo o óbvio. Fico até com vergonha de falar coisas tão óbvias! O problema é que às vezes a gente se distancia tanto da realidade, que o óbvio se torna fundamental de ser ouvido, se torna importante.* ”

Seu sucesso, enfim, ela não atribui apenas à atenção com o minucioso, mas também ao estudo, ao gosto e às oportunidades que ela teve de se instruir ao longo de toda a vida. E, quem imagina que ela está satisfeita com o que já aprendeu até o momento, engana-se. A dama da hotelaria guarda o sonho de um dia diminuir o ritmo de trabalho, voltar a estudar filosofia e estudar ciência. E a sede de conhecimento dessa especialista não se restringe às ciências humanas; também lhe atraem as ciências exatas e o pensamento cartesiano, o rigor, o foco, a clareza e a exatidão que vê nesse ramo do conhecimento. Entre outras coisas, ela sonha um dia aprender a fazer contas no ábaco. Os matemáticos que se cuidem...

ALEX PERISCINOTO

Nascido em Mococa, no interior de São Paulo, em 8 de abril de 1925, é considerado um dos precursores da moderna publicidade no Brasil. Durante quase trinta anos esteve à frente da agência Almap/BBDO. É sócio e diretor da empresa de consultoria em comunicação e marketing SPG&A (Sales, Periscinoto, Guerreiro e Associados).

As revistas americanas, ele as comprava usadas, na Praça da Sé, endereço paulistano que havia entrado em sua rota já havia um tempo, desde que, naquelas imediações, começara a tratar um problema de visão. Elas valiam algumas moedas e, quando resistia à fome e não comia nada no caminho, Periscinoto tinha a chance de agregar mais um exemplar à sua coleção.

As ilustrações eram, sim, fascinantes. Mas o que significavam as letras impressas naquelas páginas? Desvendar aquele código tornou-se uma obsessão para o garoto que, aos 15 ou 16 anos, decidiu que aprenderia inglês. E foram alguns amigos que lhe apresentaram o sr. Nardielo, um italiano dono de um posto de gasolina, que, além de dominar o idioma, se dispunha a ministrar-lhe algumas aulas semanais.

“*Eu levava minhas revistas para o sr. Nardielo, e ele me dizia o significado daqueles termos. Eu era muito curioso, treinava com as revistas também depois das aulas e, como um autodidata, ia decifrando tudo aquilo. 'Mais vale o que se aprende do que o que te ensinam': foi cedo assim que aprendi o significado dessa frase que meu pai sempre dizia e que eu próprio empregaria por toda minha vida.*”

Naquele início de século XX, já casados, João e Tereza Periscinoto deixariam Veneza. Os invernos rigorosos, o desemprego e a fome que assolavam a Europa ao final da Primeira Guerra vinham maltratando os habitantes, que vislumbravam na partida a chance de dias melhores. O único filho que o casal tinha, ainda bebê, permaneceria por uns anos na Itália, já que dificilmente teria sobrevivido às precárias condições às quais os viajantes eram submetidos nos navios.

Carpinteiro, João Periscinoto se estabeleceu com a esposa na cidade interiorana de Mococa, onde nasceu Alexandre José Periscinoto, o sétimo entre dez filhos. Foram apenas cinco anos do garoto naquele ambiente, até a família toda partir para São Paulo, cidade onde encontrariam melhores oportunidades de estudo e trabalho.

Na casa situada no bairro do Belenzinho, cabia a Alex realizar a maior parte das tarefas domésticas – nada mais justo, já que os mais velhos trabalhavam fora e os caçulas ainda eram pequenos demais para assumir tais responsabilidades. O menino, que nascera canhoto, gostava de desenhar desde pequeno. Mas, na hora de escrever, além de usar a mão inadequada aos olhos dos professores da época, ainda escrevia tudo da direita para a esquerda (de modo que o conteúdo só podia ser lido adequadamente observando-se o verso da página contra a luz). Diante da professora primária, a atitude lhe rendia uma série de repreensões e, não raras vezes, reguadas nas mãos.

Foi no quarto ano do grupo escolar que um dentista que por lá trabalhava tomou conhecimento do que vinha ocorrendo com Periscinoto. Em minutos de conversa, ele diagnosticou a questão que lhe era conhecida e indicou para o garoto que fizesse em casa alguns exercícios – todos baseados em desenhos feitos simultaneamente com as duas mãos. Em cerca de dez dias o menino passou a ser capaz de escrever à maneira das outras crianças e a angústia das repressões e de sua suposta incapacidade deixou de existir. Foram a busca do aprendizado e o empenho pessoal que, bem cedinho, se apresentaram para ele como ferramentas preciosas, instrumentos de conquistas e melhorias para a vida.

Já aos oito anos de idade, o garoto Periscinoto começou a trabalhar. Às cinco horas da manhã, ele passava na vacaria que havia perto de sua casa e retirava os latões de leite que deveriam ser entregues. O trabalho, que rendia 2 litros de leite por dia para sua família, durava até às sete horas da manhã, quando ele enfim tomava um banho e seguia para a escola. Depois das aulas, mais tarefas profissionais a cumprir, dessa vez embalando itens em uma fábrica de biscoitos. Periscinoto enfrentou essa rotina até seu pai – que tinha muito forte o sentido do dever e da responsabilidade – decidir que havia chegado a hora de o filho aprender um ofício. No papel de assistente de barbeiro, que Periscinoto passaria a ocupar, tudo correria bem até ele se perceber diante da responsabilidade de deslizar a navalha no rosto de um cliente. Para desgosto do pai, bastou uma única experiência para o filho se apavorar com o desafio e desistir do ofício proposto.

A tentativa seguinte aconteceu num açougue. Aos 12 anos, Periscinoto adorava entregar as carnes encomendadas, pois, além de se livrar do trabalho doméstico de casa, ele era obrigado a pedalar pelo bairro horas a fio. No final do dia, cabia a ele fazer a limpeza do açougue, o que, embora não fosse uma tarefa fácil, era bem mais agradável do que as solicitadas por sua mãe. Mas o filé-mignon durou pouco. Logo a mãe do garoto começou a cozinhar refeições para mais de trinta pensionistas e, para tocar toda aquela estrutura, a ajuda do filho se faria importante. Seria ele, mais uma vez, o responsável por deixar em dia o fogão, as louças e panelas envolvidos na empreitada. Além disso, o menino deveria entregar as marmitas dos pensionistas que quisessem recebê-las em domicílio.

“Em casa, eu cuidava também do assoalho. Encerava a casa e, para que ninguém escorregasse, forrava o chão com jornais enquanto a cera avermelhada secava. Eu era menino e o engraçado é que, ao estender os jornais, eu já ficava encantado com os anúncios. Os desenhos, as propagandas, nem sei dizer o que exatamente me fascinava, mas sei que eu gostava daquilo e, vez ou outra, rasgava uma página de jornal para poder admirá-la à noite com calma e tentar copiar alguns

daqueles desenhos. Eu nem sabia que aquilo se chamava propaganda, mas ficava lá ajoelhado diante dela, fascinado. A vontade de aprender e de entender melhor aquela linguagem era tão forte e intrínseca em mim, que encerando o chão encontrei uma maneira de me aperfeiçoar. ”

Apesar dos encantos dos jornais, Periscinoto alegrou-se, aos 14 anos, quando um novo emprego o afastaria definitivamente da rotina doméstica. Na Tecelagem Matarazzo, teria o orgulho de exercer um trabalho bastante masculino. Como ajudante de contramestre e vestindo um macacão azul, ele limpava teares, engraxava peças, realizava tarefas operárias e admirava a estamparia, desvendando um ofício que se apoiava nas formas, cores e desenhos que tanto o atraíam. Foi só uma questão de tempo até Periscinoto migrar para a seção de gravura da empresa e passar a receber pelos desenhos que fazia.

É bem verdade que a temporada na Matarazzo representou um importante crescimento, momentos de satisfação pessoal e agradáveis descobertas profissionais para Periscinoto. Ainda assim, os recortes de jornais e as revistas americanas não saíam da cabeça do jovem que, aos 17 anos, já tinha plena consciência de seus sonhos: diariamente, ao acordar, ele queria mesmo era se dirigir para uma agência de publicidade – e ele faria o que fosse preciso para buscar esse objetivo.

Depois da frustração da primeira negativa a um pedido de emprego na agência multinacional McCann-Erickson, Periscinoto aquietou-se por alguns meses mais na Matarazzo e, aos 19 anos, enfim, pediu as contas para arriscar a vida em estúdios que produzissem algum tipo de material impresso. Era aquilo que ele queria fazer, realizar e aprender. Não obstante o desgosto e a fúria que a atitude despertou em seu pai, Periscinoto manteve suas investidas em escritórios onde, apesar da boa vontade dos chefes, o trabalho era tão escasso quanto o dinheiro que chegava às mãos dos funcionários.

UM ANÚNCIO DE JORNAL E O DESLANCHAR DE UMA CARREIRA

O anúncio de jornal prometia: quem passasse no concurso, ganharia a vaga na Sears. A rede, que estava prestes a inaugurar uma nova loja, precisava de desenhistas que ilustrassem suas peças publicitárias. E foi esboçando a imagem de um ferro elétrico que Periscinoto conseguiu a vaga – aquela que daria início ao deslanchar de sua carreira.

Bastaram alguns meses para que o desenhista se tornasse gerente de propaganda da Sears e outro pulo até que a Standard Propaganda, agência que detinha a conta da arrojada loja de moda Clipper Exposição, convidasse o tal gerente da Sears para ilustrar as campanhas de varejo desse cliente. A contratação veio acompanhada de um salário dez vezes superior ao que recebia na Sears. Periscinoto comprou seu primeiro carro, estava enfim numa "entidade" agência publicitária e, ainda assim, não estava feliz. Na Standard Propaganda, ele percebia que os desenhistas pertenciam a uma classe supostamente inferior à dos redatores e que a liberdade que havia experimentado na Sears tinha ficado para trás. Ao tomar conhecimento de uma vaga disponível no Mappin, ele se apressou, pleiteou-a e foi contratado. Apesar de sua origem humilde e das necessidades financeiras pelas quais tantas vezes havia passado, Periscinoto nunca colocou os ganhos mensais ou a estabilidade financeira como principal diretriz de sua vida profissional. Ele sempre fez questão de no dia a dia profissional estar em um lugar onde se sentisse realizado pessoalmente e capaz de aprender e produzir livremente. Um ofício que não o alimentasse internamente, por mais que lhe oferecesse uma boa remuneração, simplesmente não lhe interessava.

No Mappin, enfim, Periscinoto revolucionou a comunicação. A mesma criatividade que usava para imprimir as amplas páginas duplas que a loja comprava nos jornais, ele aplicava também nas vitrines e constantes promoções que criava, emprestando ao tradicional estabelecimento inglês uma personalidade absolutamente ousada. Em dada ocasião, para se ter uma ideia, a polícia chegou a ordenar que a loja retirasse uma instalação montada nas vitrines, já que a multidão estava se aglomerando de tal forma que os bondes estavam ficando impossibilitados de transitar no local. Na tal instalação, havia modelos que subiam e desciam os degraus de uma pequena escada, vestindo uma meia de seda que acabara de ser lançada. Para que apenas as pernas das mulheres aparecessem, uma estrutura de madeira fazia o fundo falso das vitrines. O uso de linguagem tão inovadora, Periscinoto vinha absorvendo das tantas revistas americanas que lia, além do jornal americano *The New York Times*. Em suas páginas, alimentava-se da propaganda do varejo americano, sua grande musa inspiradora. Com os materiais de qualidade que chegavam às suas mãos, o autodidata não deixava escapar sequer uma oportunidade de aprender e crescer.

“ *Eu gostava demais de acompanhar o trabalho daqueles americanos, porque os anunciantes tinham um plano de comunicação, um posicionamento, coisas que aqui ainda não aconteciam. E comecei a aplicar isso no Mappin. As ações geravam bons resultados e, com isso, eu conquistava liberdade lá dentro. Eu era gerente de comunicação da loja. Vinha uma ideia, pensávamos 'por que não?' e a colocávamos em prática.*
E foi em um mês de outubro que uma dessas ideias realmente se destacou. Tradicionalmente, este era um mês muito ruim para o varejo e nós, gerentes, precisávamos criar alguma coisa que melhorasse o desempenho do período. E veio a ideia de estabelecer outubro como mês do aniversário do Mappin. Decidimos colocar um bolo enorme em frente à loja e, em uma época em que ninguém fazia chamadas desse tipo, bolei: 'O aniversário é nosso, mas quem ganha o presente é você'. Por conta de parcerias feitas com os fornecedores, conseguimos grandes reduções de preço nos produtos.

Foi um sucesso. Passada a euforia, meu chefe chegou para mim e disse que eu poderia escolher o prêmio que quisesse. Acho que ele pensou que eu iria querer uma televisão nova ou um liquidificador, mas pedi para ir para Nova York. Eu queria conhecer a Ohrbach's, uma loja cuja publicidade me fascinava. Eu queria aquela escola, minha sede por aprender não saciava. Era 1958 e o mundo ainda não era em cores. ”

MR. PERISCI*WHAT* DESEMBARCA EM NOVA YORK

Com uma carta de recomendação do Mappin em mãos, lá foi Periscinoto em busca daqueles que faziam as tão admiradas propagandas que ilustravam o *The New York Times*. Ao bater à porta da Ohrbach's, explicaram-lhe que todos aqueles anúncios eram feitos pela DDB, uma agência de publicidade relativamente nova na época. E o encaminharam para lá.

Na mina de ideias, Periscinoto chegou e, conforme lhe haviam recomendado, pediu para falar com Bob Gage, o responsável pelas campanhas da loja. Ao se anunciar para a secretária, veio a dúvida: "Mr. Perisci*what?*" – ao que Periscinoto concordou. E foi assim, como mr. Perisci*what*, que o brasileiro de Mococa entrou na DDB.

“ *Nesta primeira visita, fiquei quase vinte dias em Nova York, entre a DDB e a Ohrbach's. Conheci a agência, o trabalho deles com a Volkswagen (seu maior cliente) e especialmente o departamento de criação. Fiquei louco com a forma como eles trabalhavam. Nas salas, havia duplas de criação compostas por um redator e um diretor de arte, que discutiam as campanhas em processo de elaboração. Era tudo novidade para mim, aquele esquema era absolutamente inexistente no Brasil. Por aqui, essas figuras ficavam em ambientes separados e sequer conversavam sobre o que estava sendo criado. Voltando aos americanos, também me chamava a atenção o fato de muitos deles colocarem os pés sobre a mesa enquanto conversavam – diziam que a posição facilitava o aumento de fluxo de sangue no cérebro!*"

Por ironia do destino, meses depois da chegada de Periscinoto ao Brasil e da retomada dos trabalhos no Mappin, uma agência de publicidade o procurou pedindo que fizesse uma campanha como *freelancer*. A agência era a Almap e o cliente, a Volkswagen – a mesma dos tantos anúncios e comerciais com os quais ele havia se esbaldado em Nova York. Sob a adrenalina de criar para tal cliente, Periscinoto debruçou-se sábado e domingo sobre a proposta encaminhada. E, para montar as dez peças solicitadas pelo cliente, esboçou mais de 170 ideias, vinte das quais o pessoal da agência selecionou para serem apresentadas. O publicitário voltou para casa, caprichou na elaboração dessas vinte peças e entregou-as no prazo combinado. Se o resultado agradasse o cliente, ele receberia um cachê equivalente ao salário que recebia no mês. Caso contrário, o pagamento seria praticamente simbólico. Para Periscinoto, o mais importante naquele momento era o fato de estar ele próprio criando para a Volkswagen.

Dias depois da entrega do trabalho, veio a resposta: os clientes não só haviam aprovado a campanha, mas queriam dar continuidade àquele trabalho criativo. Ao que José Alcântara Machado, um dos sócios da Almap, procurou Periscinoto lhe propondo sociedade. Embora estivesse satisfeito no Mappin, o convite lhe pareceu apetitoso, já que lhe fora prometida total liberdade para fazer por lá o que quisesse – inclusive colocar em prática o tão revolucionário conceito de duplas de criação praticado em Nova York. E foi assim que, no início da década de 1960, Periscinoto ingressou na Almap – 15% da agência seriam seus, 65% de José Alcântara Machado e os 20% restantes seriam de Otto Scherb, que cuidava das áreas de planejamento e atendimento. O aprendizado vivido por Periscinoto estava dando frutos. Frutos fartos, maduros e saborosos.

A Almap tinha cerca de 15 funcionários, seu principal cliente era a Volkswagen e Periscinoto, que entrara na agência para atender a esta empresa, passaria 39 anos contando com ela em seu leque de clientes. Fusca, Kombi, Brasília, Variant e tantos outros carros da marca foram incorporados à cultura brasileira pelas mãos de Periscinoto.

Exercendo o papel de diretor de criação, o publicitário, além de atender à Volkswagen, cuidaria de todo o processo criativo da empresa. Sob seu comando, a propaganda, até então informativa, passaria a adquirir um aspecto mais conceitual e também mais emocional. O resultado foi uma conquista rápida de clientes como Kibon, Gillete, Cobertores Parahyba e outros tantos, que permitiram um crescimento vertiginoso da agência. A cada oportunidade cavada, Periscinoto agregava ao time profissionais de peso, como Sérgio Andrade, Mauro Sales, Boni, Marcello Serpa e outros talentos que exerceriam importante papel na história da propaganda brasileira. Nessa "fornalha criativa", conforme define Periscinoto, houve momentos em que estiveram reunidas mais de 25 duplas criativas.

Mas tão interessante quanto o aglomerado de talentos que ia se formando eram os olhos do mercado sobre aquele oásis da comunicação e as regulares investidas sobre os profissionais da agência. E, até para se sair bem nessa dança de talentos, Periscinoto pôs a criatividade para funcionar. Se era comum os clientes pedirem um estágio para seus tantos sobrinhos, filhos e afilhados, também era comum os criativos se incomodarem com aquele estagiário atuando em sua sombra durante todo o expediente. Mas Periscinoto decidiu reservar um espaço da Almap exclusivamente para esses estagiários. Ele reunia cerca de vinte novatos por vez, para participar de um programa de dois meses. Quanto aos profissionais da Almap, estes deveriam reservar uma hora de sua semana para dar uma aula – obrigatoriamente prática – a esses jovens. Passavam um *briefing* para os *trainees*, que, operando como uma miniagência (com atendimento, criação, planejamento etc.), deveriam formatar campanhas completas para os supostos clientes. E, para os que se destacassem na Almapinha, como era chamado o laboratório, havia chances de conseguirem vagas como assistentes (o que, enfim, acabava ajudando a agência a se abastecer em meio ao entra e sai de profissionais).

Em 1988, a Almap se associou à agência multinacional BBDO. Nascia assim a Almap/BBDO, que, por opção de Periscinoto, passaria mais tarde para as mãos de Marcello Serpa e Luiz Madeira. Periscinoto se desligaria da agência para cuidar de outros negócios. Sua saída definitiva da sociedade aconteceu em 1998 e, pouco depois, ele atuou como secretário de Comunicação Institucional da Presidência da República, durante o mandato do presidente Fernando Henrique Cardoso. A partir de 2004, passou a atuar como diretor da Sales, Periscinoto, Guerreiro e Associados, SPG&A, prestando assessoria em processos de fusão e aquisição e consultorias relativas a comunicação e marketing (incluindo orientações relativas à escolha e à avaliação de agências publicitárias).

A ESCOLA DE EINSTEIN

O homem de origem humilde, que sempre devorou informações, levou para a vida adulta uma incrível capacidade de conciliar ousadia e humildade. Foi ele o profissional honesto a ponto de, no meio de uma reunião com a Kibon, rasgar os *layouts* de anúncios propostos por criadores de sua própria agência ao se dar conta de que aquilo não respondia às solicitações feitas pelo cliente. Vidrado em seu *métier*, nunca se satisfez em simplesmente atender à solicitação de um cliente. Antes de entregar os trabalhos, tantas vezes entrava madrugada adentro, esboçando dezenas de *layouts* para, ao término da sessão, espalhar todos pelo chão e escolher os mais dignos de serem apresentados. Seu prazer sempre foi em se empenhar para surpreender, encantar e deixar o cliente tão fascinado com a linguagem publicitária quanto ele próprio sempre foi. Não obstante a seriedade com que toma o lado profissional, tem sempre uma piada na ponta da língua, um "causo", a história de uma campanha feita aqui ou por seus mestres estrangeiros.

O *workaholic* que por muito tempo tomou as horas vagas como angustiantes encontrou mais uma vez nas revistas americanas a inspiração para resolver seu incômodo. Foi na publicação *Sports Afield* que Periscinoto se deparou com uma reportagem sobre um americano que esculpia patos de madeira. Para o filho de carpinteiro italiano, o hobby pareceu um tanto atraente, de modo que, desde 1989, ele passou a brincar de desvendar as formas escondidas em toras de madeira. Começou fazendo patos – centenas deles – e depois foi a vez de grandes cavalos do tipo carrossel. Mais uma vez aprendeu tudo sozinho, com a ajuda de livros e revistas sobre o assunto.

O autodidata frequentou apenas a escola primária e faz questão de enfatizar que para se conseguir algo na vida é preciso ter foco e se empenhar em garimpar coisas, ir atrás do que se deseja. Insiste que é preciso estar sempre alerta, aproximar-se dos livros, dos jornais, das revistas, das pessoas e, mais ainda, observar as coisas profundamente, questionando o que existe por trás delas – enxergando além do que se vê.

“ *Certa vez, meu pai perguntou a mim e aos meus irmãos se sabíamos o nome do professor de Einstein. Diante da negativa de todos, ele disse também desconhecer tal professor. E continuou: 'Pouco importa quais foram os professores do Einstein. Foi ele quem aprendeu, não foi ninguém que o ensinou. Ele chegou aonde chegou por sua capacidade de ir atrás do que lhe interessava, por sua capacidade de aprender'. E, mais uma vez, repetiu pra gente: 'Mais vale o que se aprende do que aquilo que te ensinam'. Compreendo e compartilho plenamente dessa visão. Digo hoje que aprender é minha cachaça e a vontade de aprender, meu oxigênio.* ”

MICHAEL KLEIN

Nasceu em Berlim, na Alemanha, em 27 de novembro de 1950. Ao lado do irmão Saul, transformou-se no braço direito do pai, Samuel Klein, na direção da Casas Bahia. A primeira loja inaugurada em 1958 tornou-se, em cinquenta anos, uma rede com mais de quinhentas lojas em 11 estados brasileiros, sessenta mil funcionários, mais de trinta milhões de clientes e um faturamento anual que ultrapassa os 13 bilhões de reais.

ESPECIALISTA EM ABSORVER O QUE É BOM

A Casas Bahia estava presente em quase todo o interior de São Paulo e decidiu-se que havia chegado a hora de levar a rede para outros estados. Em meados da década de 1990, Samuel Klein delegou ao filho Michael que fosse o desbravador dessa empreitada, já que para ele seria difícil comparecer em todos os locais que estavam sendo estudados. O primeiro estado no qual entraram foi o Rio de Janeiro e Michael teria de fazer escolhas certeiras, a exemplo do que tantas vezes já havia visto o pai fazendo.

"Ainda me lembro das palavras que meu pai me disse na ocasião: 'Vá até lá e olhe como se fosse com meus olhos. Se você achar que é bom, a gente faz o negócio'. Havia uma grande responsabilidade, já que uma expansão equivocada poderia prejudicar a empresa. Se a tarefa tinha sido confiada a mim, eu tinha de realizá-la muito bem, acertar no mínimo 99%. Felizmente, não foi difícil atender à incumbência. Sempre convivi muito com meu pai, já o havia acompanhado em muitas visitas a lojas e pontos comerciais e nessas andanças tinha aprendido muita coisa, absorvido seu modo de trabalhar e seus ensinamentos. Chegando ao Rio para avaliar os pontos comerciais disponíveis, eu batia os olhos e logo percebia se eles eram bons, se havia alta rotatividade de pedestres, se eram vias de trânsito rápido de carros, se passavam ônibus por lá, se as lojas receberiam o sol da tarde (especialmente no interior isso é bem levado em conta) – enfim, detalhes que sempre vi meu pai observando e que naturalmente passaram a me chamar a atenção."

Era 27 de novembro de 1950. Num dia de inverno na Berlim do pós-guerra nasceu o menino Michael Klein. Filho da alemã Ana Klein com o polonês Samuel Klein, o garoto deixou seu país de origem pouco depois de seu primeiro aniversário. Seus pais buscavam na América uma vida digna para Michael, para eles próprios e para os outros filhos que viessem.

Samuel Klein, pai de Michael, nasceu na pequena aldeia polonesa de Zaklikov. De origem judia, conviveu com duros preconceitos ao longo de toda a infância, a ponto de ter abandonado os estudos com pouco mais de dez anos de idade, após ter sido agredido na escola e ter sofrido uma série de ameaças, pelo fato de ser judeu. Durante a Segunda Guerra Mundial, passou anos preso com o pai em campos de concentração e vivenciou a perda da mãe e de irmãos mais novos brutalmente levados pelos nazistas. A saída para a América abriria novas perspectivas para a família. Queriam trabalhar e permitir aos filhos que se desenvolvessem, estudassem e progredissem longe do antissemitismo, do comunismo e de uma Europa impregnada por feridas abertas nos anos de guerra.

No navio que partiu do porto de Gênova, na Itália, e em breves passagens pelo Rio de Janeiro e por Buenos Aires, o garotinho Michael Klein ensaiava seus primeiros passos, antes de chegar com os pais à Bolívia. La Paz, a capital boliviana, havia sido o destino escolhido por Samuel e Ana para o recomeço. Eles tinham amigos que haviam se mudado para lá e que os haviam convidado para também tentar a vida no país, oferecendo-lhes toda ajuda necessária após a chegada. Em cerca de dois meses, porém, após assistir da varanda de seu apartamento a conflitos de uma guerra civil que se formava, Samuel Klein decidiu mudar de rumo. O Brasil seria seu próximo destino.

Era 1952 quando Samuel Klein estabeleceu-se na cidade de São Caetano do Sul, situada no ABC paulista e, à época, com cerca de sessenta mil habitantes. Com os 6 mil dólares que havia trazido da Europa, adquiriu o patrimônio de um senhor chamado José Nulman e começou a trabalhar. Além da casa para morar, obteve com Nulman suas ferramentas de trabalho, que consistiam em uma charrete, um cavalo e uma carteira de duzentos clientes. Primeiramente com a ajuda de um garoto de 13 anos (que trabalhara com Nulman) e depois sozinho, ele passaria a mascatear pelas ruas de São Caetano sem sequer conhecer o idioma local.

Para o garoto Michael Klein, foram anos da infância observando o pai saindo cedinho, carregado de produtos que tentaria vender ao longo do dia. O menino muitas vezes acompanhava-o em tais saídas e, embora não tivesse responsabilidades profissionais, estava sempre por perto, observando a atuação de Samuel Klein e absorvendo o que aquele contexto lhe oferecia. As primeiras letras, Michael e seu irmão Saul conheceram manipulando as fichas nas quais Samuel anotava os dados dos clientes (como nome, endereço, produtos comprados, valores já pagos e a pagar). Os irmãos eram incumbidos de organizá-las e divertiam-se reconhecendo, identificando e dispondo os nomes dos clientes em ordem alfabética. Aos finais de semana, enfim, na hora do lazer, os passeios da família, conduzidos por Samuel, aconteciam na charrete utilizada para o trabalho.

Até a primeira loja adquirida, foram cinco anos mascateando por São Caetano. Entre outras coisas, Samuel vendia cobertores, colchas, toalhas de mesa e de banho. A maioria das vendas era parcelada e, ainda assim, não havia nenhum compromisso formal relativo ao saldo devedor dos clientes. Samuel percebia um comprometimento das pessoas e via que, por conta das parcelas a receber, as oportunidades para novos negócios já tinham sempre hora marcada.

No início, no entanto, nem tudo foram flores. Houve tempos em que para conseguir dar continuidade aos negócios e garantir o sustento da família, Samuel teve de se desfazer da charrete, do cavalo e até de alguns móveis de casa, como a cama que dividia com sua esposa. Ainda assim, saía a pé pelas ruas, carregando ele próprio as mercadorias e procurando, aos poucos, se refazer das dificuldades. Tanto fez, que conseguiu. Em 1º de janeiro de 1958, ele inaugurou a primeira Casa Bahia. Até então pertencente a Abraão Wasserman, a loja ficava na movimentada rua Conde Francisco Matarazzo, no centro de São Caetano. Seu nome era uma homenagem aos tantos nordestinos que viviam na cidade.

No endereço fixo, a primeira providência de Samuel foi ampliar seu leque de produtos e dar continuidade à prática que adotava nas vendas porta a porta: por meio de parcelamentos, tornava os itens acessíveis a pessoas de baixa renda e ainda garantia o fluxo de clientes e as constantes oportunidades de novas vendas, já que todas as parcelas deveriam ser pagas na própria loja. Paralelamente, manteve o esquema de vendas porta a porta, que passou a ser realizado por diversos vendedores (mesmo nas vendas realizadas nas casas dos clientes, as parcelas restantes deveriam ser pagas nas lojas). Tamanho foi o sucesso do novo negócio de Klein, que em um ano de loja ele se viu capaz de investir em uma caminhonete Ford 1948, que passaria a ser utilizada nas entregas das mercadorias vendidas. Sem esquecer que, com ela, os passeios da família aos domingos se tornariam mais diversificados do que nos tempos da charrete.

A consequência das estratégias de Klein foi a rápida expansão da rede. Logo nasceu uma segunda loja, também localizada em São Caetano e voltada especialmente para vestimentas, que passou a ser gerenciada pela esposa Ana; mais tarde vieram outras na mesma cidade e também em Santo André e Mauá. A Casa Bahia, a essa altura, já era chamada de Casas Bahia, no plural, e tinha uma ampla carteira de clientes e produtos que variavam de móveis a roupas. Os eletrodomésticos, que mais tarde representariam uma importante frente de atuação da rede, passariam a ser comercializados por Klein somente a partir de 1964.

MICHAEL CHEGA A CASAS BAHIA

Sendo Michael Klein o primogênito, o pai sempre fez questão que desse bons exemplos aos irmãos, já que via suas atitudes, nos mínimos detalhes, tornando-se referência para os mais novos. E, se por um lado isso gerava algumas responsabilidades para o garoto, também enchia o pai de orgulho cada vez que ele realizava um tento. Sua entrada na faculdade aos 18 anos, a tomar como exemplo, encheu o patriarca de contentamento. Além da felicidade de ver o filho ingressando no curso superior que ele não pôde fazer, Samuel estava certo de que cedo ou tarde a participação de Michael nos negócios representaria um importante reforço para a empresa. O entusiasmo se traduziu em um carro dado de presente ao jovem e o ingresso profissional na Casas Bahia.

"*Meu ingresso na faculdade, o primeiro em casa, foi um marco, algo bastante importante para meu pai. Tudo o que ele sabe, aprendeu trabalhando e convivendo com pessoas, já que só estudou até pouco mais do que o quarto ano primário. Ele praticamente foi alfabetizado e saiu da escola. Provavelmente por não ter tido tais oportunidades, meu pai sempre quis que estudássemos, sempre recomendou que concluíssemos um curso superior, que não abandonássemos os estudos por mais que estivéssemos bem no trabalho. O resultado é que somos três filhos diplomados.*

Mesmo meu pai tendo feito questão de que não tivéssemos responsabilidades profissionais na infância, de um jeito ou de outro sempre estivemos por perto e acompanhamos todas as fases do crescimento de seus negócios – fosse no período de mascate ou nas lojas. Quando não estávamos na escola, estávamos com ele, incorporando um pouco do seu jeito, de sua filosofia de trabalho, do seu modo de ser e de atuar. Nos finais de ano, saíamos com o motorista para fazer as entregas. Vivíamos inseridos nesse contexto, acompanhamos esse crescimento desde o início, o que fez com que eu e meu irmão Saul criássemos um amor por tudo isso. Na hora de escolher uma carreira, optei por administração de empresas para poder dar continuidade a tudo aquilo que vi crescer."

O ingresso oficial de Michael na Casas Bahia aconteceu pelo Kardex, um departamento que por conta da automatização nem sequer existe nos dias atuais. Ele recebia as notas dos fornecedores, lançava-as em uma caderneta, no estilo de um fichário, e, na medida em que iam saindo as notas de venda, dava baixa na caderneta para ter o controle das quantidades. Por mais primitivo que parecesse, era na época a única maneira de fazer o controle. E Michael fazia isso diariamente, atuando no depósito, no escritório da administração e adquirindo noção do que acontecia na rede como um todo.

Na época, parte das vendas financiadas pela Casas Bahia estava nas mãos de financeiras. Por um lado, essas instituições contribuíam com o andamento dos negócios, mas, por outro, os percentuais por elas cobrados eram altos e encareciam as transações. Em determinado momento, Samuel até conseguiu uma redução de taxas assumindo as contas e os pagamentos dos clientes, mas, ainda assim, não estava satisfeito com seu capital de giro. Ele queria mais dinheiro, de modo que pudesse comprar produtos em quantidades maiores, conseguir melhores preços e oferecer melhores condições para seus clientes, desde o início pertencentes às classes C, D e E. Foi então que, em 1970, ele decidiu comprar uma financeira. A aquisição da chamada Intervest foi o que Samuel considerou um dos mais importantes passos para o crescimento da Casas Bahia. E, praticamente desde o início, caberia a Michael sua administração, consolidando o aumento desejado do capital de giro, melhores condições de negociação nas compras e aumento do volume dos negócios.

Michael ficou na direção da financeira por 13 anos. Nesse período, o dinheiro que passou a entrar na empresa aumentou substancialmente, e Samuel decidiu investir em novas filiais. Deu-se início a uma sucessão de aquisições de redes de lojas na região do ABC, na capital paulista e em cidades localizadas em seus arredores (São José dos Campos, Taubaté, Piracicaba, Sorocaba), bem como a implantação de lojas em pontos que acreditavam ter potencial. O litoral e o interior de São Paulo foram o passo seguinte. Entre as redes, Samuel Klein adquiriu várias, como Lojas Piratininga (no ABC), Lojas Discopa (em Santos) e a rede Colúmbia, a qual, com suas vinte lojas, praticamente duplicou o tamanho da Casas Bahia na década de 1980.

Durante anos, as inaugurações, sempre acompanhadas de muita comemoração, tinham presença obrigatória de Samuel Klein. Com o crescimento dos negócios, o aumento da frequência de inaugurações e o ganho de idade de Samuel, ele passou a não comparecer mais em muitos desses eventos – ainda assim, nas tantas inaugurações que acontecem (só em 2007, foram mais de sessenta) há sempre a presença de um dos filhos representando a família, prestigiando o novo ponto e os respectivos funcionários. Em geral, é Michael Klein quem assume este papel, seguindo, mais uma vez, os passos do pai.

Mesmo com uma grande quantidade de lojas físicas, Samuel Klein, fazendo jus ao seu início como mascate, manteve por muitos anos o sistema de vendas de porta em porta. As charretes acabaram dando lugar a peruas e, na frente de vendas, havia somente mulheres, de modo que as donas de casa se sentissem à vontade para abrir suas casas para elas. Houve tempos em que a rede chegou a ter mais de 1.500 vendedoras exercendo esse papel. Produtos como ferros elétricos, liquidificadores e batedeiras eram entregues no ato, com pagamento feito em prestações, a serem pagas em qualquer unidade da Casas Bahia. Assim, a clientela acabava frequentando as lojas regularmente. O sistema foi empregado até 1984. Depois disso, Samuel Klein decidiu destinar a verba do porta a porta para uma propaganda mais agressiva – e, com o passar dos anos, ele acabou se tornando o maior anunciante do Brasil.

No início do século XXI, vale dizer, a expansão da rede pelo Brasil continuou acontecendo. Depois de entrar no Mato Grosso e no Espírito Santo, foi a vez de a Casas Bahia entrar no

Nordeste, ingressar finalmente no estado cujo nome a batizou. Os Klein começaram com quatro lojas em Salvador, inauguradas em 2009, seguidas de outras vinte adquiridas na compra da rede local Romelsa – e isso prometendo ser apenas o início dos planos de expansão da rede no Nordeste. Outro importante investimento foi o lançamento do comércio eletrônico da rede, também em 2009, com um investimento inicial de 3,7 milhões de reais.

EM FAMÍLIA, OS BRAÇOS DIREITOS

“Eu trabalhava na financeira, no centro de São Paulo, e meu irmão Saul trabalhava numa concessionária de automóveis também pertencente à empresa. Embora estivéssemos em empresas do grupo, não atuávamos diretamente na Casas Bahia. Até que, no dia 16 de janeiro de 1983, meu pai nos chamou para jantar. Estávamos na casa dele e, já à hora do café, ele nos disse que a rede estava grande, que queria dar alguns passos maiores e precisaria dos filhos mais perto dele – até fisicamente falando. Foi aí que passamos a atuar na direção da empresa, no escritório central da Casas Bahia, e passamos a participar do dia a dia da rede. Àquela altura estávamos com 43 lojas e havia importantes planos de expansão. Eu, que vinha da financeira, fiquei mais voltado à parte financeira, incluindo investimentos. Meu irmão ficou mais voltado para a área comercial, compras e vendas. A palavra final, de qualquer forma, sempre foi e continua sendo a do meu pai.”

Vinte e seis anos depois do chamado, Michael atua oficialmente no administrativo, no financeiro e no comercial. É uma espécie de superintendente ou diretor-presidente da empresa, com condições de liderar todas as áreas e todas se reportarem a ele. O presidente propriamente dito é Samuel Klein, mas várias questões já são resolvidas antes de chegarem nele. Michael faz uma triagem, e o que julga mais importante, especialmente no que se refere a investimentos mais pesados, ele passa para o pai, consulta-o, pede seu aval. Conhecendo na palma das mãos o histórico de Samuel, Michael sente uma enorme tranquilidade e um verdadeiro alento na possibilidade de ouvir seus pareceres.

Para Samuel, por sua vez, existe a certeza de que, por mais que esteja cercado de bons executivos, não fossem os filhos a seu lado, a Casas Bahia jamais teria atingido as proporções que atingiu. Avesso a sócios, à abertura de capital ou qualquer outra parceria que colocasse "patrões" em seu caminho, pessoas a quem tivesse que dar satisfações sobre sua maneira de dirigir a empresa, Samuel teve a felicidade de encontrar nos filhos a parceria profissional que lhe parecia a mais conveniente possível. Profissionais que pensam como ele, que abraçam seus planos de expansão e possuem entrega e comprometimento plenos em relação ao negócio.

"Na guerra, meu pai se perdeu de toda a família. Ao término dela, foram três ou quatro anos até ele, os irmãos sobreviventes e seu pai conseguirem se reencontrar. Fomos o único ramo da família a vir para o Brasil e, para ele, ficou muito forte o desejo de fazer as coisas em família, de conviver conosco, de nutrir os laços de família. Em vez de procurar emprego, ele quis trabalhar com minha mãe, construir algo que pudesse ter continuidade entre nós. E, de uma forma ou de outra, minha mãe sempre participou dos negócios – desde os tempos de mascate, quando era ela quem comprava as mercadorias que meu pai vendia. Trabalhando em família, temos um ótimo entendimento. Existe um grande respeito, uma hierarquia e, por mais que algumas vezes ocorram discordâncias, estas jamais geram desconforto. A palavra do meu pai é sempre a última, e todos nós compreendemos e aceitamos isso plenamente."

O antigo mascate que no início dos anos 1950 se desfez de uma charrete, de um cavalo e até da cama onde dormia para pagar suas contas parece ter ido muito além de seus planos iniciais. Após pouco mais de cinco décadas de criação da primeira loja, dirige a maior rede de produtos para casa do país, com mais de 560 lojas e um faturamento anual girando em torno dos 13 bilhões de reais. Além das lojas e de sete centros de distribuição, a rede ainda conta com uma fábrica de móveis, a Bartira, cuja produção é destinada exclusivamente às lojas da rede.

Na rede de varejo de um homem que experimentou pobreza, preconceitos e um sem-fim de dificuldades na infância e juventude, a regra é a possibilidade de compra e realização para todos, por menores que sejam suas rendas. A maior parte de seus clientes, além de pagar suas mercadorias em parcelas, não tem comprovação de renda. Ainda assim, os Klein não hesitam: quem tem nome limpo tem crédito lá dentro.

E, se os clientes encontram lá suas regalias, o mesmo acontece com os funcionários, que recebem prêmios, salários superiores aos aplicados no mercado e são, todos eles, efetivos da Casas Bahia – os Klein fazem questão de evitar a mão de obra terceirizada, para ter certeza de que quem transita pela rede goza dos benefícios e do tratamento que a rede confere a quem os faz crescer. A consideração de Samuel Klein, pode-se dizer, estende-se até mesmo a seus ex-funcionários. No início da década de 1990, por exemplo, ele teve de fazer drásticos cortes na rede por conta de planos econômicos que reduziram o poder de compra de classes mais carentes – na ocasião foram demitidos mais de três mil funcionários, dos 9.500 que lá trabalhavam. Quatro anos mais tarde, diante da recuperação do consumo, a rede retomou os bons resultados e milhares de vagas foram abertas. Pois, para preenchê-las, Klein determinou que fossem convidados todos os funcionários anteriormente demitidos.

Para Michael, o sucesso da rede deve-se, além de todas as características enumeradas nessas páginas, ao fato de na empresa os acertos serem mais frequentes do que os erros. Mais que isso, conforme gosta de frisar, na Casas Bahia os erros acontecidos costumam ser corrigidos rapidamente. E leva a sério os dizeres proferidos por um de seus professores universitários, já no primeiro dia de aula. Dizia ele que administrar é corrigir o erro em tempo.

"Já abrimos lojas em pontos que tinham tudo para abrigar bons negócios, mas, ainda assim, os resultados não corriam como previamos. Nas ocasiões em que isso aconteceu, tivemos de saber parar, analisar o contexto e corrigir os erros o mais rapidamente possível. O problema é o imóvel? O quadro de vendedores? O tamanho da loja em relação ao movimento local? Por vezes, a solução é fechar a loja. Graças a Deus não são muitas as ocasiões em que precisamos tomar essa atitude, mas, quando é o caso, temos de reconhecer e agir rapidamente."

Depois dos oitenta anos de idade, Samuel continua despachando diariamente no escritório e seu maior sonho, com tantas realizações já cumpridas, passou a ser a continuidade dos negócios, a preservação de tudo o que conquistou. E, no que depender de Michael Klein, essa preservação está garantida.

Já Michael, aos sessenta anos, acorda diariamente às 6h30 da manhã. Noventa minutos depois, quando chega ao escritório, já leu três jornais. Ele, que trabalha 12 horas diárias, não marca absolutamente nada pessoal no horário comercial e, aos finais de semana, quando não está fazendo suas caminhadas, passeando de moto ou viajando, são grandes as chances de estar em um almoço em família, conversando sobre negócios. Além dele, do irmão Saul e do pai, tem um filho e sobrinhos que também já atuam na rede e considera um privilégio trabalhar em algo que se reverte para toda a família. Ele declara trabalhar com amor e admite procurar melhorar, dia após dia, se espelhando em bons exemplos. É um homem que soube absorver os exemplos de uma incrível figura paterna, preservar as qualidades que originaram seu império e, com humildade, permanecer buscando tantas outras naqueles que o cercam.

"Tenho a sorte de ter tido como mestre o gênio do varejo e, mesmo recebendo tantas coisas do meu pai, posso dizer que ainda assim eu não o tomei como único professor. Reconheço que entre os milhares de funcionários que estão ou já estiveram na Casas Bahia, já tivemos profissionais maravilhosos. Alguns ainda estão conosco, há os que se aposentaram e os que saíram para montar um negócio próprio. Convivi com muita gente trabalhadora, competente, honesta, ponderada, e sempre procurei incorporar os bons hábitos de quem me cerca. E assim pretendo seguir."

ALBERTO SARAIVA

Nasceu em Portugal, em 6 de junho de 1953. Formado em medicina, é fundador e presidente do Habib's, *fast-food* de comida árabe que possui cerca de trezentas lojas no Brasil. Para atender a seu negócio principal, possui uma série de outras empresas, como uma fábrica de sorvetes, uma padaria industrial, uma indústria de laticínios e um *contact center*.

ESPIRITUALIZADO

No final daquele domingo, Alberto Saraiva foi à padaria recém-comprada pelo pai. Ele o buscaria e os dois seguiriam para casa. Tão logo estacionou o carro, no entanto, foi noticiado da tragédia. Em um assalto, seu pai havia sido baleado. Morreu na mesma hora, não voltaria mais para casa. Era agosto de 1973 e o jovem Saraiva, que naquele momento iniciava o velho sonho de estudar medicina, teria uma enorme reviravolta em sua vida.

O pai era um grande ídolo para Saraiva. Uma pessoa sem instrução, que jamais desistia dos seus objetivos. Persistente, trabalhava de segunda a segunda e, ainda assim, era muito ligado à família. Mesmo sendo carinhoso, não hesitava em dar uma boa surra nos filhos quando lhes faltasse responsabilidade. Diante das dificuldades, por outro lado, era o primeiro a incentivá-los a seguirem seus sonhos. Em resposta ao desânimo de Alberto Saraiva por ter sido reprovado em várias provas de vestibular para medicina, por exemplo, ele insistia: "Não desista, é preciso caminhar, dar sempre um passo a mais. Com persistência, você vai chegar ao seu objetivo. Pode demorar mais um ou dois anos, mas uma hora você chega lá".

O pai estava certo e o sonho universitário de Alberto foi alcançado. O trágico incidente, no entanto, levou o garoto a colocar os planos temporariamente de lado, trancando a matrícula da faculdade para assumir a padaria. Esta, por sua vez, era muito antiga, estava mal localizada (no meio de outras cinco padarias), tinha padeiros ruins e equipamentos ultrapassados. Era recém-comprada e ainda havia algumas parcelas a serem pagas. Para tanto, Saraiva chegou a pedir dinheiro a um tio, mas este recusou, pois achava que o sobrinho deveria se desfazer do negócio e retomar os estudos. Saraiva discordava e, em meio às dificuldades e à grande revolta que passou a atormentá-lo, seguiu tocando a padaria.

Até aquele domingo de agosto, Saraiva havia sido um garoto de muita fé. Frequentava a igreja aos domingos, fazia orações ao acordar, rezava antes de dormir. Mas, de repente, seu pai se foi. Com a dramática partida, Saraiva perdeu também sua crença e sentiu sua vida ficando cada dia mais difícil. Em uma sequência de casualidades, quebrou uma perna, seu irmão capotou o carro e uma afilhada da mãe dele acelerou o carro que tinham e acertou o Gálaxi do vizinho. Nada mais dava certo, fosse dentro ou fora da padaria. Certa noite, Saraiva entregou os pontos. Ele decidiu que fecharia o estabelecimento.

"Fui dormir certo de que havia tomado a melhor decisão. Ainda assim, na madrugada seguinte, peguei um táxi em direção à padaria, para abri-la cedinho como de costume. Eu chegava lá às quatro horas da manhã, recebia o leiteiro, via se o padeiro tinha feito os pães e, às cinco horas, abria as portas para os clientes. Durante o percurso, não sei por que motivo, comecei a contar minha história para o taxista. Eu estava realmente chateado. Falei que a padaria só me dava problemas e que eu ia desistir.

O tal taxista ficou me ouvindo, absolutamente calado, por cerca de 15 minutos. Quando fui descer, virou-se para mim e disse: 'Não desista, é preciso caminhar'. Eram as exatas palavras que meu pai dizia... Entendi no ato que se tratava de uma mensagem. Entrei na padaria, me ajoelhei e pedi perdão. Naquele instante, minha fé foi redobrada e minha vida se transformou. Desde então, sei que Deus e Jesus Cristo estão sempre comigo, sempre me protegendo e me abençoando."

Alberto Saraiva é de origem humilde. Os pais, camponeses, moravam em uma aldeia de Portugal, onde cuidavam da lavoura, do vinho e do azeite. Ainda jovens, vieram para o Brasil. Primeiro veio o marido, Antonio Saraiva, já que a esposa estava grávida e não podia embarcar. Ela só chegaria ao Brasil meses depois, com seu bebê Alberto nos braços.

Sem estudos nem perspectivas de conseguir um emprego, Antonio Saraiva foi parar na zona norte de São Paulo. Comprava pães de madrugada, dispunha-os em uma carrocinha que providenciou e os levava para serem revendidos em bares, botecos e outros estabelecimentos. A vida em São Paulo não ia bem e, em uma oportunidade que surgiu, ele levou a família para Santo Antônio da Platina, no Paraná. Nessa cidade, o sr. Antonio revendia doces comprados em São Paulo; tratava-se de uma representação que havia conseguido.

No interior do Paraná, Alberto Saraiva teve uma infância simples e boa. Frequentava a escola e a igreja. A religiosidade tinha grande peso em sua família, e ele foi criado dentro de uma fé católica muito forte. Foi coroinha e um dos pastorinhos que rezavam o terço em maio. Durante parte de sua infância, chegou a ter vontade de se tornar padre, mas a mãe, sabendo que tais anseios poderiam mudar quando ele começasse a se interessar pelas garotas, pediu ao filho que esperasse, que amadurecesse um pouco mais antes de pensar no seminário. Saraiva cresceu e, conforme sua mãe intuía, desistiu daquela ideia.

Daí em diante, a medicina se tornou o grande sonho de Saraiva. Em sua família não havia ninguém com curso superior; os pais sonhavam em proporcionar essa realização para o filho e davam total apoio a Saraiva, colocando seus estudos sempre como prioridade. Aos 17 anos, ele fez o terceiro colegial em São Paulo. À noite ia ao colégio e, durante o dia, fazia cursinho. Seis conduções diárias e muito estudo não foram suficientes para a aprovação do garoto que vinha de uma formação escolar inferior à dos concorrentes. Aos 18 anos, Saraiva fez mais um ano de cursinho, voltou a prestar exames vestibulares e teve novas reprovações. O incentivo em casa ainda assim permanecia e este, somado a muita determinação e fé, impulsionou Saraiva para um terceiro ano de cursinho, após o qual ele foi aprovado. Estudaria, então, na Santa Casa de Misericórdia de São Paulo.

PÃES, LIVROS E PREÇOS BAIXOS

Com o incidente ocorrido com o pai, a medicina ficou em segundo plano e a grande escola de Saraiva passou a ser a padaria herdada. Nela, enfrentou uma série de problemas, teve uns tantos aprendizados e saiu fortalecido. Ele não tinha bons funcionários, não tinha um padeiro comprometido com o trabalho e essa figura, não raras vezes, deixava de comparecer. Quando isso acontecia, para atender os clientes, Saraiva acabava comprando pães em padarias vizinhas. Os clientes estranhavam, pois percebiam que a cada dia os pães estavam de um jeito. A primeira lição de Saraiva estava escrita: para ter bons padeiros, ele precisava saber fazer pães; para ter um negócio, precisava conhecer o que havia por trás do que vendia. Ele se tornou padeiro e, dali em diante, independentemente de poder contar com um bom funcionário, sempre fez questão de conhecer e ter domínio das receitas servidas, em todos os estabelecimentos pelos quais passou.

Outro desafio de Saraiva era levar os clientes a tão mal localizada padaria. O aprendizado sobre a importância do preço nasceu aí. Na época, o pãozinho era tabelado pela Sunab. O valor era baixo, e os padeiros costumavam reclamar que o pãozinho não dava lucro. Na contramão da concorrência, Saraiva, que não tinha outros atrativos, passou a vendê-los com preço 30% menor do que a tabela da Sunab. Criou ainda uma promoção estabelecendo que quem comprasse dez pãezinhos levaria 12.

A medida nascida de uma necessidade, de um desespero por ganhar clientes, fez crescer sua clientela. Além dos clientes comuns, a padaria passou a receber padeiros de rua, pessoas que compravam cem, duzentos, trezentos pães para vender em bares e outros estabelecimentos. O volume de pães crescia, e o dinheiro que entrava também. Na medida em que isso foi acontecendo, Saraiva conseguiu montar uma boa equipe e comprar novos equipamentos. Em um ano e meio a padaria se tornou a melhor do bairro. Ele a vendeu para quatro sócios e voltou ao curso de medicina.

"*Depois de experimentar esses episódios, vender barato passou a fazer parte da minha filosofia comercial. Associar qualidade a preço baixo, tenho certeza, dá certo em qualquer ramo, resolve qualquer dificuldade. As próprias liquidações que os* shoppings *praticam é uma forma de vender a preços baixos. Adotei essa prática quase como uma filosofia de vida, uma filosofia comercial. O mantra do Habib's é esse. Na nossa primeira loja, pelo preço de um cafezinho era possível comprar três esfihas. Outra coisa que aprendi na padaria e aplico até hoje é a importância de conhecer a fundo tudo que está relacionado ao meu negócio. Hoje, no Habib's, não há quem conheça o funcionamento melhor do que eu. Já fui chapeiro, copista, cozinheiro, lavei pratos... Fiz de tudo.*"

Vendida a padaria, Saraiva voltou ao primeiro ano de medicina. Enquanto estudava, ele ia paralelamente repetindo em outros estabelecimentos a fórmula empregada na padaria. Adquiria negócios que estavam em condições ruins, revigorava-os e depois os vendia. Em seu currículo, foi acumulando experiência em bares, botecos, pizzarias, pastelarias e cantinas. Em dado momento, os negócios não iam bem, e ele chegou a se afastar por mais um ano da faculdade. Mas Saraiva novamente persistiu, resolveu as questões profissionais, retomou o curso e, em 1980, formou-se médico.

"*Desde jovem, sempre tive muita determinação e persistência, coisas que aprendi com meu pai. Eu ficava dentro do ônibus, sonhando em ter um carro. Lutei pelo diploma de medicina por anos a fio. Minha cabeça sempre funcionou com o espírito de vencer na vida pelas próprias mãos, pela própria força, pela própria garra – e isso se refletiu em todas as circunstâncias da minha vida. Meus filhos também têm essa qualidade e eu sei que isso modifica as pessoas.*”

HABIB: QUERIDO

Com alguma experiência em hospitais e um diploma em mãos, Saraiva estava com os negócios caminhando de vento em popa. Teria de definir um rumo profissional e o ramo alimentício foi enfim eleito. Saraiva seguiu reformando, criando e vendendo estabelecimentos comerciais. Fazendo bons produtos e aplicando preços baixos, conquistava clientes e depois vendia os negócios. Certa vez, enquanto montava uma lanchonete na Lins de Vasconcelos, foi procurado por Paulo Abud, um senhor de mais de setenta anos, que morava em frente ao estabelecimento e queria um emprego de cozinheiro. Sua especialidade? Comida árabe.

Saraiva, que até então não sabia nada sobre essa culinária, interessou-se. Ele era de pesquisar, era de buscar receitas que se destacassem e, naquele tempo, as esfihas vinham chamando sua atenção. Paulo Abud foi contratado. Ele sabia fazer esfiha, quibe, homus, tabule, quibe cru, e ensinou a Saraiva toda a culinária árabe. Dos pratos aprendidos, Saraiva escolheu os que poderiam ser transformados em comida rápida, como homus, quibe cru, charuto de uva, charuto de repolho, coalhada, quibe, kafta e as esfihas. No cardápio da lanchonete da Lins de Vasconcelos, esses pratos não foram inclusos, mas, pouco tempo depois, Saraiva decidiu montar um restaurante árabe. Era 1988 e ele estava com 35 anos.

“*Achei um ponto bom em uma esquina da Cerro Corá, no bairro do Alto da Lapa. Perguntei ao Paulo Abud quantos*

tabuleiros de esfiha ele achava que eu deveria comprar. Ele falou em cinco ou seis – e eu comprei quatrocentos! Além da comida árabe, decidi incluir no cardápio outros carros-chefes que eu já tinha tido, como pizza e pastel. Eu tinha um amigo libanês que trabalhava em um laboratório farmacêutico e chamava todo mundo de Habib, que significa querido, em árabe. Ele disse: 'O nome é Habib', e me levou na agência com a qual seu laboratório trabalhava. Por cortesia (na época eu não tinha dinheiro para pagar agências de publicidade), o pessoal de criação fez o gênio como opção para a logomarca.
Eu abri o Habib's trabalhando dez, 12, 14, 16 horas por dia! Eu acordava às 3h da manhã, chegava lá às 4h. Ia para a cozinha, preparava todas as comidas e às 11h ia cuidar dos clientes: recepção, atendimento, garçons, tudo do salão. Como sempre, minha ideia era alavancar o negócio e depois vendê-lo. Mas, quando abri, tive 42 dias com fila na porta todos os dias. Às 20h eu fechava as portas, pois não havia mais comida.
Os clientes ficavam do lado de fora esperando o restaurante abrir novamente. Foi uma loucura. E eu pensei: este negócio eu não vou vender. ”

Saraiva sempre teve muitos amigos e, conforme eles visitavam o novo negócio, viam como estava o empreendimento e queriam fazer parte daquilo. Sem nunca ter pensado em franquias, ele começou a montar novas lojas, fazendo sociedades – os Habib's sempre lotavam e o negócio começou a crescer. Quando a rede já somava 16 lojas, ele percebeu que começaram a surgir problemas de descaracterização de receitas, sobra de mercadoria em uma loja e falta em outras. A fim de evitar problemas maiores, decidiu montar uma cozinha central. Comunicou todas as franquias, implementou a cozinha e, por um bom tempo, ele próprio assumiu o papel de cozinheiro. Para dar conta do recado, chegava a passar uma semana dormindo no sótão da cozinha central.

“Eu já era casado, já tinha família e ainda assim tinha esse ritmo puxado de trabalho. Sou mais velho que minha mulher. Eu a conheci quando ela tinha 16 anos e nós namoramos durante seis anos. Ela participou de todas as minhas fases profissionais e compreendeu muito bem cada uma delas. Acho que ela pensava que tudo aquilo era normal, pois nunca tinha estado com outra pessoa. Por conta disso, felizmente, nós nunca tivemos problemas com meu ritmo de trabalho.
Em relação às noites no sótão, posso dizer que eu ficava numa área totalmente inapropriada para descanso. Pé-direito baixo, motores das câmaras frigoríficas barulhentos jogando ar quente no ambiente, sem forro, sem cadeira. Apenas o colchão comprado e ali colocado para algumas horas de recuperação do cansaço. Não diria descanso. E de manhã, quando eu acordava, fazia lá mesmo minhas orações matinais, respeitando uma atitude que realizo diariamente antes de começar a trabalhar.”

Estando a cozinha central estabelecida, a comida foi padronizada e a rede se fortaleceu como tal. Quem não comprasse de Saraiva tinha problemas com ele e dois ou três sócios acabaram inclusive desistindo do negócio. Entre os muitos que restaram – e outros que vieram depois – a comida tornou-se padronizada e a qualidade, controlada. Os ingredientes passaram a ser adquiridos por preços melhores, e as cozinhas ficaram mais enxutas, já que os itens chegavam semiprontos. Foram passos importantes para a evolução da rede.

Vinte anos após sua criação, o Habib's chegou muito além de suas mais de trezentas lojas. Em um processo de verticalização, o grupo passou a ter, entre outras coisas, uma padaria industrial (Arabian Bread), uma fábrica de sorvetes (Sorveteria Ice Lip's), uma empresa de laticínios (Promilat), uma rede italiana (Raggazzo) e até um *contact center*, chamado Vox Line. A história desse *contact center*, inclusive, merece ser contada.

Saraiva queria implementar um sistema de *delivery* do Habib's no Brasil todo. Um sistema que localizasse a origem das ligações, mapeasse a loja mais próxima, recebesse o pedido do cliente e desse o sinal de saída do pedido, fosse a loja em Manaus, Goiânia, Caxias do Sul, São Paulo... Feito isso, o pedido deveria ser entregue no máximo em 28 minutos. Passando disso, o cliente não pagaria.

O projeto parecia ousado e se tornou ainda mais audacioso quando Saraiva resolveu pedir orçamentos para alguns *contact centers* do Brasil. Depois de receber um orçamento sugerindo 15 reais por ligação, ele resolveu montar seu próprio *contact center*, pensando em instalá-lo na garagem de seu escritório. No entanto, ao ter noção da quantidade de posições de atendimento que seriam necessárias, decidiu montar um negócio de porte. O Vox Line foi então criado com tecnologia de ponta e logo passou a figurar entre os maiores *contact centers* do Brasil. Foi angariando clientes, de modo que em pouco tempo o *delivery* do Habib's tornou-se uma pequena parcela de sua movimentação.

Há quem prefira terceirizar, para não tirar o foco do negócio. No Habib's, ao contrário, verticaliza-se o que é importante para o negócio. Saraiva enxerga aí uma maneira de se obter bons preços e qualidade, já que o controle fica nas mãos do próprio Habib's. O lucro, além de tudo, vai para sua rede. Saraiva, que não considera a verticalização uma tarefa fácil, comemora os resultados que vem obtendo. Além do sucesso do *contact center*, ele já tem a terceira maior marca de sorvetes do Brasil. Com exceção da Vox Line, que atua em setor distinto, as "empresas extras" são todas dirigidas por profissionais formados na própria rede. Embora sejam independentes, todas elas são vistas por Saraiva como continuidades do Habib's, já que têm a mesma filosofia, o mesmo conceito e ainda utilizam a mesma estrutura (auditoria, supervisão, controle de qualidade etc.).

INTERNACIONALIZAÇÃO: EXPERIÊNCIA MEXICANA E PROJETOS DA CHINA

Na virada do milênio, o crescimento da rede vinha sendo uma constante. Se o Habib's já estava em todo o Brasil, por que não avançar fronteiras? Com o sonho de ir além, Saraiva começou a planejar a internacionalização da rede. O local escolhido: os Estados Unidos. Foram seis meses de estudo de mercado, reunião de cotistas interessados, levantamento de verbas e, derrubando os planos, a chegada do dia 11 de setembro de 2001, com a queda das Torres Gêmeas. Como investir nos Estados Unidos àquela altura, ainda por cima com uma rede de comida árabe? Diante do incidente, outro destino deveria ser escolhido para a investida e o país eleito acabou sendo o México. Saraiva se mudou para a Cidade do México com a família e lá montou uma cozinha capaz de abastecer trezentas lojas. Com ele, levou os melhores diretores do Brasil.

"No México, vivi momentos importantes da minha vida, tive grandes alegrias. Jamais me esquecerei de um dia em que eu estava em uma loja no momento da instalação do luminoso. Eu me sentei na calçada oposta e fiquei vendo o guincho erguer um totem de 20 metros do Habib's. Em poucos segundos, eu me lembrei de todas as etapas importantes ocorridas no passado, de toda nossa história. O início, o sofrimento, as dores, o crescimento... Vi que nada havia sido em vão. Era como se alguém me dissesse: 'Parabéns, você conseguiu!'. Eu me emocionei demais. Aquele luminoso sendo colocado numa cidade do outro lado do oceano... Eu estava sozinho, em silêncio – e chorei."

O Habib's no México, porém, não foi adiante. Para Saraiva, um dos grandes erros cometidos foi o fato de ele ter feito questão de ficar à frente do negócio, mesmo havendo, na época, mexicanos interessados em comprar a máster franquia. Outro erro teria sido a escolha da Cidade do México como porta de entrada para a empreitada. O tamanho da cidade, a poluição, o trânsito terrível, as diferenças de altitude e os tremores constantes que ocorrem na cidade impressionaram demais os profissionais brasileiros que foram para lá.

“*As crianças tinham falta de ar, as esposas se queixavam, todos estavam lá por obrigação, ninguém por prazer. Certo dia, aconteceu um terremoto e quase caiu um semáforo em cima do carro do meu máster franqueado, um profissional que estava comigo fazia mais de vinte anos. 'Fico em qualquer lugar do mundo, menos no México', ele falou. Levei pra lá também o gerente de São Caetano. Ele vendeu o que tinha no Brasil, chegou lá em uma segunda-feira e na sexta-feira já estava de volta, com pessoas da família enfrentando problemas de saúde. Enfim, a experiência me mostrou que a internacionalização só acontece com pessoas locais. Outro erro foi ter escolhido uma metrópole tão grande quanto a Cidade do México. Se tivéssemos nos estabelecido em uma cidade menor, teríamos transformado o local; mas lá você cresce, cresce e não interfere em nada na cidade.*”

Mesmo considerando-se que a operação do México fracassou em termos profissionais, foi uma boa experiência pessoal para Saraiva. Embora não frequentasse a igreja por lá, isso não teve qualquer interferência em sua crença, a fé esteve com ele o tempo todo. Saraiva computou o período como três anos felizes, com muita união familiar e desenvolvimento dos filhos. Em relação aos negócios, foram ao todo sete lojas que viviam lotadas. Havia uma, inclusive, que faturava o dobro da melhor loja do Brasil. Mesmo assim as dificuldades eram muitas e Saraiva, ainda por cima, acabou se afastando dos negócios no Brasil. Quando o Burger King propôs a compra de todos os pontos comerciais do Habib's, Saraiva decidiu vendê-los, voltar ao Brasil e fundar a rede italiana de *fast-food* Ragazzo.

Após um período de calmaria no que se referia à internacionalização, Saraiva retomou seus planos diante do interesse de investidores chineses em sua bandeira. Com base em conversas que se desenrolaram na primeira metade de 2009, ele decidiu imprimir o nome de sua rede na China, o mais populoso país do mundo. Desta vez, na companhia de investidores locais, ele intenciona abrir quinhentas lojas no país até 2015. Para começar a brincadeira, um investimento de nada mais nada menos que 10 milhões de dólares.

A CONTINUIDADE

Como tantos empreendedores, Saraiva tem como marca o sonho, a capacidade de idealizar, acreditar e ir atrás do que quer. Tem vontade de vencer, garra e disposição para enfrentar os obstáculos. Ao final de cada ano, costuma pegar a agenda e escrever suas metas para o ano seguinte. Por mais difíceis que algumas delas possam parecer, ele acredita que, redigindo-as, é possível idealizá-las e caminhar em busca de sua realização. É só querer e ter fé – em Deus, nele próprio e nos que o cercam.

Houve um ano, por exemplo, em que Saraiva estabeleceu como meta treinar seus 15 mil funcionários. Para concretizar o desafio, escreveu *Como administrar o Habib's*, um livro que foi distribuído entre os funcionários. Feito isso, convocou todos para que fizessem uma leitura atenta e, em seguida, fez um vestibular para três mil pessoas-chave da rede, simultaneamente, no mesmo dia e horário. Para os que se destacassem, os prêmios seriam vários: dois carros populares, 12 motos, vários televisores e viagens para Buenos Aires. O ambicioso projeto foi posto em prática e, ao final do ano, os funcionários estavam de fato treinados, com detalhes da filosofia da rede incorporados no grupo todo.

A inovação também é uma marca desse empreendedor. Quando decidiu vender pasteizinhos de belém no Habib's, não houve quem o convencesse do contrário. Muita gente se opôs, alegando que vender um doce português em um restaurante árabe no Brasil não pegaria bem, tiraria o foco do negócio, coisa e tal. Saraiva insistiu e, praticamente às escondidas, investiu quase 2 milhões de reais em uma fábrica. Com tudo pronto, fizeram uma campanha de lançamento e, em quatro meses, vinte milhões de pastéis de belém haviam sido vendidos.

“Quando você apresenta uma ideia inovadora que tem chances de não dar certo, invariavelmente você irá se deparar com a turma do não, pessoas que sempre preferem fazer algo mais fácil e certo. Mas, quando acredito mesmo em algo, não me entrego. Esqueço essa turma e vou adiante.”

No quesito motivação, ele também não deixa por menos. Realiza convenções sistemáticas (que chegam a reunir mais de 2.500 pessoas), faz comemorações, divulga sucessos alcançados e promove uma série de incentivos. Embora não coloque o lado espiritual à frente dos negócios, em todas as convenções há um momento em que agradece a Deus, diante de todos os funcionários presentes. As equipes, vale citar, trabalham com metas, participação nos lucros e prêmios, além de grande possibilidade de ascensão individual dentro da rede. Entre os sócios de lojas Habib's, para se ter uma ideia, há mais de cem pessoas que começaram como garçons, supervisores ou atendentes. O resultado são funcionários motivados, que sonham, dedicam-se e são recompensados por isso.

“De vez em quando minha mulher me acorda e diz: ‘Está sonhando com alguma coisa? Pois, se estiver, é bom parar’. Ela fala que eu já sonhei e realizei muitas coisas e que devo deixar alguns sonhos e realizações para meus filhos tocarem. De certa forma, ela está certa. Hoje, o que mais desejo é que meus filhos deem continuidade ao que eu fiz, especialmente ao Habib's, que para

mim também é como um filho. Gostaria que conquistassem novos campos, que dessem prosseguimento e gostassem daquilo que criei e adoro. Vê-los com esse tipo de realização é um sonho. Sei que a melhor herança que posso deixar para eles, além da marca, é a filosofia de negociar, de vender barato, coisas que praticamos e sabemos que dá certo. Além disso, acho fundamental que eles tenham uma fé, uma crença. Peço sempre proteção a Deus para que me ajude a passar esse conceito para meus filhos. E sei que consigo. Desde que são pequenos, mostro a eles que tem alguém lá em cima que olha, que existe um Pai diferente.

Todas as manhãs, faço minhas orações ao pé de Jesus Cristo, como se estivesse em sua presença. É um ato de amor, capaz de ser compreendido somente pela fé. Vou ao culto evangélico todos os domingos com minha esposa e filhos. Todos cresceram dentro da fé espiritual, na crença de que existe um Deus maior a quem devemos amar e respeitar. Em momentos de alegria ou de dificuldade, a fé sempre esteve presente na minha vida. Acredito que grande parte do ser humano, grande parte do que é, sua formação e consistência, estão representados pela fé. Ter mais coragem, acreditar mais, se desviar dos maus pensamentos... O ser humano pode ter muitos diferenciais como conhecimento, inteligência, persistência, dedicação, trabalho, luta, mas nenhum é tão importante quanto a fé. Quando você tem fé, os problemas tomam uma dimensão muito menor, pois você sabe que existe alguém que pode te ajudar, que te protege, que cuida de você. Para mim, este é o maior de todos os diferenciais, algo que transforma tudo, em qualquer atividade, contexto e profissão. ”

LIRIO ALBINO PARISOTTO

Nasceu em 18 de dezembro de 1953, na cidade de Nova Bassano, no Rio Grande do Sul. De uma loja de eletrônicos e uma videolocadora, fez nascer, em 1988, a Videolar. A empresa, inicialmente destinada à fabricação e à gravação de fitas VHS, possui quatro unidades fabris, atua também em outros setores e fatura mais de 1 bilhão de reais por ano.

BEM INFORMADO

"Não assisto à televisão. O que faço é ler. Sou um eterno curioso e leio demais, constantemente. Leio livros de economia, de sociologia e revistas ligadas a administração, economia e entretenimento. Vivo atrás de informações e, especialmente nos negócios, acredito que se você tiver informação de qualidade tudo se torna muito fácil: o planejamento de um novo negócio, sua construção e a solução dos eventuais problemas. Para quem tem informações, salta logo aos olhos se um negócio é bom ou não, se é viável técnica e economicamente. Sou muito precavido nesse sentido e, curiosamente, o maior erro profissional que cometi na vida foi por falta de informação."

Era início da década de 1990 e, no Brasil, a Videolar ia muito bem. Se tudo corria tão bem nesse país, por que não estender a atuação para um país vizinho? O mercado argentino de filmes era então significativamente maior que o brasileiro. Ademais, a atuação em outro país poderia significar expansão de receita e ainda um contraponto de mercado, com receitas maiores na Argentina quando o mercado brasileiro não estivesse tão bem e vice-versa. O pensamento de Lírio Parisotto parecia bastante lógico, e ele então arregaçou as mangas para colocar o plano em prática. Fez um cuidadoso planejamento, tocou as obras e em 1998 inaugurou na Argentina duas fábricas da Videolar. O resultado? Desastroso.

Foi apenas quando as fábricas começaram a produzir que Parisotto se deu conta de que o mercado argentino operava de maneira muito distinta do brasileiro. Diferentemente do que ocorria no Brasil, os estúdios e produtoras argentinas de música tinham sua própria produção, deixando pouco espaço para terceiros. Além disso, as operações sempre vinham acompanhadas de discussões sobre a prestação de contas e dúvidas sobre os números apresentados. Para Parisotto, que sempre fez questão de que a Videolar atuasse com total transparência, mais um obstáculo. O resultado foi o fechamento das duas empresas e, nas palavras do empresário, o pior negócio – de longe – que ele fez na vida.

"*Investimos sem conhecer o mercado argentino, ou seja, erramos logo na primeira fase do projeto. Costumo dizer que nada é garantido, mas, tendo-se em mãos boas informações, o risco pode ser mais bem calculado, o caminho se torna mais seguro, as chances de vitória aumentam. Antes de se começar qualquer negócio é fundamental conhecer o mercado, a concorrência, as variáveis do produto, o capital necessário, os fornecedores, a tecnologia, as pessoas necessárias para o andamento do projeto, o preço final do produto, a rentabilidade prevista, a provisão de impostos. Se eu tivesse me informado melhor a respeito do mercado argentino, jamais teria aberto esse negócio. Tive excesso de confiança e tratei as informações de maneira fragmentada. A análise delas foi malfeita e este erro nos custou 25 milhões de dólares. Depois da péssima experiência, passei a ter um cuidado extremo com a fase da informação de qualquer ampliação que eu venha a cogitar para meu negócio.*"

Na roça, a 10 quilômetros da cidadezinha de Nova Bassano, no interior do Rio Grande do Sul, nasceu, uma semana antes do Natal de 1953, Lirio Albino Parisotto. Primogênito, foi o primeiro entre os dez filhos de um casal de pequenos produtores rurais, descendentes de italianos da região do Vêneto, no Norte da Itália. Em sua casa não havia telefone, nem luz elétrica. Uma bateria regularmente recarregada em uma pequena usina das proximidades possibilitava que se acendesse uma lâmpada durante a noite.

Até os sete anos de idade, Parisotto só falou o dialeto vêneto, sua língua materna. A língua portuguesa, ele a aprendeu na escola primária, que ficava na própria colônia. Aqueles que usassem o dialeto vêneto nos horários de aula eram castigados.

Os pais de Parisotto trabalhavam na roça, em cultura de subsistência. Como filho mais velho, Parisotto ajudava-os a cuidarem dos irmãos mais novos. Além disso, bastou ele ter altura para montar nos pequenos cavalos da região para que se tornasse o permanente encarregado de buscar os suprimentos necessários em Nova Bassano. Era ele quem comprava mantimentos, ferramentas, produtos ligados à avicultura ou o que mais fosse preciso para o bom andamento da casa e da roça.

“Recebi em casa valores sólidos e uma formação de caráter muito boa. Aprendi a ser justo, a fazer o bem, a ser correto com as pessoas e comigo mesmo. Além disso, aprendi a trabalhar. Trabalhar, trabalhar, trabalhar. Lembro do meu pai dizendo como o trabalho resolvia as coisas. Meu pai foi uma pessoa com grande potencial, que infelizmente não teve oportunidades. Ele adorava abrir rádios, construir máquinas para lavoura, erguia muros, casas, o que fosse necessário. Ele era um inventor, um empreendedor que não teve as chances que eu tive, de sair e estudar. Era muito ligado a marcenaria, mecânica, elétrica e, embora trabalhasse na roça, não era daquilo que ele gostava. Se ocorria algum problema na bateria ou no rádio de um dos vizinhos, era ele quem arrumava. Quando alguém falecia, era ele quem fazia o caixão. O vinho consumido em casa, era ele quem fazia, bem como as pipas nas quais este era armazenado. Enfim, meu pai era um artesão. Uma pessoa que realmente me inspirou a ver, fazer e acontecer.”

SEMINÁRIO

A vida na roça era dura. Havia anos de seca, anos em que, apesar de a colheita ser boa, os preços conseguidos eram baixos e outros em que as safras eram realmente ruins. Era uma vida de subsistência, com condições de higiene precárias e alto índice de ocorrência de doenças infectocontagiosas. Decididamente, não era aquele o ambiente em que Parisotto queria permanecer.

Os menos de cinco mil habitantes da pacata Nova Bassano não conheciam sequer a televisão. O mundo era pequeno e as referências eram poucas – mas, se havia uma figura importante na colônia, aquela figura era a do padre. Era ele a autoridade local, o líder, a referência de toda população, seguido do médico da cidade e, bem depois, de alguns poucos professores.

Nesse cenário, a cidade contava com um seminário, a Congregação dos Padres Carlistas. Na família de Parisotto a religiosidade tinha grande relevância e ele tinha alguns parentes seguindo esse caminho. E foi aos 13 anos que, decidido, o garoto Lirio entrou para o seminário.

“*O seminário me abriu a cabeça para o mundo. A congregação que frequentei era italiana, havia se dedicado ao processo de imigração do século XIX e, mais tarde, à migração dos italianos para diferentes partes do Brasil. Eram padres muito cultos e, no seminário, tive a oportunidade de ampliar meus horizontes. Éramos obrigados a ler muitos livros, estudávamos sociologia, história, escrevíamos... Foram ao todo cinco anos naquele ambiente. Fiz lá o ginásio (últimos anos do atual ensino fundamental) e o primeiro ano do científico (atual ensino médio). Apesar de gostar do seminário, a verdade é que eu não estava talhado para ficar lá. Sempre fui um pouco anarquista, não aceitava muito as ordens e o* statu quo. *Meu temperamento era muito forte e minha maneira de me comportar não condizia com os padrões religiosos. Eu não tinha vontade de sair, mas em determinado momento acabei sendo expulso.*”

Diante da expulsão do seminário, aos 18 anos, Parisotto se viu voltando para casa, para a roça, com uma mão na frente e outra atrás. Passou mais um ano naquele ambiente, um período que o fez ter mais certeza de que não queria aquela vida para si. E decidiu escrever uma carta para um tio que era diretor do Colégio Marista de Brasília, perguntando se seria possível lhe arrumar um emprego por lá, de modo que trabalhasse durante o dia e estudasse à noite. Semanas depois, Parisotto se mudaria para o Distrito Federal.

Durante dois anos, o ex-seminarista trabalharia na secretaria do Colégio Marista durante o dia, para estudar em outro colégio no período noturno. Pelas condições do tio, tinha passe livre em cursos profissionalizantes regularmente oferecidos no Colégio Marista e, vez ou outra, realizava alguns que lhe interessavam. Foi um período bastante produtivo, até seu tio ser transferido para um colégio de Belém do Pará. Pouco depois de perder seu protetor, Parisotto foi demitido. Estava com vinte anos, voltou a Nova Bassano e, desta vez, foi morar na cidade.

A cultura obtida no seminário e o conhecimento adquirido nos cursos de Brasília já davam a Parisotto ferramentas para conseguir empregos bastante razoáveis. Em Nova Bassano, portanto, ele foi trabalhar nas áreas de Recursos Humanos e Contabilidade de um frigorífico com pouco mais de cem funcionários. Levou o trabalho adiante até concluir o científico, conseguiu economias extras fazendo o imposto de renda de algumas pessoas da cidade e foi para Porto Alegre. Na capital gaúcha, faria um ano de cursinho pré-vestibular, para então ingressar na faculdade de medicina.

Se não deu certo ser padre, que tal ser médico? Parisotto buscou a medicina por um desejo de se diferenciar, pela vontade de ser alguém que se destacasse. Era 1976 quando, aos 22 anos de idade, foi aprovado na Faculdade de Medicina da Universidade de Caxias do Sul. Os pais, vivendo na roça e tendo dez filhos, não tinham como ajudá-lo a se sustentar. E ele se virava, tocando negócios paralelos à faculdade ao longo dos anos universitários.

Parisotto mascateava carros, toca-fitas, relógios e congêneres e, em certas épocas do ano, fazia declarações de imposto de renda. Com o que ganhava, não apenas pagava os estudos, os livros e as despesas rotineiras, mas ainda conseguia investir em viagens, que desde cedo muito interesse lhe despertavam.

DE CAXIAS DO SUL, DIRETAMENTE PARA TÓQUIO

Era 1980 e Parisotto estava no quinto ano de medicina. Seu foco principal eram os estudos e, se tudo desse certo, em pouco tempo ele se tornaria um médico e poderia enfim começar a colher os frutos dos esforços que há anos vinha fazendo para chegar à desejada profissão. Em suas atividades comerciais, no entanto, as dificuldades financeiras de um cliente mudariam o rumo dos anos que se seguiriam.

O sujeito tinha uma instaladora de som em carros e ambientes, a Audiolar. Parisotto lhe fornecia toca-fitas em consignação, mas, em determinado momento, o cliente entrou em dificuldades financeiras e não conseguia, de maneira nenhuma, acertar o saldo devedor com Parisotto. Finalmente, ofereceu-lhe a empresa. A dívida representaria a entrada e o restante Parisotto lhe pagaria ao longo de dois anos.

O futuro médico topou e, para tocar o negócio, convidou um amigo DJ, Luiz Carlos Ferronato. Na loja, situada em Caxias do Sul, os negócios iniciais seriam ampliados. Haveria venda de aparelhos de som, televisores, computadores e videocassetes, e aparelhos usados seriam aceitos em troca de novos. Nos fundos do estabelecimento, montariam ainda o primeiro videoclube do Rio Grande do Sul, que atrairia clientes para a compra e a venda de eletrônicos, o carro-chefe do negócio.

Em 1981, aproximava-se o momento da graduação de Parisotto e, com ela, a necessidade de decidir se abandonaria a medicina ou o negócio (que àquela altura ia bem e já despertava seu interesse). Parisotto optou pela Audiolar. Além dos dois funcionários que tinha, contratou outros dois, incluindo a namorada Tânia Maris Vanin, que mais tarde se tornaria sua esposa. Na loja, Parisotto cuidaria oficialmente de vendas e de estratégia – apesar de que na prática faria um pouco de tudo. Seu sócio cuidaria da videolocadora.

A loja dava lucro. Todo dinheiro que entrava era reinvestido e, com isso, a Audiolar ia ganhando força. Em Caxias do Sul suas vendas eram bastante significativas e, por conta disso, Parisotto tinha um relacionamento estreito com uma série de fornecedores. Era 1985 quando um diretor da Sony no Brasil convidou-o para ir a Tóquio em companhia de outros revendedores brasileiros para conhecer a fábrica no Japão.

Tendo adquirido intimidade com o setor, Parisotto já tinha uma boa visão do negócio de fitas. Sabia bem o que era um filme, como funcionava, seu custo e potencial no mercado. Na sede da Sony, entre outras coisas, teve o privilégio de visitar a Sony PCL (Sony Photo Chemical Laboratoy), um laboratório de telecinagem, tradução, legendagem e gravação de filmes e fitas de videocassete.

Analisando a produção do laboratório japonês, duas coisas lhe chamaram a atenção. No Brasil, apesar de existirem empresas que faziam os serviços lá realizados, não havia uma sequer que, a exemplo deles, trabalhasse com todas as etapas de produção. Uma empresa fazia telecinagem, outra fazia tradução e legendagem, outra atuava somente na gravação das fitas e assim por diante. Além disso, os seis fabricantes brasileiros de fitas da época trabalhavam apenas com fitas padronizadas de 60, 120 ou 160 minutos. Na Sony do Japão, as fitas eram bobinadas sob medida para posterior gravação, ou seja: se houvesse necessidade de gravar um documentário de dez minutos, não seriam usadas fitas de sessenta minutos (como se fazia aqui). Utilizando-se apenas a quantidade necessária de fita, evitava-se o desperdício e barateava-se o produto final.

Enquanto os outros brasileiros que participavam da viagem visitavam templos budistas e xintoístas, Parisotto procurava se informar sobre detalhes da operação que tanto o interessaram, como custos dos insumos, equipamentos necessários para a montagem das linhas de produção etc. De volta ao Brasil, vendeu a loja de eletroeletrônicos para as lojas Arno, vendeu para o sócio sua parte na locadora e preparou-se para montar seu novo negócio.

MANTER SEMPRE A QUALIDADE: EIS A LIÇÃO

A Videolar nasceu assim, em Caxias do Sul, em 1988, procurando integrar processos de fabricação de fitas cassete, gravação de filmes e distribuição. Para tanto, é claro, utilizava fitas contendo o tempo exato de duração dos filmes. A empresa também fornecia fitas sob medida para estúdios de cinema e outros clientes, com preço que lhe permitia conquistar rapidamente o mercado.

Em 1990, a empresa se mudou para São Paulo, juntamente com a criação de uma fábrica em Manaus. Ao rápido crescimento da produção e dos serviços relacionados às fitas de vídeo, a Videolar foi, ao longo dos anos, agregando novos produtos que surgiam concomitantemente com outras mídias solicitadas pelo mercado, fossem elas fitas cassetes, disquetes, CDs, DVDs ou similares.

Na trajetória de sucesso, vale dizer, importantes percalços também existiram. Parisotto se lembra de 1994, quando o câmbio estável barateou significativamente as matérias-primas e equipamentos que eram atrelados ao dólar. As fitas de vídeo, até então destinadas quase exclusivamente para locação, tornaram-se bastante competitivas para serem vendidas para o consumidor final. Ao que a Videolar teve a iniciativa: passou a produzir itens de catálogo em grandes quantidades e os postava, como brindes, em veículos de grande circulação. Os primeiros clientes foram a revista *Caras* e o jornal *Folha de S. Paulo*.

O sucesso foi estrondoso. A iniciativa praticamente dobrava a circulação dos veículos em questão, gerando também o aumento da verba arrecadada com publicidade. Logo outros jornais e revistas aderiram e, se até então a Videolar gravava um milhão de fitas por mês para locação, a empresa, de repente, passou a produzir, para um único cliente, por exemplo, quinhentas mil fitas por semana.

Parecia uma mina de ouro, mas o fato é que a empresa não tinha capacidade de gravar em tempo real tamanho volume de fitas. Parisotto decidiu, portanto, investir na gravação em alta velocidade. Máquinas sofisticadas seriam utilizadas para realizar as gravações em tempo reduzido e, assim, dar vazão à intensa demanda existente no mercado. Com a nova tecnologia, sessenta segundos seriam suficientes para se gravar um filme.

O investimento foi pesado, e a empresa conseguiu atender o mercado. Mas um grande revés não tardaria a chegar: a gravação em alta velocidade perdia em qualidade técnica e logo o público começou a se dar conta de que, apesar de o produto ser barato, sua qualidade não se igualava à dos itens até então disponíveis. Em cerca de dois anos o mercado minguou, e a Videolar, que havia investido rios de dinheiro em equipamentos, ficou com o prejuízo. A brincadeira lhes custou cerca de 10 milhões de dólares e lhes rendeu a lição de jamais deixar cair a qualidade de um produto, independentemente dos argumentos, das pressões de mercado ou das tentações eventualmente presentes.

“*O empreendedor é um curioso, uma pessoa que vai atrás de informações, realiza, experimenta e erra. Todo mundo erra demais e vai continuar errando – o que não se deve é repetir os erros já cometidos. Quem comete erros paga por eles – e tem a obrigação de capitalizar isso em seu benefício.*”

Para contornar eventualidades desse tipo, Parisotto sempre fez questão de manter fartas as reservas financeiras da empresa e, na medida do possível, atuar em diversas frentes. E assim segue pelo início do século XXI. Em suas quatro unidades fabris (uma em Alphaville, São Paulo, e outras três em Manaus), a empresa atua na produção de mídias gravadas (CDs e DVDs), de mídias virgens (cassetes de áudio, de vídeo, disquete, CD-R e DVD-R), na fabricação de estojos de mídias, em comércio eletrônico e na fabricação de poliestireno, uma resina plástica amplamente usada no mercado de eletroeletrônica.

Para a Videolar, essa diversificação tem sido vital, já que seu negócio principal, as mídias gravadas, são muito sazonais. Embora haja uma fábrica montada e uma equipe de prontidão, a produção em escala máxima só acontece de agosto a novembro. Além disso, essas mídias vêm enfrentando um sério declínio no mercado, por conta do contrabando e da pirataria.

“Nosso principal negócio está gravemente doente. Não sei se é uma doença terminal ou se há chances de recuperação. Lutei muito, se eu puder fazer algo pelo mercado eu farei, mas de certa forma eu já me entreguei. Não posso me iludir, nem mentir para mim mesmo. Quem compra a pirataria é o culpado. Como posso chamar de culpado um traficante e chamar de mocinho o menino da zona sul do Rio de Janeiro que consome drogas? Será que é isso mesmo? Se não houvesse o cara da zona sul, não haveria também o traficante. Nos outros países, a pirataria é menor – os camelôs não vendem CDs e DVDs falsificados, porque o consumidor não compra impunemente. Eles vendem, sim, bolsas parecidas, mas não têm o mesmo logo, não é o descaramento que existe aqui. Existe um mercado de imitações facilmente identificadas como tais. Mas nunca uma cópia e uma pirataria descaradas. Acontece que por aqui tudo é permitido e, por conta disso tudo, se a Videolar não agregar novos negócios, ela vai diminuir de tamanho. Isso inclusive já está acontecendo. Existe, sim, a possibilidade de eu vislumbrar novos negócios, mas não vou buscá-los desesperadamente. Só vou agregar novas frentes se elas forem realmente boas para a empresa.”

Diante do incômodo cenário das mídias gravadas, Parisotto contenta-se com a estabilidade que encontra no mercado de resinas – um setor com menor margem de lucro, sem a emoção do entretenimento, mas que ao mesmo tempo confere muito mais segurança à empresa.

AFASTAMENTO DA PRESIDÊNCIA

Em janeiro de 2008, aos 54 anos e após passar por problemas de hipertensão, Parisotto decidiu afastar-se do dia a dia da Videolar. A participação do acionista majoritário na empresa desde então passou a ser pontuada por reuniões mensais do conselho, por ele presidido. Fora isso, Parisotto participa de conselhos de outras empresas (como a Eternit, a Fundação Amazônia Sustentável e a Celesc, Centrais Elétricas de Santa Catarina), cuida da carteira do fundo de investimento Geração LPar (administrado pelo Banco Geração) e busca novos negócios para a Videolar.

“Não sou mais um garoto. Andei com pressão alta e acho que diminuindo a pressão diária conseguirei diminuir também minha pressão sanguínea. O dia a dia executivo da empresa é bem puxado. Na linha de frente da companhia, eu me envolvia com assuntos tão diversos quando roubos de CD, acidentes envolvendo caminhões e negociação de contratos de clientes.
Não bastasse tudo isso, também existe o problema de eu ser um cara impaciente. Tenho uma impaciência que, apesar de ser ótima para meus clientes, faz mal para mim. A carcaça reclama, o ônus é grande. Sou intolerante com uma série de coisas e, no final, sou quem mais se prejudica com essa intolerância.
Somado a tudo isso, acredito que, no papel de empreendedor, se eu tiver um negócio que depende exclusivamente de mim, não serei um empreendedor, mas um escravo desse negócio, e o negócio, meu senhor.”

A saída de Parisotto da Videolar, de qualquer forma, não deixou a empresa órfã. Ao contrário. A empresa está totalmente profissionalizada e sua direção passou para as mãos do polonês Phillip Wojdyslawski. Cerca de dez anos mais moço que Parisotto, ele desde 1993 detém 20% da Videolar, quando sua empresa VAT, produtora de componentes e embalagens, fundiu-se com a Videolar.

Em 2007, ainda com Parisotto na Videolar, Wojdyslawski já foi para a empresa. Ele foi se inteirando do negócio e paulatinamente assumindo questões cotidianas da Videolar, de modo que a mudança de direção ocorresse sem impactos maiores para os clientes e colaboradores.

Parisotto não pensou em aposentadoria. Ele entendeu esse afastamento como um modo de aliviar a carga, dedicando-se mais a atividades que lhe dão prazer, como o mercado de ações, sem deixar de trabalhar. Trabalha, portanto, diariamente, sem deixar de se cuidar. Ele, que diz ter grande tendência para ganhar peso, faz questão de caminhar diariamente. E brinca: "Se você me perguntar o que é mais difícil, se é ganhar dinheiro ou manter o peso, acho que manter o peso é bem mais difícil". No novo momento de vida, enfim, Parisotto também pretende voltar a estudar, fazer cursos de administração e governança corporativa.

"Meu sonho de infância era ganhar dinheiro e ser independente. Eu não sabia como nem onde, mas queria ter independência e me dei conta muito cedo de que, sem ter independência financeira, não teria independência nenhuma. Desde o início, porém, eu sabia que não queria apenas dinheiro para sobreviver. Eu queria ter um bom carro, poder viajar, ficar em um bom hotel, fazer coisas realmente boas. Sempre tive muita ambição e estou certo de que essa qualidade me ajudou. Uma ambição controlada e equilibrada, uma vontade permanente de melhorar, sem a qual teria sido impossível realizar o que realizei.

Imagino que essa qualidade seja comum a todos os empreendedores presentes neste livro. Aliás, não tenho a menor dúvida de que todos os empreendedores existentes têm muitas características comuns, como a inquietude, a curiosidade e a aversão ao comodismo. O espírito empreendedor é algo nato. O empreendedor absorve essa possibilidade do meio em que se desenvolveu desde criança e adquire uma maneira diferente de pensar. Ninguém insere essa vontade em outra pessoa, ninguém é capaz de transformar outra pessoa em empreendedora, se nela não existir esse ímpeto. O que é possível, em se considerando uma pessoa curiosa, com sede de empreender e aprender, é dar a ela ferramentas para que siga seu caminho.

Particularmente, não tive um grande professor na minha área. Minha formação, como médico e padre, foge da minha atuação profissional. Por não ter tido uma educação formal nessa área, fui um autodidata. Li muitos livros e revistas, em especial livros de pessoas que fizeram e aconteceram. São histórias que, para mim, representaram muito mais do que uma educação formal. ”

REFERÊNCIAS BIBLIOGRÁFICAS

AWAD, Elias M. *Samuel Klein e Casas Bahia*. São Paulo: Novo Século, 2005.

BRITTO, Francisco; WEVER, Luiz. *Empreendedores brasileiros*. São Paulo: Negócio, 2002.

______. *Empreendedores brasileiros II*. São Paulo: Negócio, 2002.

COLA, Camilo. *A estrada da vida*. Rio de Janeiro: José Olympio, 1998.

COSENTINO, Laércio; HABERKORN, Ernesto; CÍCERO, Fernando. *Genoma empresarial*. São Paulo: Gente, 2001.

COSTA, Sérgio (org.). *As lições de 21 personal cases*. São Paulo: FGV, 2005.

DORETTO, Maria Lúcia. *Kasinsky – Um gênio movido a paixão*. São Paulo: Geração Editorial, 2006.

EDLER, Richard. *Ah, se eu soubesse...* São Paulo: Negócio, 2001.

IBANEZ, Mirian. *Mandic.com.br*. São Paulo: Makron Books, 1999.

INSTITUTO Empreender Endeavor. *Como fazer uma empresa dar certo em um país incerto*. São Paulo: Campus, 2005.

MANDIC, Aleksandar. *Mandicas*. São Paulo: Saraiva, 2006.

MOISÉS, Carlos Felipe. *Conversa com Fernando Pessoa*. São Paulo: Ática, 2007.

MORAIS, Fernando. *Na toca dos leões*. São Paulo: Planeta, 2005.

OLIVETTO, Washington. *O primeiro a gente nunca esquece*. São Paulo: Planeta, 2008.

______. *Os piores textos de Washington Olivetto*. São Paulo: Planeta, 2004.

PERISCINOTO, Alex. *Mais vale o que se aprende que o que te ensinam*. Rio de Janeiro: Best Seller, 1998.

SARAIVA, Alberto. *Os mandamentos da lucratividade*. São Paulo: Campus, 2004.

SILVA, Ozires. *A decolagem de um sonho*. São Paulo: Lemos Editorial, 2005.

______. *Cartas a um jovem empreendedor*. São Paulo: Campus, 2007.

WEWARD, Lyn. *Cirque du Soleil: a reinvenção do espetáculo*. São Paulo: Campus, 2006.